Présenté
à la
Bibliothèque publique
de
Saint-Antoine
à l'occasion
de son
25ième anniversaire

Madeleine Dubé
Ministre de l'Éducation
Novembre 2005

Les Neuf Dragons

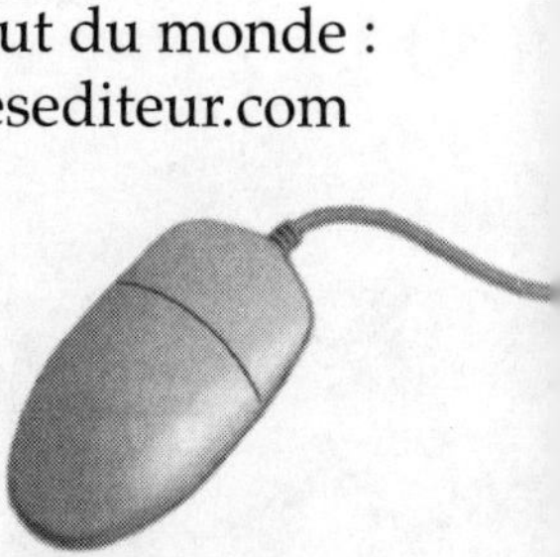

Du même auteur
chez le même éditeur :
Ma vie zigzague, collection Graffiti, 1999.
Finaliste au prix M. Christie 2000.

Chez d'autres éditeurs
pour la jeunesse :
Xavier et ses pères, roman, collection Papillon, éditions Pierre Tisseyre, 1994.

pour les adultes :
Ti-cul Desbiens ou le chemin des Grèves, roman, éditions Pierre Tisseyre, 1991.
Les années inventées, nouvelles, éditions Pierre Tisseyre, 1994.
Canissimius, roman, éditions Québec/Amérique, 1990.

Pierre Desrochers

Les Neuf Dragons

SOULIÈRES ÉDITEUR

case postale 36563 — 598, rue Victoria,
Saint-Lambert, Québec J4P 3S8

Soulières éditeur remercie le Conseil des Arts du Canada et la SODEC de l'aide accordée à son programme de publication et reconnaît l'aide financière du gouvernement du Canada par l'entremise du Programme d'Aide au Développement de l'Industrie de l'Édition (PADIÉ) pour ses activités d'édition. Soulières éditeur bénéficie également du Programme de crédit d'impôt pour l'édition de livres – Gestion Sodec – du gouvernement du Québec.

Dépôt légal: 2005
Bibliothèque nationale du Canada
Bibliothèque nationale du Québec

Données de catalogage avant publication (Canada)

Desrochers, Pierre

Les Neuf Dragons
(Collection Graffiti; 31)

Pour les jeunes de 11 ans et plus.

ISBN 2-89607-27-3

I. Titre. III. Collection.

PS8557.E842N48 2005 jC843'.54 C2005-940272-5
PS9557.E842N48 2005

Illustration de la couverture et illustrations intérieures :
Charles Vinh

Conception graphique de la couverture :
Annie Pencrec'h

ISBN-2-89607-27-3

58931

Pour tes yeux couleurs vie…

À Florence,
une promesse tenue.

PREMIÈRE PARTIE

Ma famille

Prologue

Au Vietnam, il existe une vieille légende qui raconte la naissance du delta du Mékong en ces termes :

« *En ces temps immémoriaux, où existaient encore génies, esprits et démons se partageant les parties liquides et dures de notre monde, vivaient des populations épuisées et ruinées par les crues incessantes d'un fleuve aux eaux imprévisibles et cruelles.*

Elles firent un jour appel à neuf dragons. Contre promesse de toujours les vénérer, elles exigèrent de ces neuf bêtes qu'elles unissent leurs forces pour calmer les ardeurs belliqueuses du Mékong.

Les neuf dragons s'en allèrent et on ne les revit plus. Les populations des terres basses crurent que les neuf dragons, craignant la fureur du dieu des eaux, s'en étaient allés sans demander leur reste. Mais au moment des grandes crues, on les vit revenir de par les forêts lointaines. Les neuf bêtes sacrées survolèrent les eaux tumultueuses cherchant un point où se poser. Une fois qu'elles l'eurent trouvé, elles se couchèrent sur la bouche du fleuve opposant leurs masses imposantes à la puissance dévastatrice des eaux, divisant, par le fait même, le cours du fleuve en autant de branches. »

Les neuf bras du Mékong furent ainsi créés. Ainsi parle la légende. En certains lieux de ce pays d'eau, le Mékong porte encore son ancien nom : *le Fleuve aux Neuf Dragons.*

Que cette légende soit vraie ou fausse m'importe peu. Je ne sais même pas s'il y a bien neuf bras à ce fleuve indiscret qui s'insurge partout, qui écoute tout ce que les gens se disent, qui épie vos moindres gestes, observe vos habitudes de vie et les change sans ménagement s'il n'en est pas satisfait. Car ici, tout se fait et se défait avec le fleuve. On vit ou on meurt avec lui, à cause de lui, en lui ou près de lui. Alors, a-t-il neuf bras ? J'en compte mille. Les Neuf Dragons y sont-ils pour quelque chose ? Étaient-ils neuf ? Ou moins, ou plus ?

À cette dernière question, je peux répondre. Mais c'est bien la seule. Car ce que j'appris de mon voyage au pays de mes ancêtres est que, pour chaque question, il y a mille réponses. Sauf pour celle-là : *combien y a-t-il de dragons* ? Il y en a neuf. Il y a neuf dragons.

J'ai vu le *Mékong*. On m'a raconté l'histoire des *Neuf Dragons*. Je les ai connus. Tous en un même lieu, tous en un seul regard : dans celui de Cuu Long. Mon ami Cuu Long ! Mon frère Cuu Long ! Il habitait les rues de Saïgon. Il vivait dans ces rues. Il sentait ce que sent la soupe des trottoirs de Saïgon. C'était le *fils du Mékong*.

Il était seul, ce jour-là, seul à regarder les eaux terreuses de la rivière Saïgon. Un affluent du Mékong. Il regardait les eaux du Mékong. Les eaux noires d'un de ses affluents. Cuu Long était mon ami. Il était mon frère. Cuu Long était un enfant de la rue. Il vivait à Saïgon.

En français, Cuu Long signifie : NEUF DRAGONS.

1

— Thinh ! Attends-moi !

Je ne prends même pas la peine de ralentir. Depuis que j'ai eu le malheur de lui révéler mon nom vietnamien, Charles n'arrête pas de m'appeler Thinh. Comme là, maintenant, d'un bout à l'autre du trottoir ; et même dans la classe devant tout le monde.

Nous étions au milieu d'un cours d'enseignement moral et nous discutions sans grand enthousiasme d'un sujet qui, au dire de notre professeur, était au palmarès des règles les plus élémentaires du respect : les noms. Le respect des noms.

Faut dire que mon prof est un peu bizarre. Pour elle, tout est toujours *exxxxtraordinaire ma chère, élémentaiiiiire mon frèèère, fantastique mon pit* et *meeeerveilleux mon vieux !* Elle verrait un pou sur la tête d'un œuf et elle serait capable de nous allonger un long monologue sur l'aridité des déserts d'Afrique du Nord. Bon ! Je ne veux pas dire du mal de mon prof. Non. Je l'aime bien, Nicole. Mais parfois, elle fait dans le plein, dans le trop, dans le trop plein, le débordement.

Ainsi donc, on parlait des noms. Les noms des uns et les noms des autres. Elle nous a obligés à répéter notre nom dans notre tête au moins dix fois. Question de se rappeler la chanson qu'il fait. Car chaque nom est une musique, prétend-elle. Avec sa note de départ et sa note finale. Mais cette musique, nous l'avons oubliée. Nous l'avons oubliée parce que notre nom ne fait plus partie de notre vocabulaire. On ne l'entend plus à force de l'avoir utilisé à tort et à travers.

— Votre nom est devenu sans résonance, a dit Nicole. Chacun d'entre vous ne saurait dire combien de lettres il contient sans avoir à les compter. Il n'est plus qu'un bruit qui ne sert qu'à attirer votre attention. Vous le dites pour vous identifier et vous l'oubliez aussitôt. Mais votre nom est bien plus qu'un moyen de vous identifier. Car, à la fin de votre vie, c'est tout ce qui restera de vous : votre nom sur une pierre tombale. Et chacun de ceux qui resteront après vous n'aura qu'à l'évoquer pour aussitôt se rappeler qui vous étiez.

J'ai trouvé que Nicole en beurrait épais. Je trouvais qu'on se serait bien passé de l'idée de la mort. La mort n'est pas une chose qui m'intéresse vraiment. En fait, juste en parler me donne la chair de poule. Comme si d'en parler, de simplement la mentionner, on la réveillait en lui donnant des idées de venir nous faire un petit bonjour.

Mais malgré tout, même si ces paroles heurtaient ma sensibilité, je ne pouvais faire autrement que de les trouver pleines de sagesse.

Alors, dans ma tête, je me suis mis à répéter mon nom. Lentement d'abord, en accordant à chaque lettre, à chacune des syllabes, puis aux mots en leur entier, toute l'attention et le respect qu'ils méritaient : P-I-E-R-R-E N-G-U-Y-E-N. Puis de plus en plus vite en m'attardant seulement à mon prénom. Bientôt, il me sembla entendre des notes qui tintillonnaient à chacune des lettres. P-I-E-R-R-E, que je répétais dans ma tête de toutes les manières. Les notes s'emmêlèrent et formèrent une petite musique, toujours la même. C'était beau, doux, harmonieux.

Puis, un moment, sans que je sache comment, d'autres notes se mêlèrent aux premières et la douce musique de tantôt devint une véritable cacophonie : T-H-I-N-H que je me répétais à présent. Thinh ou Pierre. T-I-R-H-P-E-N-R-I-H. Les lettres s'échappaient de mon cerveau et tombaient pêle-mêle en claquant comme une porte mal fermée, ballottée par le vent de la tempête. J'ouvris les yeux, affolé par les échos éparpillés qui me venaient de mon cerveau. QUI SUIS-JE ? hurlai-je.

Je crus un moment que je venais de crier. Mais il n'en était rien. Les mots étaient restés accrochés aux parois de mon crâne et résonnaient encore. Le silence régnait dans la classe. Même Nicole avait toujours les yeux fermés ainsi qu'une dizaine d'élèves, des filles pour tout dire. Je jetai un regard vers Charles. Il me fixait avec un drôle de sourire. Je me détournai de lui.

— Votre nom, reprit notre professeur, est le premier mot d'amour que vos parents ont prononcé en vous voyant arriver dans votre belle couverture de nouveau-né, tout bien langé, sentant bon le lait et la poudre de talc. Quand vous étiez bébé...

STOOOOOOOOP !

Ici, une pause s'impose. Je dois maintenant vous dire que... Que quoi, donc ? Ah oui ! Je dois vous dire une chose. Question bébé, j'ai ma dose. On dirait, depuis quelque temps, qu'on ne parle plus que de ça, des bébés. Ceux qu'on a, ceux qu'on voudrait, ceux qu'on n'a pas. Sans compter le clonage, les bébés éprouvettes, les mères porteuses, la réincarnation...

Tenez ! Ma tante Nga par exemple, eh ben, ma tante Nga a eu un bébé. Un bébé tout ce qu'il y a de plus normal. Il s'appelle Émile, le *beeeebé* de la tante Nga. Tout le monde en bave, du *beeeebé* de tante Nga. Comme s'il n'y avait que lui sur la pelure de notre planète ! Et *guiliguili* par-ci, et *areuh areuh* par-là. Et, *« Mon dieu qu'il est beau, ce beeeebé-là ! »*. Et patati et patata ; ça n'en finit plus. Quand le paquet de gélatine arrive dans le salon de la tante Nga, on dirait que tout le monde retombe en enfance.

Tout le monde ? Pas tout à fait ! Heureusement, il y a grand-mère qui résiste encore et toujours à l'envahisseur.

Ma grand-mère, je l'appelle *ba ngoai. Ba ngoai* veut dire grand-mère en vietnamien. Ce n'est pas original, je sais. Mais essayez donc d'appeler votre grand-mère *ba ngoai* pour voir... Hein ! Pas facile, n'est-ce pas ?

Donc, ma *ba ngoai* adore les enfants, mais déteste les bébés. Et comme je suis un enfant et Émile un bébé, qui croyez-vous que *ba gnoai* préfère ? ... Vous avez tout compris !

— Emile, ça te fera comme un petit frère, me dit un jour tante Nga, croyant par-là me faire un gros cadeau.

Moi, je n'en voulais pas de son cadeau. Mais allez donc dire ça à une tante toute radieuse devant son petit bébé tout rond et tout rose qui sent la cannelle et la poudre de riz ! C'est *bà ngoai* qui est intervenue pour me sortir du pétrin. Il était temps, si vous voulez mon avis. Un peu plus et tante Nga me le mettait dans les bras, son Émile de bébé. Même maman semblait contrariée par l'insistance de sa sœur.

« *Émile se khong bao giò la anh cua Thinh ! Va lai, no khong phai ten la Émile. Ma no ten Minh. Minh ten cua Vietnam. Minh la ten chac chan... va ve van de em trai cua Thinh, Thinh se co khi me cua Thinh quyet dinh sinh cho Thinh mot dua em trai theo su hieu biet cua toi khong phai la ngay mai.* »

Les propos de ma grand-mère avaient eu un effet terrible sur les deux sœurs. Ma mère avait essuyé une larme et ma tante avait repris son petit paquet de gélatine à la cannelle, qui venait de se transformer en gros paquet de crottes. Elle s'était mise à le bercer comme si elle s'était placée en position essorage au milieu d'une brassée de blanc.

— Émile ne sera jamais le frère de Thinh, avait dit grand-mère. D'ailleurs Émile ce n'est pas son vrai nom. Son vrai nom est Minh. Minh est son nom vietnamien, c'est donc son vrai nom. Et pour ce qui est de donner un frère à Thinh, il en aura un quand sa mère se décidera à lui en faire un. Je suis d'avis que ce n'est pas demain la veille.

Voilà ce qu'avait dit *ba ngoai.* Voilà pourquoi maman pleurait. Voilà pourquoi tante Nga était si en colère.

— Maman, tu es parfois d'une cruauté...

Ba ngoai n'accorda aucune attention aux reproches de sa fille. Elle me regarda avec tendresse et, comme pour appuyer son discours, elle me décocha un sourire discret qui n'échappa à personne.

— Personne ne me fera changer d'avis. C'est une fille que tu devais avoir. J'ai fait faire une divination à la pagode *Tam Son Hoi Quan* par ma sœur de Saïgon, celle qui est mariée à ce traître de communiste. Je ne sais même plus comment il s'appelle...

— Hoa ! Il s'appelle Hoa. Et puis, il n'est pas communiste, maman. C'est un journaliste.

— Que tu es sotte, ma fille ! Un journaliste est forcément un communiste. Et puis, qu'est-ce que tu connais à ces histoires, toi qui as trahi ta race en faisant appeler ton fils d'un nom qui ne veut rien dire...

— Mais je n'ai rien trahi du tout ! s'indigna tante Nga.

— De toute manière, continua grand-mère, l'augure était formel. C'était une fille que les dieux avaient prévue. Il n'est pas bon de contrarier Bouddha.

— Comment peux-tu savoir ce qui contrarie Bouddha ? riposta ma mère d'une voix ironique. Tu n'as jamais fréquenté une pagode de ta vie.

— Qu'en sais-tu, Ngoc ? En tout cas, pour chacune d'entre vous j'ai fait ce qu'il fallait. Des offrandes de fruits et plein de bâtonnets d'encens. Et puis j'avais fait calculer les dates par le vieux Kha Nang. Tout concordait. Vous êtes nées sous la bonne lune. Et le résultat en est que vous menez aujourd'hui de belles vies, avec de belles maisons et de belles voitures. Il n'y a que vos maris qui soient complètement idiots. Mais de ça, je me lave les mains. Vous ne m'avez pas demandé mon avis ni celui de votre père. Alors...

— Papa est mort ça fait vingt ans, maman, rechigna ma tante Nga.

— Qu'importe ! Il est sur l'autel des ancêtres, tempêta *ba ngoai* de sa voix de crécelle. Son esprit est toujours parmi nous. À chaque *Tet*, je le rappelle avec tous les autres. Et il nous visite. Il nous protège. Il vous était facile de lui demander sa permission. Mais pour cela, il aurait fallu que vous n'ayez pas oublié la plus sacrée de nos traditions : le respect dû aux ancêtres.

— Ah maman, tu ne vas pas recommencer ?

— Je vous ai gardées dans notre lit jusqu'à l'âge de cinq ans, continua *bà ngoai* feignant de n'avoir rien entendu. Pour vous protéger contre la jalousie des démons qui hantent les nuits à la recherche d'âmes à dévorer. Tout le monde sait qu'ils raffolent des âmes des enfants. Ce sont les plus pures. Je vous ai gardées dans notre lit. Et les soirs d'orage, votre père et moi on vous couvrait d'un drap blanc. Je l'ai fait jusqu'à la naissance de votre frère.

— Lim, maintenant ! se lamenta maman qui avait repris un peu contenance.

— Oui, Lim ! Un héros ! Que les dieux le protègent !

Oncle Lim était mort à la guerre en 1978 lors d'une attaque frontalière contre des Kmers qui venaient de faire une razzia dans la région de Ha Tien près de la mer du Siam. Il s'était tiré une balle dans un pied en prenant son arme à l'envers dans l'énervement. La gangrène et six mois d'hosto dans une infirmerie de Chau Doc avaient fait le reste.

C'est du moins la version officielle qu'entretenait jalousement la famille. Mon père avait un tout autre point de vue qui mettait ma mère dans tous ses états. Il racontait que Lim était mort de la syphilis dans une gargote de Saïgon où il se cachait pour éviter l'enrôlement. C'était le principal point de friction entre papa et maman. Mais pas le seul.

Quant à moi, qu'oncle Lim soit mort d'une balle dans un pied, de gangrène ou de syphilis ne changeait rien au fait que je n'en avais rien à cirer. Je ne le connaissais même pas, l'oncle Lim. Et puis syphilis ou gangrène, si vous voulez mon avis, ça ne fait pas de différence. Quoique je doive bien avouer que le mot gangrène fait image. Image, hein ! C'est tout ! Je croyais qu'il s'était pris la... enfin vous savez quoi... ce qui pendouille quand ça ne sert pas... et... et qui devient dur le matin quand on a trop envie de pisser. Vous voyez ce que je veux dire ? Non ? Eh ben, par les trois poils du dragon, allumez ! Pensez au mot. Répétez lentement en séparant les syllabes... grand-grène... Bon ! Là ! Kapich ? Vous n'êtes pas très rapides, dites donc ! En tout cas ! Je ne savais pas qu'on pouvait mourir du fait que ça devienne subitement trop grand... Enfin, quoi qu'il en soit, oncle Lim était mort. Ça me suffisait.

Bà ngoai regarda ma tante Nga qui berçait Émile.

— Tu devrais aller le coucher. Il n'arrête pas de pleurer depuis une heure. On l'a assez vu. Et puis on pourrait peut-être parler d'autres choses que de bébé. Celui-là, de toute manière, il est très laid. Un vrai monstre. Et il pue le lait caillé. C'est épouvantable combien ces choses informes ressemblent déjà à de petits vieux : pas de dents, pas de cheveux, la peau tout ridée, le dos tout rond. (Elle me décocha alors un large sourire) Et ta *ba ngoai,* mon enfant, est trop jeune pour apprécier les vieillards.

C'est étrange. Alors que je croyais que les paroles de *ba ngoai* feraient scandale par leur incroyable méchanceté, voilà qu'au contraire elles suscitaient sourires et acquiescements de la tête chez ma mère et surtout chez ma tante Nga qui resplendissait de bonheur. J'en étais tout simplement estomaqué. Décidément, il était difficile pour un enfant de mon âge de comprendre ce monde bizarre des adultes ; cet univers plein de secrets venus d'un pays mystérieux qu'on appelait Vietnam.

Son pays, *ba ngoai* l'appelait *Cau Chi* simplement pour contrarier ses filles et marquer sa dissidence.

Quand nous rentrâmes chez nous ce soir-là, il pleuvait à boire debout. Des lampadaires chutait une lumière qui venait se briser en mille miettes sur l'asphalte ruisselant et noir. À force de fixer les lampadaires, j'avais failli m'endormir. Alors, je m'étais mis à regarder ma mère.

— Y'a quelque chose qui ne va pas, trésor ? me demanda maman.

— Non.

— Tu me regardes d'une drôle de façon. Je sais : c'est l'attitude de ta grand-mère qui te choque. Il ne faut pas t'en faire. Ce sont des airs qu'elle se donne. Au fond...

— C'est pas à cause de *ba ngoai,* déclarai-je en interrompant ma mère. Je la trouve très gentille.

— Tu trouves ta grand-mère gentille après tout le mal qu'elle a dit de moi ? s'indigna maman. Hé bien ! dis donc. Qu'est-ce qu'il te faut ? Je l'ai trouvée odieuse. Enfin ! C'est ta grand-mère. J'imagine qu'il est sage que tu respectes tes ancêtres.

Sur le coup, je ne compris pas pourquoi maman s'était agitée aussitôt que j'avais dit que je trouvais *ba ngaoi* gentille. Puis je me rappelai l'incident à propos du bébé de tante Nga durant lequel grand-mère avait pris si durement à partie mon pauvre petit cousin. Je me rappelai aussi le silence coupable des deux autres femmes qui avaient semblé ravies des propos discourtois de leur mère. Le malaise que j'avais ressenti alors revint me hanter et je me fis cette réflexion que si grand-mère n'était pas gentille, ma mère et ma tante ne l'étaient pas davantage.

— Maman, pourquoi tout le monde n'a rien dit quand grand-mère a prétendu qu'Émile était laid pis qu'y puait ? C'est vrai que, là, je ne l'ai pas trouvée très gentille, *ba gnoai*. Moi, je trouve pas qu'Émile soit si laid ni qu'il pue tant que ça. Ça m'a fait de la peine qu'elle ait dit ça. Pis, en plus, vous autres, vous aviez l'air toutes contentes.

— Mon pauvre Pierre ! C'est le seul moment de toute la soirée durant lequel ta grand-mère a fait preuve d'un peu de gentillesse à l'égard de quelqu'un.

— Quoi ! Dire d'un petit bébé qu'il pue pis qu'il est laid, c'est être gentil ? Je ne comprends pas !

— Bah ! soupira maman. Tout ça regarde d'anciennes légendes vietnamiennes sans importance auxquelles les vieilles personnes sont encore attachées.

— Quelles légendes ?

— Des légendes !... Un jour, je t'expliquerai.

Un jour, je t'expliquerai. Combien de fois ne l'ai-je pas entendue, celle-là ? Ce n'était certainement pas avec des réponses de ce genre que j'en apprendrais davantage sur mon pays d'origine. À l'époque, je ne connaissais presque rien du Vietnam et le peu que j'en savais, je le tenais des indiscrétions de ma *ba ngoai* ou des chicanes qui animaient les interminables discussions qu'engendrait la mauvaise foi caractérielle de mon aïeule que j'aimais par ailleurs tendrement.

Je me remis à la contemplation du paysage qui déroulait son long ruban noir taché d'éclats lumineux provenant des façades de magasins encore ouverts malgré l'heure tardive. Nous longions le boulevard Décarie en direction nord. Nous venions de quitter le quartier Notre-Dame-de-Grâce où habitaient ma tante Nga et grand-mère. La pluie avait cessé brusquement. Un petit vent d'automne balayait les arbres et arrachait les feuilles. Je pensai à la neige qui viendrait bientôt, à l'Halloween. Ce serait, cette année, ma dernière Halloween. L'an prochain, je n'aurais plus l'âge de me déguiser en gros singe ou en Harry Potter des pauvres.

Je fus triste en pensant à ça. Si je ne me mettais pas sérieusement un frein à mon vieillissement prématuré, bientôt j'aurais l'âge de me marier alors que je n'avais même pas encore le goût de sortir avec les filles. Je les trouvais tellement bébé avec leurs petits rires idiots à chaque fois qu'elles se trouvaient en orbite autour d'un groupe de garçons. L'image de Sophie-Andrée m'acheva. Cette fille était, de toutes les teignes, la plus teigne des teignes.

Je m'enfonçai sur la banquette. Heureusement, un florilège de couleurs s'agita devant moi au moment où la voiture dépassa la devanture illuminée du restaurant *Bill Wong*. Ça me fit penser à des guirlandes de lumières de Noël et un sourire apparut sur mes lèvres. Je détournai le regard de la fenêtre et fixai mon attention sur le visage de ma mère. Il était tout fripé.

Ma mère venait d'emprunter la dernière bretelle qui menait à l'autoroute Métropolitaine. Comme à chaque fois qu'elle conduisait sur cette route étroite et surélevée, ma mère devenait tendue. Ses mains délicates serraient si fort le volant que les jointures de ses doigts devenaient blanches comme si on les avait saupoudrées de farine de riz.

— Maman, c'est quoi le *Cau Chi* ?

Le visage de ma mère se crispa encore plus. Manifestement ma question la prenait de court et le mot l'irritait.

— *Cau Chi* est un mot qu'on ne doit pas prononcer, répondit-elle d'une voix à peine audible.

— Comme les mots sacrés qu'on doit respecter ?

— À mon avis, ce serait plutôt le contraire.

— Un mauvais mot, alors ?

— Pas tout à fait. Disons que c'est un mot qui a disparu et qu'on ferait mieux de laisser là où il est de peur qu'il ne revienne nous hanter.

— Le *Cau Chi* alors c'est un monstre ou quelque chose comme ça ?

— On pourrait le dire.

— Alors c'est quoi ?

— Le *Cau Chi*, soupira maman, nous ramène au nom qu'on donnait à ton pays du temps que la France y régnait en maîtresse : la Cochinchine À cette époque, notre peuple était un peuple d'esclaves entre les mains de maîtres cruels.

— Quoi ? Tu parles du Canada ? Nous étions un peuple d'esclaves quand les Français étaient ici ?

— Mais non, mon trésor. Je ne parle pas du Canada. Je parle du Vietnam ! Tu es Vietnamien.

Cette révélation de ma mère me troubla profondément. Car enfin, n'étais-je pas né au Canada, plus précisément au Québec, plus précisément encore à Montréal, au 8233, de la rue Drolet. Ça faisait de moi un Québécois à part entière et un Canadien, non ? Et c'était déjà suffisamment déroutant de me définir à partir de cette double identité (Québec-Canada) sans m'en faire imposer une troisième qui ne faisait qu'ajouter à ma confusion. Surtout que ma mère s'acharnait à me répéter que j'étais un petit Québécois comme les autres même si je voyais bien qu'il y avait une différence entre mes camarades et moi. Mais j'avais fini par croire maman. Alors, d'être tout à coup catapulté Vietnamien avant d'être quoi que ce soit d'autre me désarçonna un peu.

Sur le coup, je ne ressentis pas tout le poids qu'impliquait cette identité vietnamienne puisque je la réfutais. Pourtant, la couleur de ma peau, mes cheveux noirs, mes yeux presque noirs aussi et bridés, ma langue maternelle, mes ancêtres, mon histoire, mes racines, tout me ramènerait bientôt à ce fait inéluctable que j'étais, avant d'être Canadien, avant même d'être Québécois, un Vietnamien.

Mais ça, je ne le savais pas encore. Ça viendrait plus tard, dans quelques jours, quand mon meilleur ami trahirait un secret infiniment secret. Pour l'instant, je m'ingéniais à comprendre les mots que maman me disait et qui n'avaient pour moi aucune signification.

— Maman, c'est quoi la Cochinchine ?

— C'est le nom donné par les Français à leurs colonies d'Asie du Sud-Est. La Cochinchine se composait à l'époque du Vietnam, du Cambodge et du Laos. Heureusement, une guerre de libération nous a débarrassés de ces parasites.

— Mais je croyais que la guerre c'était contre les Américains.

— Pas contre les Américains, mon chéri, mais avec les Américains. Malheureusement, ils nous ont laissés tomber.

— Les Français ?

— Non, je parle des Américains qui nous ont trahis et abandonnés.

— Je ne comprends plus.

Maman détacha une de ses mains du volant et me caressa le visage.

— Moi non plus, mon fils, moi non plus.

Quand ma mère m'appelait *mon fils*, au milieu d'une de nos discussions, c'est que le sujet était grave.

— L'histoire du Vietnam est très compliquée, précisa-t-elle. Il y a eu tant de guerres, tant de morts, tant de souffrances qu'il devient difficile de déterminer qui était l'ennemi et qui était l'ami. Il y a eu la guerre contre la France, contre les Américains, contre les Communistes, contre la Chine, contre le Cambodge aussi ; contre nous-mêmes toujours.

En regardant ma mère, en cet instant, je compris combien elle souffrait dans son âme. Elle ne serait jamais Canadienne ni même Québécoise. Elle resterait Vietnamienne, simplement et complètement, avec, dans l'antichambre de sa mémoire, un espace clos et vide, ou trop plein, ce qui revient au même. Maman se tourna vers moi et me sourit. Je crus le moment venu de la consoler d'un chagrin invisible.

— *Con thuong, ma nhieu !*

Elle me répondit simplement :

— Je t'aime aussi, mon fils !

Pendant les jours qui suivirent, j'eus du mal à dormir. La confusion entourant mon identité ne cessait de me torturer. Qui étais-je ? Quel était mon véritable nom ? À quel monde appartenais-je ? Je voyais bien que je n'étais pas comme tout le monde. Mais ces différences, je les avais toujours acceptées. Au pis, je les avais gommées comme on efface une ligne sur un dessin maladroit. Dans ma tête, j'étais un Québécois avec quelques lignes en trop. Voilà ! Et je ne le vivais pas comme un drame, mais comme un fait. Comme il y a des Québécois noirs, d'autres blancs, d'autres caramel, avec des cheveux blonds ou bruns ou noirs ou roux, des frisés ou des raides, courts ou longs. Certains étaient gros et d'autres petits, avec des yeux bleus, bruns, verts, gris, noirs. Moi, j'étais un Québécois avec des yeux bridés et la peau bistrée.

Mais ma dernière visite chez tante Nga avait ébranlé cette certitude. J'étais tout mêlé dans ma tête. Comme un paquet d'élastiques qui forment des nœuds à mesure qu'on essaie de les séparer. Dans ma tête, il y avait plein de ces nœuds maintenant. Une chose importante s'était produite ce jour-là, mais j'ignorais laquelle.

En tout cas, bien des trucs avaient changé autour de moi. Maman ne s'adressait plus à moi qu'en vietnamien, à la maison comme dans la rue et même devant mes amis. Elle s'était mise aussi à l'écoute de ces interminables téléséries chinoises, sous-titrées en vietnamien, qui racontent des histoires idiotes de mandarins, de kung-fu et de princesses trahies. Maman avait toujours considéré ces émissions avec dégoût. Elle s'était moquée plus d'une fois de l'intérêt puéril que portait *ba ngoai* à ce genre de divertissement. Aujourd'hui, c'est elle qui se vautrait là-dedans pendant des heures au point d'en négliger la supervision de mes devoirs et leçons, ce qui, je dois bien l'admettre, me convenait assez bien.

Ces changements avaient été si importants et si rapides que je n'avais pas eu le temps de m'y habituer. D'autant plus que, sur certains points, ils me touchaient directement. Désormais, à la maison, on ne m'appelait plus que par mon nom vietnamien : Thinh. Et dire que mes parents s'étaient ingéniés pendant tant d'années à imposer aux deux familles mon nom français : Pierre. C'était à n'y rien comprendre !

Il fut même question de m'inscrire à l'école vietnamienne du samedi, ce à quoi papa s'était toujours opposé. Il avait toujours prétendu qu'il était dans mon intérêt de m'intégrer à la culture québécoise « plutôt que de compliquer les choses en lui imposant une deuxième culture qui ne le concerne plus ». Et si maman insistait quand même, il ajoutait d'un trait lapidaire : « Il aura toujours la possibilité de découvrir la culture vietnamienne quand ce sera le temps. » En général, maman n'allait jamais plus loin dans sa contestation.

Il faut croire que ce n'avait jamais été le temps, car on ne m'avait jamais inscrit à l'école vietnamienne et ni maman ni papa ne s'étaient préoccupés de me parler du pays de mes ancêtres. Tout ce que j'en savais découlait des rencontres de famille durant lesquelles *ba ngoai* s'entêtait à raconter ses souvenirs de jeunesse auxquels personne ne portait attention. J'avais donc conclu de tout ça que le Vietnam n'était qu'un pays sans intérêt et sans rapport avec moi. Et j'avais vécu ma vie sans me préoccuper de rien d'autre que d'être un bon citoyen canadien fier d'être Québécois pour autant que j'aie été conscient de quoi que ce soit à cet âge.

Mais trois événements allaient bientôt se produire qui changeraient à jamais ma perception des choses. Ils arrivèrent de manière impromptue et entraînèrent des bouleversements d'une telle ampleur que tous ceux qui en furent témoins ne sortirent point indemnes de cette aventure.

2

LE PREMIER DE CES TROIS ÉVÉNEMENTS SE PRODUISIT DEUX SEMAINES APRÈS MA VISITE CHEZ TANTE NGA. JE VOUS EN AI DÉJÀ PARLÉ. LE cours d'enseignement moral. Charles, le traître... Ça vous revient ? Mon meilleur ami... L'histoire des noms... Le respect et tout ça... Vous y êtes ? Bien !

Tout ça a commencé d'une manière anodine. En fait, pas si anodine que ça. Au contraire, nous prîmes la chose très au sérieux, Charles et moi. Nous nous étions rencontrés dans un vieux hangar derrière chez lui. C'était un samedi matin pluvieux d'octobre. Il ventait à écorner les bœufs, comme le disait Charles en imitant la voix de son grand-père.

Nous ne savions pas quoi faire, Charles et moi. Alors, nous nous étions mis à nous raconter des histoires de peur. Remarquez que ça nous faisait plus rire que ça nous faisait peur. Mais ça passait le temps.

Je ne sais pas comment cette conversation faite de bouts d'histoires sans queue ni tête dévia sur les Indiens et leurs coutumes, mais toujours est-il qu'il fut question des *frères de sang*. Charles et moi cherchâmes, dans l'élagage de nos vies, des points de rencontre qui auraient pu faire de nous des frères de sang. Nous calculâmes le temps que nous passions ensemble et nous nous rendîmes compte que nous passions plus d'heures ensemble qu'avec nos familles respectives. Ce fut la première constatation, le point de départ de tout ce qui allait suivre.

Nous avions un peu les mêmes goûts, les mêmes loisirs, forcément. Nous aimions les mêmes jeux, les mêmes livres et nous pratiquions les mêmes sports, c'est-à-dire aucun. Cette deuxième constatation nous amusa. Mais ce qui nous fit moins rigoler, c'est quand nous découvrîmes que nous portions les mêmes sous-vêtements *Fruit of de Loom* et la même couleur de bas – quoique les siens possédaient le sigle *Adidas* sur les côtés alors que les miens n'en avaient aucun. Vous imaginez ! Charles et moi portions des bas de coton blanc et des caleçons identiques, le même jour à la même heure ! C'était tout à fait étonnant.

Alors, nous nous mîmes à nous chercher d'autres points que nous avions en commun. Nous nous amusâmes à répertorier les évidences les plus criardes. Ainsi étions-nous deux garçons ayant le même âge à huit mois près et nous étions dans la même classe. Il était bon en maths, moi en français. Ce qui aurait pu paraître une différence notable entre nous confirma, au contraire, une complémentarité que seul le fait d'être deux frères pouvait expliquer. Et puis nous avions deux yeux, bruns tous les quatre, un nez, une bouche, deux oreilles... alouette !

Mais ces ressemblances, aussi nombreuses qu'elles fussent, ne prouvaient rien. À ce jeu, nous aurions pu nous trouver une parenté avec la moitié de l'humanité. Alors nous cherchâmes des ressemblances plus probantes.

La chose ne fut pas simple mais, une fois le mécanisme enclenché, la foule de ressemblances qui nous unissaient nous confondit. Nous avions les mains exactement de la même grandeur, doigt pour doigt, paume à paume. Nous étions tous les deux circoncis, ce qu'une brève comparaison de nos pénis nous confirma. Nous constatâmes par la même occasion que nous étions glabres à trois poils près, étions de la même taille, là aussi à trois poils près, avions la même couleur de cheveux, la même forme de nez, chaussions la même pointure de souliers, des 5.

Mais ce qui nous laissa complètement ébaudis, c'est quand nous constatâmes que nous avions tous les deux une tache de naissance à la base du cou. Lui, c'était une tache brune, grosse comme un dix sous, moi, une décoloration en forme de nuage. Elles n'étaient pas disposées au même endroit. Mais elles étaient là, indubitablement et irrémédiablement là, comme la preuve irréfutable d'une parenté approximative que nous décidâmes de rendre officielle par une cérémonie d'échange de sang.

Nous convînmes de nous revoir au même endroit le soir même à une heure décisive.

Nous portâmes notre choix sur minuit. Il fut décidé aussi qu'outre un couteau très tranchant que Charles s'occupait d'apporter, chacun devait trouver pour l'autre un cadeau qui devait servir de gage afin de sceller convenablement nos serments de *frères de sang*. Ce devait être un objet personnel qui nous tenait particulièrement à cœur. Nous nous quittâmes donc les yeux humides de bonheur et d'eau de pluie.

Minuit arriva.

La pluie avait cessé depuis le milieu de l'après-midi. Un gros soleil s'était alors mis de la partie au milieu d'un ciel jauni par une humidité qui rendait le temps pesant. La température s'était exceptionnellement élevée au point d'approcher les températures estivales.

J'ai eu toutes les difficultés du monde à sortir de la maison. La discussion qui occupe mes parents s'est étirée jusque très tard. Si tard que j'ai cru un moment qu'elle ne prendrait jamais fin. Pour une fois, ils ne se disputent pas. Non pas que mes parents se disputent souvent, mais quand même... Mais là, papa et maman semblent partager un chagrin. Chacun tente tant bien que mal de consoler l'autre. Je ne les ai jamais vus si tendres l'un envers l'autre et c'est presque un plaisir de les écouter. Je ne comprends pas tout ce qui se dit. Parfois les mots sont à peine chuchotés ou alors noyés dans un flot de larmes qui se tarit grâce aux paroles de l'autre. Tout ce que je sais, c'est qu'il est question de bébé – encore ! – et du fait que maman ne peut plus en avoir pour je ne sais trop quelle raison. Ensuite, il y a des éclats de rire suivis de moments de silence. Puis la discussion a repris, plus animée, durant laquelle on a refait des calculs, durant laquelle il est question d'argent, d'attente, de papiers, et même de voyage. Mais quel voyage ? Je ne parviens pas à le savoir. Il y a un autre long silence, des bruits de bouche qui ressemblent à des baisers, d'autres rires, des murmures. Les lumières s'éteignent dans la cuisine. Des bruits de chaises, une porte qui se referme doucement. C'est la porte de la chambre de mes parents. Il y a encore une bonne demi-heure d'agitation feutrée et de bruits de lit. Puis tout s'estompe dans un silence définitif. Mes parents dorment.

Je jette un regard inquiet à mon cadran. Il marque onze heures quarante-cinq. Je vais être en retard, c'est certain. Charles va-t-il m'attendre ? J'hésite un moment. Puis j'enfile un jean et mon chandail de laine brun. Il n'est pas question que Charles croie que je lui fais faux bond. Je sors rapidement par la porte de la cuisine sans faire le moindre bruit. Je descends le long escalier de métal en forme de colimaçon. J'atterris dans la cour au milieu d'une flaque de boue que je n'ai pas vue.

— Ah merde !

Je viens de me rendre compte que j'ai oublié mon cadeau pour Charles. Il m'a fallu beaucoup de temps pour le choisir. J'ai jeté mon dévolu sur trois objets auxquels je tiens comme à la prunelle de mes yeux : ma montre Harry Potter, mon auto de collection aux dorures éclatantes qui occupe une place de choix dans mes plus beaux souvenirs d'anniversaire, et mes jumelles. J'ai hésité longtemps. Puis ne sachant lequel des trois choisir, je me suis résigné à offrir à mon frère de sang mon yoyo lumineux qui a fait son envie l'été précédent.

Mais le fameux yoyo est resté sur ma table de travail, abandonné là dans ma précipitation. Je m'apprête à remonter le chercher quand les lumières de la cuisine du logement du bas s'allument. La grosse face de la locataire apparaît dans la fenêtre puis s'efface. J'esquisse un mouvement vers l'escalier. La porte donnant sur le long balcon s'ouvre. La dame vient s'asseoir dans le fauteuil du jardin qui occupe toute une extrémité de sa galerie. Elle a mis sa veste de laine et elle tient une tasse dans ses mains qu'elle porte à ses lèvres en laissant échapper un long soupir de satisfaction. J'ai juste eu le temps de me retrancher dans un enfoncement de la cour derrière un empilement de pierres décoratives.

Je ne pourrai jamais remonter chercher mon yoyo. Et ça m'embête assez de me présenter devant mon ami sans le cadeau rituel. D'autant plus que j'ai presque une demi-heure de retard à me faire pardonner ! Puis une idée me vient. Au début, je la trouve un brin tirée par les cheveux. Puis je me convaincs, faute de mieux, qu'il s'agit là d'un cadeau fort convenable, symbolique à souhait, qui témoigne, plus que tout yoyo, montre, jumelle ou auto de collection réunis, de la confiance que je mets en mon frère de sang. Charles ne pourra qu'être bouleversé par ce cadeau. Je me trompais mais, ça, je ne le savais pas encore. De toute manière c'était ça ou rien.

Prudemment, je m'extirpe de ma position fort inconfortable derrière le muret de pierres décoratives et je gagne le hangar de Charles au pas de course. Il est minuit trente-cinq quand j'arrive. J'escalade les marches du long escalier de bois qui mène à l'étage. J'entre sans faire de bruit. L'intérieur du hangar est faiblement éclairé depuis l'extérieur par un lampadaire de la ruelle.

Charles m'a attendu. Il est assis sur un amoncellement de boîtes. Devant lui, il a installé une vieille valise sur laquelle se trouve un petit couteau de cuisine – de ceux dont on se sert pour couper les légumes –, une chandelle éteinte collée par un bouchon de cire fondue au fond d'une soucoupe et une pochette d'allumettes.

— Je croyais que tu ne viendrais plus, geint Charles en me voyant apparaître. J'allais tout remballer pis rentrer.

— Pis moi, je croyais que mes parents n'allaient jamais s'endormir.

— C'est pas grave ! L'important, c'est que mon frère de sang soit là. Je savais que je pouvais me fier sur toi. Des frères de sang doivent pouvoir compter l'un sur l'autre à tout instant de leur vie, même si je déménage ou même si tu meurs.

Charles se lève et nous nous serrons la main gauche en nous tenant par les avant-bras ainsi qu'il convient de faire entre frères de sang. C'était du moins ce que nous avions convenu, en fin d'avant-midi. Nous avions longuement pratiqué les détails de la poignée de main rituelle. C'est à ce moment que Charles constate que je suis venu les mains vides.

— T'as pas apporté de cadeau ?

— Ben non ! Je veux dire, oui ! Mais c'est un cadeau très particulier.

— Particulier rare ! T'as rien !

— Ben oui ! J'ai quelque chose ! Un secret !

— Un secret ?

— Oui, mais pas n'importe quel secret ! Un secret vraiment très secret ! Y'a rien que toi qui vas le savoir. Quelque chose de super important, que j'ai jamais dite à personne. Si c'est pas une preuve d'amitié, ben dans ce cas-là, je sais pas ce que c'est.

— Wow ! Un secret, c'est ben beau, mais ça peut pas compter pour un cadeau. Je pensais, moi, je pensais que tu me donnerais, je sais pas, que tu me donnerais tes jumelles ou ta montre Harry Potter.

Je reste un moment perplexe. Je me demande si, finalement, cette cérémonie dont il a lui-même décidé le moindre détail, n'est pas simplement un prétexte pour m'arracher un cadeau qu'en toute autre circonstance je lui aurais refusé.

— Ben, c'est pas grave ! Tu me donneras tes jumelles à ma fête. C'est dans deux semaines ! Ça te va ?

Je fais une moue affirmative. Charles arbore un large sourire. Moi, j'ai maintenant la quasi-certitude que mon frérot de sang est peut-être le pire opportuniste que je connaisse.

— On va faire comme s'il était minuit, reprend Charles, vu qu'on a décidé de faire la cérémonie à minuit. On fait comme si c'était minuit. O.K.?

Je ne réponds pas et je m'assois sur une pile de revues attachée par une longue ficelle de chanvre, pile que manifestement Charles a placée devant la vieille valise à mon intention. Sans attendre qu'il m'en donne l'ordre, je veux allumer la chandelle.

— Pas tout de suite, ordonne mon ami en étendant le bras pour retenir mon geste. Il faut d'abord demander au Grand Manitou sa protection et sa bénédiction.

— Ça bénit, un Grand Manitou ? fais-je avec circonspection.

— Shuttt ! répond Charles qui vient de fermer les yeux et de joindre les mains comme s'il s'agissait de faire une prière au bon Dieu.

Je trouve l'attitude de mon ami un brin excessive, mais je n'en laisse rien voir. J'essaie d'étouffer le rire que la chose a fait naître en moi. J'essaie, je le jure ! Je me concentre de toutes mes forces sur l'étrange discours que livre Charles à l'air du temps.

— Ô Grand manitou, dieu des dieux, puissance des puissances, accorde ta force à tes guerriers. Donne-leur le courage de supporter les douleurs...

Alors ça a été plus fort que moi, j'ai éclaté de rire. C'est pas tant les paroles qu'il prononce que le ton qu'il emploie, dramatique et lyrique, qui m'a fait succomber.

— Tais-toi, Pierre ! Tu vas réveiller tout le monde... Arrête de rire, épais !

Mais plus mon ami insiste, plus sa colère monte et plus je perds contrôle. Il faudra que Charles s'effondre, écœuré, sur sa pile de cartons, pour que je réussisse enfin à reprendre contenance.

— Fais-lé, toé, d'abord, si t'es si fin ! lance-t-il d'une voix étranglée par la colère.

Il nous faut quelques minutes de silence pour retrouver notre calme. Et même quand je prends la parole pour détendre l'atmosphère et pour m'excuser, mon ami est toujours sous le joug d'une profonde contrariété.

— Je m'excuse, Charles. Je riais pas de toi.

— Ben si tu riais pas, t'étais de bonne humeur en s'il vous plaît !

— C'est seulement la situation. Tu m'avais pas averti. Je savais pas. J'étais pas préparé... Mais là, ça va ! Là, je suis vraiment prêt. Je te jure que je rirai pas.

— Tu prends même pas ça au sérieux ! On est aussi ben de laisser faire.

— Ben non, voyons ! C'est très important pour moi aussi. Sans ça, je serais pas venu. Envoye ! Déchoque-toi. On continue.

— Bon ! c'est correct. On va laisser faire l'incantation au Grand Manitou. De toute façon, il a dû comprendre ce qu'on voulait dire.

Il saisit le couteau dans sa main et il ajoute :

— On va tout de suite passer à la deuxième étape : l'échange de sang. J'espère que les coupures te font pas peur.

— Il est bien aiguisé au moins ? dis-je d'une voix inquiète. On aurait peut-être été mieux avec une lame de rasoir.

Charles s'est cru obligé de me faire une démonstration. Il tient la page d'un vieux journal devant ses yeux et fait pénétrer la lame du couteau au travers. Puis il tranche la feuille d'un geste lent sans aucun accroc, d'une ligne franche. J'ai du mal à avaler ma salive. Il dépose ensuite le couteau et allume la chandelle. La flamme vacille puis se dresse fièrement. Un long frisson me parcourt le corps.

— T'as peur ? me demande Charles d'une voix condescendante qui m'irrite. T'as pas à avoir peur, ton frère de sang est là pour te protéger.

Je déteste le ton supérieur que Charles se donne parfois et cette façon pas très subtile qu'il a de s'imposer comme mon protecteur alors qu'il ne m'a jamais protégé contre quoi que ce soit.

— On va se taillader la paume de la main sous l'index, sur la bosse, juste là. Ensuite on va se tenir la main en prenant bien soin de faire correspondre les deux entailles l'une sur l'autre. Là, on va se regarder dans les yeux et on va dire le serment des frères de sang.

— C'est quoi le serment des frères de sang ?

— Quoi ? Dis-moi pas que t'as pas écrit le serment ? On avait dit que c'était toi qui s'occupais du serment.

— Ben oui ! Ben oui ! Je l'ai trouvé, le serment. Qu'est-ce que tu penses, voyons ? C'est seulement que sur le coup, j'y ai pas pensé.

Je me mets alors à réfléchir à toute vitesse. Car de serment, je n'en ai pas écrit. Pas même le début du commencement du premier mot. Et pis là, aucune idée géniale ne vient, rien que des bribes un peu cucul.

— Ben, c'est quoi, le serment ? s'impatiente Charles.

— Attends ! Y a pas le feu ! Faut que je me rappelle les paroles. C'est sérieux ce qu'on fait là. On peut pas dire n'importe quoi.

C'est sérieux en effet, car tout ce qui me vient à l'esprit c'est justement n'importe quoi.

— Ça vient ?

J'avale ma salive, je me fixe un sourire aussi large que je peux au milieu du visage, puis je prononce avec conviction : *Charles, je te prends comme frère de sang !*

Mon ami me regarde d'un air consterné. Moi je suis un peu confus. C'est le mieux que j'aie trouvé et le mieux n'est pas génial, en effet.

— Quoi, c'est tout ? Ça t'a pris tout l'après-midi pour composer ça ?

— Ben quoi ? Qu'est-ce que tu penses qu'ils se disaient les Indiens quand venait le temps de prêter serment ? Souvent, ils ne parlaient même pas la même langue ou ben, ils étaient trop pressés. Des fois, ils faisaient ça juste avant une bagarre sérieuse contre une autre tribu. Ils n'avaient pas le temps de faire de longs discours. Tout ne se passait pas à travers les mots, mais à travers le cœur et à travers les regards.

— Les regards ? fait Charles qui ne semble pas du tout convaincu.

— Oui ! Les regards.

— Où qu't'as appris ça, toé ?

— Dans un livre qui parle justement de ça.

— Un livre ! Quel livre ?

Mon dieu ! Quel livre ?

— *Les coutumes et les us chez les tribus autochtones du Québec,* dis-je sans prendre le temps de réfléchir.

— Les « us » ? C'est quoi, ça les « us » ?

— Ça veut dire les « coutumes » !

— Les coutumes ? *Les coutumes et les coutumes chez les tribus sauvages...*

— *Autochtones,* dis-je en le reprenant.

— ... *autochtones du Québec* ? Ça fait pas très sérieux !

— Ben, c'était ça le titre ! C'est pas de ma faute si l'auteur emploie deux synonymes dans son titre !

Charles me regarde de travers un court moment, puis il accepte mon explication de mauvaise grâce.

— Bon, ben, allons-y !

3

Je fus le premier à me couper la paume. Je le fis sans sourciller, sans hésiter, d'un geste franc. Je mis un peu trop de pression et l'incision fut plus large que nécessaire. Le sang se mit à couler d'abondance. Heureusement, la vue du sang ne m'avait jamais fait peur. Mais je ne peux en dire autant de Charles qui regardait ma plaie, ne sachant trop quoi en penser. Je lui remis le couteau, l'invitant à en faire autant. Je remarquai que sa main tremblait. Je sentais sa respiration s'accentuer. Il échappa l'ustensile et ne se pencha même pas pour le ramasser.

— Ça ne va pas Charles ?

— Hein ? Quoi ? Oui, oui ! répondit-il.

— Vas-y ! Ça fait pas mal.

— Ah ! c'est pas ça. C'est juste que...

Cette fois, il fit un effort pour dégager son regard. Il ne prit même pas la peine de terminer sa phrase. Il ramassa le couteau et, d'un geste hâtif, il se trancha la paume de la mauvaise main. Il me regarda un peu hébété ne sachant trop quoi faire de sa maladresse. Je lui adressai mon plus beau sourire et lui dis de ne pas s'en faire. Lentement, il retrouva son calme. Nous plaçâmes nos paumes l'une contre l'autre et nous les tînmes fermées solidement. Malgré tous nos efforts, une longue raie de sang s'allongea le long du bras de Charles. Je sentis sa poigne faiblir. Je le forçai à me regarder dans les yeux. Ce qu'il fit avec beaucoup de difficulté.

— Je vais dire le serment en premier ensuite ce sera ton tour.

Je fixai mon regard dans celui de mon ami et, d'une voix assurée, je voulus commencer, mais Charles m'interrompit. Il parlait d'une voix haletante.

— Tu saignes beaucoup, Pierre. Si tu te mettais à te vider de ton sang ?

— Ben voyons ! C'est pas grave, c'est juste une petite coupure.

— C'est juste une petite coupure, c'est juste une petite coupure ! T'es drôle ! On voit ben que c'est pas sur toi que ça coule. J'en ai plein les bras. C'est rouge partout. La table est pleine de sang.

— T'exagères, comme toujours ! C'est quand même pas un peu de sang qui va te faire peur ?

— J'ai pas peur pour moi, j'ai peur pour toi ! Si tu meurs, c'est qui qui va avoir du trouble, hein ? La police va tout de suite penser que c'est moi qui t'ai assassiné.

Les excès de Charles étaient parfois si extravagants qu'ils me mettaient de bonne humeur même quand j'étais en colère ou inquiet ou simplement fatigué, comme en ce moment. Mais là, je ne sais pas pourquoi, quelque chose m'empêchait de rire. Je sentais que ça n'allait pas. De peine et de misère Charles réussit à murmurer.

— Pierre, je pense que je me sens pas bien.

Et là-dessus, il me tomba dans les bras. Je dus le traîner à l'extérieur pour lui faire reprendre ses esprits. Tant bien que mal, je réussis à l'installer de guingois contre la balustrade du petit ponton qui menait de la grande galerie à l'entrée du hangar. C'était d'autant plus difficile que Charles avait le même tonus qu'une huître sortie de sa coquille.

— Respire, Charles. Respire fort. Ça va te faire du bien.

Charles inspira à trois ou quatre reprises. Je sentis peu à peu les forces lui revenir. Il finit par s'asseoir par terre calmement, la tête appuyée sur ses genoux. Il ne disait rien.

— Ça serait peut-être mieux si on remettait la cérémonie à un autre jour, murmurais-je.

Charles ne mit pas un dixième de seconde pour me répondre avec une étonnante énergie.

— Pantoute ! On a commencé, on va jusqu'au bout. Laisse-moi deux minutes pour reprendre mes forces, pis on va continuer. C'est pas grave. C'est seulement parce... parce que j'ai pas assez mangé au souper. Pis, on manque d'air dans le hangar. Pis ça pue.

Je ne trouvais pas qu'on manquait d'air ni que le hangar puait, mais je me crus obligé de lui donner raison.

— On peut faire ça ici.

— Non, non, objecta mon ami. On est bien mieux dans le hangar. J'ai tout préparé.

— Ben, dans ce cas-là, je ne veux pas te mettre trop de pression, mais faudrait pas trop retarder. Le sang commence à sécher.

Sans lever la tête, mon ami riposta que c'était peut-être mieux comme ça.

— De toute façon, ajouta-t-il, ça prend pas un litre de sang pour devenir des frères. Quelques gouttes suffisent.

Il se redressa. Il leva son visage vers le ciel et prit une dernière et profonde inspiration. D'un coup, le sourire et toute son énergie lui revinrent.

— Bon ben, c'est fini ! Tu vois, je te l'ai dit que c'était pas grave. Ça devait être le rôti de porc de ma mère qui passait mal. J'ai mangé trop vite au souper.

Décidément, Charles ne se faisait pas trop de misère avec ses propres contradictions.

— On y va ! m'intima-t-il d'une voix presque autoritaire.

Nous retournâmes dans le hangar. Je repris ma place devant la vieille valise où la chandelle continuait à brûler doucement.

— Bon là, Pierre, y faut que tu te concentres mieux... Bon, on recommence. Vas-y !

Je penchai la tête et je pris une longue inspiration. Parfois, Charles, il m'énerve ! Je pris une voix profonde et je commençai.

— Charles, tu es mon ami. Et maintenant, devant le Grand Manitou, en ce lieu secret et sous la lune d'octobre, je te prends comme frère de sang, te jurant aide et soutien par-delà les terres lointaines et les âges. Je promets de rester fidèle à mon serment jusqu'à ma mort.

Je n'étais pas peu fier de ce que je venais d'inventer tout de go. C'était mieux qu'un serment, c'était presque aussi beau qu'un amendement constitutionnel. Ce qui fit naître beaucoup d'inconfort chez Charles.

— C'est bien trop long !

— Mais c'est bien plus beau ! répondis-je avec malice... Envoye ! C'est ton tour.

— Je me souviens pas de ce que t'as dit ! Comment tu veux que je me souvienne de tout ça ? C'est presque aussi facile à retenir que la règle d'accord du participe passé avec avoir.

— Ben décide-toi, Charles ! Tantôt c'était trop court. Là, c'est trop long !

— Non, non ! C'est correct. J'y vais...

Charles prit une longue inspiration puis il se lança.

— Charles, tu es mon ami...

— Pas Charles !

— Ben, c'est ça que t'as dit, non ?

— Oui mais toi, tu dis pas *Charles,* tu dis *Pierre... Pierre, je te choisis pour ami*. Envoye, recommence !

Charles me regarda droit dans les yeux. J'avais une envie folle de pisser, mais je me retins de toutes mes forces. Charles commença d'une voix hésitante.

— Charles... (J'eus un long soupir. Il cligna des yeux et reprit.) Pierre, tu es mon ami et... et...

Il me fixa d'un regard presque terrorisé.

— Je me souviens plus du reste ...

Je n'avais plus du tout envie de rire. J'avais presque de la pitié pour lui. Mais là encore, je ne fis rien voir. J'attachai plus fermement ma main à la sienne et fixai mon regard droit dans le sien. Je lui dis d'une voix calme et presque douce.

— C'est pas grave, Charles. Tu vas simplement répéter après moi. T'es prêt ?

Il fit signe que oui et je commençai.

— On y va ! ... Pierre, tu es mon ami.

— Je l'ai dit, ça !

— Répète !

— ... Pierre, tu es mon ami...

Et ce fut ainsi que, de bouts de phrases en bouts de phrases, on se rendit jusqu'à la fin du serment. Le dernier mot n'avait pas encore fini de voler dans l'air frais de la nuit que mon Charles de frère de sang s'agitait déjà sur son tas de cartons.

— Bon ! C'est le temps des cadeaux. Tiens !

Il me tendit un sac brun tout froissé. Je l'ouvris et j'en sortis...

— Un petit canard en plastique ? C'est quoi ça ?

Je ne parvenais pas, malgré tous mes efforts et toute ma bonne éducation, à cacher ma déception. Charles ne s'apercevait de rien.

— C'est spécial, hein ? Je savais que tu aimerais ça. Moé, chu trop vieux pour ces affaires-là ! Pis c'est un objet chargé de tout plein de souvenirs. C'est le premier cadeau que ma mère m'a donné. Un petit canard jaune qui fait coin-coin. Ben là, y fait plus coin-coin ; y'est brisé. Je jouais avec quand je prenais mon bain.

Charles m'arracha le canard des mains et le remit dans le sac.

— Tu pourras le ramener chez toi, c'est mon cadeau. Bon ben, astheure, c'est à ton tour. C'est quoi ton secret que tu voulais tant me dire.

— Ah ! Mon secret ! Oui, bon ...

Sur le coup, rien ne me revint en mémoire. C'était comme si le petit canard de plastique nageait dans les eaux tumultueuses de mon cerveau perturbé en faisant coin-coin. Je n'avais que des coin-coin dans la tête, des coin-coin et de l'eau. Lentement, mes idées se remirent en place et mon secret émergea peu à peu des brumes vespérales.

— Jure-moi avant que tu ne le répéteras à personne.

— Aïe ! Pierre, on est frères de sang. Vas-y, garroche !

— T'as raison ! ... Je vais te dire un secret que personne connaît en dehors de ma famille. Un secret si important que je te demande, en tant que frère de sang, de le répéter à personne. C'est mon cadeau. Un témoignage de la confiance que je porte à notre amitié... Voilà ! Je vais te dire mon vrai nom.

— Quoi ? s'étonna Charles. Tu t'appelles pas Pierre ?

— Non ! Oui. Enfin ! Oui ! Mais pas tout à fait... Je m'appelle Pierre, mais j'ai un autre nom. Je suis Vietnamien. Ben, je ne suis pas vraiment Vietnamien. Mes parents sont d'origine vietnamienne. Moi, je suis né ici. Je suis un Québécois, mais...

— Ben, t'es pas vraiment un Québécois, rectifia Charles d'un ton pontifiant qui m'irrita.

— Pourquoi tu dis ça ?

— Ben, tu l'as dit toi-même : tes parents sont Vietnamiens.

— Mes parents sont nés au Vietnam, mais maintenant ils sont Canadiens, comme tout le monde.

— Pas comme tout le monde, rectifia à nouveau mon ami. Nous, dans ma famille, mon père dit qu'on n'est pas des Canadiens, mais des Québécois... Pis pour être Québécois, y faut être né ici.

— Ben justement, je suis né ici. Ça fait que, je suis aussi Québécois que toi ou que n'importe quel autre Québécois. Je suis rien de moins que Québécois avec une petite affaire en plus : je suis d'origine vietnamienne.

J'étais en colère. Charles dut certainement s'en rendre compte, car il battit en retraite rapidement.

— Je te tire la pipe, mon Pierre. Pis tu pognes tout le temps ! Je le sais ben que t'es Québécois...

— Bon, ben, veux-tu le savoir, mon secret, oui ou non ? lançais-je avec irritation.

— Ton secret, j'le sais déjà, me répondit Charles de sa voix flûtée qui m'exaspérait tant. T'as un autre nom que personne connaît. Bon ! c'est pas si grave. Maintenant, dis-le ton nom, qu'on en finisse.

Décidément, je l'aimais beaucoup mieux quand il avait peur et qu'il tremblait dans ses culottes devant un peu de sang. Ça me le rendait presque sympathique.

— Thinh !

— Teen ?

— Pas Teen, Thinh ! C'est mon nom en vietnamien. Ça veut dire : la paix.

— Tu t'appelles *La Paix*? lança Charles dans un rire qui s'assimilait à un grognement de porc.

— Pas *La Paix* : Thinh ! Je m'appelle Thinh. C'est ça mon secret. Y a que toi qui le sais. Toi, pis ma famille.

— Ting, Tang Tong ! Rice Crispies !

— Tu vois, tu ris de moi ! Je suis certain que tu vas le répéter à tout le monde.

— Je te jure sur notre amitié que je le dirai jamais à personne. Un frère de sang ne trahit jamais sa parole. Bon, astheure, tu fermes les yeux. J'ai une dernière surprise.

Je fermai les yeux, un peu inquiet, me demandant à quelle sorte de surprise je devais m'attendre. J'entendis un froissement de papier.

— Tu peux les rouvir maintenant.

Je vis Charles, bien droit devant moi, un sourire fendu jusqu'aux oreilles. Il tenait un vieux sac de papier brun tout froissé. Il en tira prestement une bouteille qu'il tenait par le goulot.

— Tadammmmm !

Je vis un Charles aux grands yeux avides, la bouche gourmande, qui se tortillait d'aise.

— C'est quoi ça ? demandai-je d'une voix hésitante.

— Ça, mon gars, c'est un vrai cadeau d'hommes. C'est mon deuxième cadeau. C'est un cadeau pour nous d'eux, mon frère. C'est du gin !

— Ben qu'est-ce qu'on va faire avec ça ?

— Ben, c't'affaire, on va le boire. T'es donc ben zouf !

— Je suis pas zouf, mais j'ai jamais bu ça, du gin.

— Ben, y'est jamais trop tard pour commencer.

— Et pis si on boit son gin, ton père va s'en apercevoir.

— Pantoute ! Mon père est tellement souvent saoul qu'il se rendra même pas compte que sa bouteille a disparu. De toute façon, on va pas toute la boire. On va trinquer, c'est toute. Pis après ça, je vais rajouter un peu d'eau dedans pis toute va t'être très correct... Ben ! Tu me dis pas merci pour mon cadeau ?

— Ben, oui, merci. Mais t'étais vraiment pas obligé.

— Bah ! ça me fait plaisir.

4

COMMENT UNE SITUATION SI MAL ENGAGÉE POUVAIT-ELLE FINIR AUTREMENT QU'EN PLEINE CATASTROPHE ? VOILÀ CE QU'ON SE dit après, jamais pendant. Pendant, on n'y pense même pas. On se dit que ça va bientôt être terminé et que finalement ce ne sera qu'un autre mauvais souvenir qu'un bon finira par remplacer. Mais, étrangement, aucun souvenir, aussi bon fût-il, n'a jamais réussi à me faire oublier ce qui allait suivre.

Charles sortit deux verres et y versa une partie du contenu de la bouteille jusqu'à ce que les deux verres soient remplis presque à ras bord. L'odeur d'alcool sucrée mêlée à ceux du sang séché empuantissait le hangar et me montait dangereusement à la tête. Et je n'avais même pas encore touché au verre ! Charles me fixa droit dans les yeux avec un sourire malicieux.

— Alors, mon frère, c'est cette nuit que tu deviens un homme !

Je me demandai quelle était l'urgence de devenir un homme si vite. Je n'avais pas encore de poils nulle part, ni de barbe, j'avais toujours ma voix de soprano, les filles ne me disaient rien, j'avais encore plein de choses à apprendre sur les mystères de la vie, j'entamerais ma sixième année en septembre. J'étais finalement bien loin du compte où on fait un homme d'un enfant.

Charles leva son verre et le vida en trois gorgées, séparées chacune par une longue expiration. Il déposa son verre sur la table en le faisant claquer. Il me fixait avec un mauvais sourire.

— À ton tour maintenant !

Le regard de Charles avait changé, ses paupières papillonnaient et son œil prenait un éclat étrange. Ses joues étaient si rouges qu'on aurait dit qu'il avait honte. Un filet de bave coulait sur son menton. Mais il semblait fier de son exploit et son corps se détendait à vue d'œil. Il avait les jambes et les bras écartés et il s'appuyait mollement sur le mur du hangar.

— Envoye, Pierre-Thinh, monsieur Paix (il n'avait, décidément, rien oublié de mon secret). Aie pas peur ! Ça te mangera pas. Au contraire, ça réchauffe. Pis on est bien après.

Je constatai, qu'outre son regard, son élocution aussi s'était modifiée. Elle s'était passablement ramollie.

— Tu ne trouves pas que ça fait beaucoup ? lui dis-je en pointant mon verre.

Il se mit à rire.

— Shuuuut ! lui lançai-je. Tais-toi, idiot ! Tu vas réveiller le quartier.

Il mit une main en sourdine devant sa bouche pour étouffer son rire sans vraiment y parvenir. Il ajouta dans un balbutiement :

— Tu trouves cha trop ? Ben voyons donc ! Regarde, la bouteille est encore pleine. Ch't'ai verché rien qu'un petit verre à moutarde.

Il sembla trouver sa remarque particulièrement pissante, car il laissa percer un nouvel éclat de rire mêlé à un grand rot qui le fit s'esclaffer de plus belle.

Pour le faire taire et pour en finir une fois pour toutes avec cette cérémonie qui commençait à s'étirer un peu trop à mon goût, je levai mon verre et l'avalai d'un seul trait. Même Charles, à ma grande satisfaction, parut ébloui par mes capacités d'ingurgitation.

J'eus l'impression que les yeux allaient me sortir de la tête. Mes joues devinrent aussitôt rouges comme si le feu s'était mis dedans. Mes yeux s'embuèrent de larmes, des sueurs me sortaient de partout. J'avais les lèvres empesées, la langue épaisse. J'étais certain que du poil venait de me pousser sur chaque partie de mon corps, visible et invisible. J'avais l'impression que ma tête avait doublé de volume et que mes deux pieds s'étaient métamorphosés en blocs de ciment.

L'effet s'estompa peu à peu. Lentement, le monstre que je semblais être devenu retourna dans ses limbes natals. Ma vue se rétablit. Mais j'avais l'étrange l'impression de voir le monde en reprise, comme ces vieilles émissions de télé qu'on nous refile durant l'été. Sans trop savoir pourquoi, j'avais dans le creux du ventre, juste là, un gros rire niaiseux qui sortait comme de petites explosions, sans avoir besoin de mon autorisation.

C'est quand Charles eut terminé de remplir les verres pour la seconde fois que le malheur, le drame, l'incident, la catastrophe, la merde quoi, s'abattit sur nos têtes. J'avais pas vu, je pouvais pas le voir non plus, parce que c'était du côté de l'estomac, pis j'ai pas des yeux radions... Pardon : rayons hic !... pardon : rayons X ... Alare, j'ai vomi. La honte ! La grosse simère, pardon, misère ! Rien qu'un peu, j'ai vomi. Mais quand même assez pour en avoir partout. Pis là, là, ben là, j'ai trop étiré les jambes pis là, j'ai fait tomber la sandelle. Ben oui ! C'est ça qui est tarrivovich ! Pis là, Sarles y'est tombé sul c... ben sur ses fesses en bas de sa chaise. Y'avait pas de chaise. Ben, il est tombé pareil. Pis là, on a ri comme deux bols de riz. Pis c'est là que le feu a pris dans le tas de cartons à Sarles. Hooooooooon ! Ça, c'est pas beau, ça ! C'est quand la boucane est venue nous chatouiller le nez qu'on a compris que, là, il était peut-être temps de faire queck sose... Hic !

Pis, sans aucune raison malable, ze le zure votre seigneurie, y s'est mis à crier. Pour adsomulent rien. Qui ça ? Ben Charles, voyons donc !

— Au feu !

Il a aussitôt versé le contenu des deux verres de gin sur les flammes. Mais ça n'a pas tout à fait donné le résultat souhaité. Du coup, les flammes ont donné l'impression de s'éteindre. Mais c'était juste pour nous jouer un... un tour... Pis, là, quand j'ai dit ouf ! les flammes ont repris de plus belle. C'est drôle, ça nous a complètativement dégrisés, d'un seul coup.

— Il faut sortir le tas de cartons, ai-je crié.

Heureusement, les cartons étaient attachés par des fils de fer. Alors, on s'est penché, Charles et moi. On a saisi la pile de cartons. On est sorti. Puis, on a balancé la pile par-dessus la rambarde du ponton. Ce que nous n'avions pas vu, c'est le parasol du voisin au milieu du jardin. La pile de cartons a atterri juste dessus. En tombant, la pile avait profité de l'apport en oxygène que cette chute lui procurait pour, cette fois, s'enflammer tout à fait. C'est donc une immense torche qui s'abattit sur le parasol, le consumant en quelques secondes. Les flammes se propagèrent aussitôt aux chaises de jardin.

Charles se prit la tête à deux mains et lança un long cri désespéré. On aurait dit une souris qui couinait. Il descendit l'escalier au pas de course. Moi, je le suivais tant bien que mal. Je dois avouer que Charles supporte beaucoup mieux la boisson que moi. Arrivé en bas, Charles se rendit au tuyau d'arrosage qui était accroché au mur de la maison. Il me lança l'embout de métal. Je le reçus en plein front. Ça ne m'assomma même pas tellement j'étais sur le gros nerf. Je l'empoignai maladroitement. L'eau jaillit aussitôt. J'étais tout détrempé. Charles m'arracha le tuyau des mains.

— Épais ! hurla-t-il avec colère. C'est pas toé qu'y faut arroser. C'est le feu.

Il dirigea le tuyau vers les flammes puis arrosa les trois foyers d'incendie. Ils s'éteignirent assez rapidement. C'est à ce moment-là, que nous vîmes une fumée blanche qui sortait du hangar du haut.

— Sainte-Misère ! Le feu a repris dans le hangar.

Nous grimpâmes les marches quatre à quatre traînant avec nous le tuyau d'arrosage toujours en état de fonctionnement. Charles dégoulinait et moi j'éternuais. Pris par notre travail, nous n'avions pas remarqué les lumières des balcons voisins qui venaient toutes de s'allumer en même temps. On n'entendit même pas la porte du logement de Charles s'ouvrir avec fracas, ni les hurlements de son père.

Nous ne pensions qu'à éteindre les flammes. Ce que nous parvînmes à faire avec assez de facilité. Mais cette fois, nous ne prîmes aucun risque, nous arrosâmes partout. Pas question de donner une chance à ce début d'incendie. Ce n'est que lorsque son père nous arracha le tuyau des mains que nous reprîmes contact avec la réalité en constatant l'ampleur du dégât.

Nous étions anéantis. Mais nous n'étions pas au bout de notre malheur. Et moi, je n'étais pas au bout de ma surprise, mauvaise surprise s'entend, cauchemar dirais-je aujourd'hui. Dure leçon de vie ! Ma première.

Le père de Charles avait les yeux sortis de la tête. Plus je le regardais et plus j'avais l'impression d'être devant une grosse grenouille. Il avait les cheveux coupés si court qu'on aurait dit qu'il était chauve. Une bouche très grande, une barbe de trois jours et des lèvres qui semblaient malaxer une langue démesurément longue. En fait, ce n'était pas sa langue qu'il mâchouillait, mais une colère tonitruante, même si aucun son ne sortait de sa bouche.

Sur les balcons, les gens s'agglutinaient à leur rambarde et lâchaient de petits éclats de voix et des propos désobligeants.

— C'est encore chez Lemay, lança un vieux monsieur aux humeurs empoisonnées.

— C'est toujours chez Lemay, lui fit écho sa voisine avec son chat dans les bras.

Elle, je la connaissais. C'était la vieille Cadorette avec cet affreux matou malodorant et plein de puces qu'elle s'obstinait à appeler Caramel bien qu'il fût d'un gris ferrugineux. J'allais souvent lui livrer sa commande après la classe.

Ah oui ! Je ne vous ai pas dit. Papa tient le dépanneur au coin de Guizot et Saint Dominique, dans le quartier Villeray. La Cadorette, c'est une vieille malcommode qui cherche toujours à étirer son crédit qu'un jour mon père a eu la faiblesse de lui consentir. Depuis, elle *fait marquer*, comme elle dit, et elle paye quand elle en a le temps, c'est-à-dire pas souvent.

En bas, la porte s'est ouverte et on a simplement entendu un long hurlement. La bonne femme du premier pleurait son beau mobilier de jardin qui finissait de se consumer sous ses yeux.

— Lemay, mon enfant de nénanne, tu l'emporteras pas au paradis.

Ça, c'était la voix de klaxon de camion remorque du propriétaire, époux de la précédente, une espèce d'armoire à glace au cerveau aussi développé que son petit orteil. Des murmures et des exclamations s'entendaient maintenant de toutes les cours de la ruelle Saint-Dominique.

Sans raison, juste en regardant les yeux fous du père de Charles qui n'avait pas encore murmuré la moindre syllabe, je me suis mis à rire. Je n'en avais absolument pas le désir. J'étais, bien au contraire, terrifié. Mais je riais. Alors l'homme s'est mis à gesticuler, à grogner, à rugir, à aboyer, à braire. Les veines de son cou étaient si tendues que ça lui défaisait tout le bas du visage et étirait son énorme bouche vers le bas. Je voyais ses dents claquer, sa langue entrer et sortir comme s'il avalait des mouches. Car nous avions sans doute aussi réveillé toutes les mouches du quartier. Et alors mon rire s'est transformé en fou rire incontrôlable. Fou rire qui s'est tari aussitôt que Charles ouvrit la bouche pour expliquer ce qui s'était passé.

— C'est pas moi, papa. C'est lui ! (Il pointait vers moi un doigt accusateur.) C'est Thinh qui a tout organisé.

J'ai alors senti tout le poids du regard ravageur et cruel de sa grenouille de père se poser sur moi. En fait, ce n'était plus une grenouille. C'était un crapaud. Un crapaud visqueux ! Un crapaud galeux qui se nourrit de tous les petits garçons qui ne portent pas un vrai nom et qui sont, autant que possible, d'origine vietnamienne.

— C'est lui qui a eu l'idée qu'on devienne des frères de sang, continua avec acharnement un Charles terrorisé. Y m'a demandé d'apporter du gin. C'est lui qui a mis le feu après m'avoir obligé à boire. C'était un accident. Mais c'est quand même lui. Je m'excuse. On va tout arranger.

Il y eut alors un lourd silence. Comment vous dire l'état de consternation dans lequel j'étais en constatant que je venais d'être trahi et accusé faussement par mon propre frère de sang. J'étais anéanti.

Je vis Charles me faire un clin d'œil affolé m'exhortant au silence et au sacrifice. Il avait le regard épouvanté et moi, j'étais mort. C'était mon meilleur ami qui venait de m'assassiner. Il avait adroitement détourné la rage de son père vers ma personne, s'épargnant sans doute une colossale volée. Mais moi, j'étais condamné à la déchéance totale si jamais ma famille apprenait la vérité.

Son père continuait à grogner. De crapaud, il venait d'atteindre la stature de gorille. Il s'avança vers le hangar qui dégoulinait de partout. Ça puait les cendres mouillées et le bois carbonisé.

— Vous avez tout inondé mon hangar. C'est un vrai dépotoir, hurla le propriétaire du bas qui finissait d'inspecter ses propres lieux situés juste en dessous du nôtre, enfin, de celui de Charles, celui de son père, le hangar du haut, quoi !

— C'était déjà un vrai dépotoir, ton hangar, Légaré, répondit le père de Charles comme pour prendre à témoin tous les curieux de la ruelle Saint-Dominique. La douche que lui a administrée mon fils pour éteindre les dégâts d'un autre, a dû lui faire le plus grand bien en le nettoyant de la crasse accumulée. Pis faismoé pas chier avec les vieilleries qui croupissent là-dedans ! C'est tellement décrépit pis puant que même les rats en voudraient pas.

L'intervention inattendue du père de Charles calma un peu mes inquiétudes. J'eus l'étrange sentiment que, finalement, le désastre était moins important qu'il semblait l'être au premier regard. À tout prendre, nous avions peut-être fait une bonne action, involontaire certes, mais bonne tout de même. Après tout, il arrive tous les jours que quelqu'un s'improvise le bienfaiteur d'un autre et qu'une catastrophe appréhendée se transforme, comme par miracle, en action salvatrice. Si ça se trouve, le propriétaire allait bientôt me remercier.

Ce fut, hélas, comme c'est souvent le cas (la vie est tellement injuste !), un sentiment de courte durée. Alors que je croyais que le père de Charles nous adresserait quelques paroles d'apaisement, question de faire baisser la tension qui s'était installée en nous, il en alla tout autrement. Le regard qu'il posa sur moi me fit remonter les testicules jusqu'au milieu de la gorge. Et le poil que je n'avais pas encore se dressait sur tout mon corps. Je compris à ce moment-là que mon malheur ne faisait que commencer.

L'homme nous empoigna tous deux par le collet et il nous traîna jusque dans la cuisine. Dehors, les lumières sur les galeries, s'éteignirent l'une après l'autre. J'entendis une voix feutrée. C'était le voisin du bas qui rageait toujours au milieu des décombres de son ensemble de jardin carbonisé.

J'avais craint qu'il ne monte boxer le nez de la grenouille. Heureusement, il n'en avait rien fait. Il s'était contenté de gueuler sans prendre le temps de répondre aux sarcasmes de son locataire, responsable de tous ses malheurs. Je ne comprenais pas très bien pourquoi il ne s'était pas affirmé avec plus d'agressivité. Du ponton, il me semblait gigantesque, le proprio, capable, d'une simple pichenette, d'écraser la vilaine grenouille du dessus.

Ce n'est que deux jours plus tard, en passant devant chez Charles pour me rendre à l'école (passage obligé), que je compris pourquoi il ne s'était pas opposé avec plus de fermeté. C'était un homme minuscule à la panse proéminente, un vermisseau sans envergure.

Mais pour l'heure, j'étais prisonnier dans la cuisine de l'ogre. Et les choses ne traînèrent pas. Le père de Charles empoigna le téléphone et réveilla mon paternel de sa voix glacée et beuglante.

Je posai un regard meurtrier sur Charles et je ne cillai même pas. Lui, il fuyait mon regard avec obstination. Son malaise grandissait à mesure que son père accablait le mien d'insultes pour mon manque d'éducation et mon esprit malsain qui avaient entraîné son imbécile de fils à commettre, à l'encontre de ses biens et de ceux de son imbécile de voisin, un crime irréparable. Il allait lui faire parvenir une facture que ses yeux ne seraient pas assez de deux pour en mesurer l'ampleur. « Parce votre imbécile de fils est le premier responsable des dégâts et que, vous, de par le fait que vous êtes le père d'un pareil imbécile, vous êtes le premier responsable des sommes qui seront à verser pour les réparations qui vont suivre. »

Bien sûr, je n'entendis pas ce que mon père lui avait répondu. Tout ce que je vis, c'est la couleur du visage de la grenouille qui passa du rouge au vert. La grenouille raccrocha sans ajouter un seul mot. Tout ce qu'il me dit fut comme un baume sur ma plaie vive.

— Ton père ? Ton père fait du judo ? C'est vrai ?

— Du taï kwon do, rectifiai-je un sourire éclatant sur le visage. Cinquième dan !

C'était là un bien lamentable mensonge. Papa n'avait jamais exercé quelque art martial que ce soit. Ni judo, ni karaté, ni tai kwon do. Mais la grenouille n'en savait rien. Je venais de comprendre que mon père, ce brave petit monsieur si sage derrière son comptoir de dépanneur, ne s'en était pas laissé imposer par la voix camionesque du père de ce traître de Charles.

La grenouille me regardait maintenant avec un brin d'hésitation. Il y eut un long silence. Charles reçut une magistrale claque derrière la tête. Son menton heurta le bord de la table et sa lèvre supérieure se mit à saigner. J'étais presque heureux de cette claque comme s'il s'agissait là d'un juste retour des choses. Mais je pris bien garde de sourire. Finalement, l'homme baissa son visage de batracien et mit ses yeux dans les miens. Ils étaient rouges. De sa bouche fleurait une odeur fétide d'alcool mal digéré.

— Toé, mon petit bâtard, tu remets plus jamais les pieds icitte. Sinon, c'est mon pied que tu vas recevoir dans ton beau petit cul de chinois mal bridé. Tu oublies mon gars, tu m'entends. Charles, y'existe plus pour toé. Tu te tiens loin. Je veux plus jamais voir ta petite face de bandit. (Il se tourna alors vers Charles qui mourait de peur.) Pis toé, fils de crétin, y me semble qu'y a assez de Québécois dans le coin pour que tu sois pas obligé de t'acoquiner avec des rejetons de race étrangère qu'on sait pas d'où qu'y viennent ni quoi qu'y mangent. Tu vas réfléchir à ça dans ta chambre pendant deux semaines. (À nouveau, il se tourna vers moi.) Quant à toé, va attendre ton père en bas de l'escalier. J'ai assez vu ta face.

Je me levai sans attendre une nouvelle invitation. Quand la porte fut ouverte, je me retournai vers la grenouille et je lui balançai d'une voix forte :

— Je ne suis pas Chinois. Je suis un Québécois. Un Québécois d'origine vietnamienne. Je suis né ici, à Montréal, au Québec, comme vous pis Charles !

J'entendis un juron se perdre dans le bruit de la porte que je venais de claquer. Une des deux vitres de ladite porte vola en éclats. Je descendis les marches sans y porter attention. J'aboutis, à bout de souffle, dans les bras de mon père qui venait d'arriver au bas de l'escalier. Je ne fus jamais si fier de me retrouver ainsi dans les bras chauds de papa. Il posa sa main sur ma tête et m'obligea à le regarder. Je me mis à pleurer comme un enfant que je croyais ne plus être, mais que j'étais encore, en tout cas, que j'étais encore cette nuit-là.

Mon père ne prononça aucune parole. Son visage paraissait calme, impassible. Il me regardait avec attention. Mon visage, mes bras, mes jambes. Constatant que tous les morceaux étaient intacts et bien à leur place, il me prit par le bras et m'obligea à remonter l'escalier. Il sonna à la porte. Il regarda la vitre fracassée et me jeta un regard sévère. J'étais pétrifié. Qu'allait-il se passer ? Pourquoi mon père m'avait-il obligé à remonter ? Comment allait réagir la grenouille ?

On ouvrit la porte avec une brutalité qui me fit reculer de trois pas. Papa resta immobile, le regard toujours pareillement inexpressif comme si tout le tapage qui pouvait se produire ne le concernait pas. Quand le père de Charles aperçut mon père, ce fut à son tour de reculer d'un pas.

— Qu'est-ce qu'il y a encore ? demanda-t-il d'une voix peu rassurée.

— C'est mon fils ! articula mon père si calmement que le vent de la nuit sembla un moment s'immobiliser. Ayant contribué à raccourcir nos nuits réciproques par une action désinvolte et irréfléchie, il demande la permission de vous adresser ses excuses.

Je m'avançai, abattu et humilié, et je formulai des excuses parfaitement inaudibles qui semblèrent néanmoins satisfaire les deux hommes.

— Ça va ! Ça va ! grommela la grenouille d'autant plus mal à l'aise que l'attitude presque tranquille de mon père le prenait complètement au dépourvu. Il allait refermer la porte quand mon père s'y opposa en plaçant son pied contre le cadre. La grenouille essaya bien d'intimider mon père avec sa grosse voix d'ivrogne. Mais ce fut peine perdue.

— Vous avez accusé mon fils de vous avoir causé quelques dégâts. Vous m'avez menacé de réclamations qui allaient me faire sortir les yeux de mes orbites. Alors vous ne verrez pas d'inconvénients que je constate l'étendue du désastre. Et que je prenne quelques photos question de bien informer mes assurances.

Mon père tourna vers la grosse grenouille un regard presque menaçant tout en sortant un petit appareil photo de sa poche de veston. L'autre n'émit aucune objection, ni commentaire, ni propos d'aucune sorte.

— Si j'ai bien compris, continua mon père en se dirigeant vers le fond de la cuisine, c'est dans la cour arrière que s'est produit l'incident.

— Vous appelez ça un incident ? Il a failli mettre le feu à la maison.

Papa s'aventura sur la galerie et examina les dégâts. C'est à ce moment-là que la voix du propriétaire du bas retentit à nouveau.

— Aïe, Lemay ! je te conseille de te chercher un autre logement. Parce que je me rends à Régie pour leur demander le droit de t'évincer. Ça fait trois ans que tu nous empoisonnes la vie à tout le quartier, toé pis ton sans allure de petit voyou de fils qui est mal élevé comme ça se peut pas.

La grenouille n'osa rien répondre. Mon père passa devant lui puis rentra dans la cuisine où Charles continuait à se décomposer.

— J'ai l'impression que le brave monsieur, votre propriétaire, je crois, ne vous porte pas en très haute estime, vous et... (Là, papa dévisagea froidement le pauvre Charles sur qui tous les malheurs semblaient à présent s'abattre. Quand les yeux de mon père revinrent se poser à nouveau sur la grenouille, son regard était empreint de mépris et de colère contenue.)... vous et votre jeune garçon. Il n'en serait pas à son premier méfait à ce que j'ai pu comprendre. Peut-être mon garçon n'est-il pas seul en cause. Et peut-être n'est-il pas, des deux, le plus coupable. Quoi qu'il en soit, les dommages semblent minimes. Quelques planches à remplacer et, pour le reste, je n'ai vu que de vieux cartons et quelques boîtes de pots de verre éraflés, un cadre de vélo intact sans roues accroché sur le mur. Quelques vieux vêtements... Lundi, un de mes amis viendra réparer les dégâts et donner une couche de peinture pour rafraîchir tout ça. Je prends à mes frais le remplacement du mobilier de jardin et la vitre de votre porte avant. Pour le reste, arrangez-vous avec vos problèmes.

Là-dessus, papa prit ma main et m'entraîna avec lui vers la sortie qui donnait sur la rue Casgrain. Avant que la porte ne se referme, mon père se tourna une dernière fois vers la grenouille. Son regard était franchement menaçant.

— Et surtout que je n'entende plus jamais parler ni de vous ni de votre fils. Et puis, évitez mon dépanneur. Il y a des gens que je ne sers pas.

Nous quittâmes finalement la maison de la grenouille. Je n'avais jamais été aussi fier de mon père. J'étais soulagé. C'est seulement quand me parvinrent les premiers cris de Charles que son père était sans doute en train de battre comme le riz mis à sécher, que j'envisageai pour mon propre compte les supplices qui m'attendaient.

Et s'installa dans mon ventre, pour la première fois de ma vie, la crainte de mon père. Il m'avait toujours dit : *Ne me déshonore jamais. Ne déshonore jamais ta famille.* Je crois bien que c'était ce que je venais de faire.

5

Trois jours s'étaient écoulés depuis les événements de la ruelle Saint-Dominique. Je n'avais pas revu mon père depuis cette fameuse nuit. Il était constamment occupé à son dépanneur. Il partait avant mon lever et rentrait tard le soir.

Il me rencontra le mardi soir suivant vers les dix heures. Je ne dormais pas encore. Il vint dans ma chambre. Il s'assit sur le bord de mon lit. Il me regarda.

— Tu as commis une grave imprudence dont tu es seul responsable. Il convient donc que tu me rembourses le coût des réparations. Il s'élève à huit cent trente-deux dollars. Ce qui représente, à raison de huit dollars de l'heure, que je paie à mon employé, monsieur Victor, l'équivalent de cent quatre heures de travail au dépanneur. Tu es consigné au dépanneur pour les vingt prochaines semaines, tous les samedis matin de sept heures à midi.

Il se leva sans rien ajouter. Il ferma la lumière de la petite lampe de chevet. Avant qu'il ne quitte la chambre, je lui pris le bras et le serrai très fort contre moi.

— Je m'excuse papa. Je ne voulais pas te déshonorer en agissant de la sorte, ni déshonorer notre famille. C'était simplement un jeu entre Charles et moi. On voulait devenir des frères de sang. Tout ne s'est pas passé comme Charles l'a raconté. Le gin, c'est lui qui m'a obligé à en boire. Ça ne devait pas se passer de cette façon.

Papa se rassit près de moi. Il me prit dans ses bras et me consola, car je pleurais amèrement. Non de tristesse, mais de reconnaissance. Je savais, j'avais toujours su que mon père était un homme calme et bon. Mais ce soir là, je mesurais avec plus de discernement toute la portée de son amour pour moi. Je comprenais mieux ma chance d'être le fils d'un tel homme. Et je remerciais le ciel de n'être pas né dans une famille dont le père fut du gabarit de celui de Charles.

— Tu ne m'as pas déshonoré, mon fils. Et tu n'as pas déshonoré ta famille. Je sais que jamais tu ne feras quoi que ce soit en ce sens... Mais que cette histoire te serve de leçon et t'encourage à faire preuve de plus de discernement dans le choix de tes compagnons. Quant à moi, je suis heureux non pas de ce qui s'est passé, mais du fait que cela nous donnera, à tous les deux, l'occasion de passer plus de temps ensemble. C'est de ça que je suis content.

Sur ce, mon père m'embrassa sur le front et me serra très fort contre lui. Ensuite, il se leva et sortit.

Je le regardai s'éloigner. Il avait raison. Passer cinq heures en sa compagnie, seuls, tous les samedis matin, était le plus cher de mes vœux. Depuis plusieurs mois, je lui demandais de l'aider au dépanneur. Mais il refusait toujours alléguant que j'étais trop jeune et que j'avais bien plus besoin de jouer dehors avec mes amis que de m'enfermer entre les murs d'un dépanneur. Mais aujourd'hui, il y consentait enfin sous le vague prétexte d'une dette à rembourser. J'étais si heureux que j'eus du mal à me rendormir.

Tout aurait pu se passer très bien et continuer comme ça pendant bien longtemps si Charles n'avait pas eu la mauvaise idée de se présenter au dépanneur trois semaines plus tard. C'était le samedi 13 novembre à dix heures le matin. Il faisait un froid de canard malgré un soleil éclatant. Les clients qui venaient chercher leur journal du samedi devisaient déjà sur l'allure que prendrait l'hiver qui se mêlait aux derniers jours d'automne.

Charles était entré. Papa était occupé à la caisse. Il ne sembla pas avoir remarqué sa présence. Moi, je terminais de placer le lait dans les réfrigérateurs quand je le vis devant le comptoir des friandises. J'essayais de ne rien laisser paraître de mon inquiétude. J'étais en arrêt avec mes litres de lait sous le bras. Charles me fit un signe discret de la main. Je n'eus pas le courage d'y répondre. Je jetai un regard vers la porte et je remarquai la présence de trois autres garçons. Je ne les connaissais que trop bien. C'étaient les trois pires *bums* de l'école : Sébastien Goyette,

Sylvain Benoit et Guillermo Diaz. Trois brutes de sixième, toujours en mal d'un mauvais coup, mêlées dans toutes les bagarres et soupçonnées de faire partie d'un réseau de taxeurs.

Ils fixaient l'intérieur du dépanneur et suivaient les déplacements de Charles. Je n'aimais pas ce sourire froid sur la bouche de mon ami. Je le vis alors mettre dans ses poches quatre tablettes de chocolat, trois paquets de gommes et même, comble de témérité, un gros sac de chips au ketchup. Il mit un doigt sur sa bouche en me lançant un regard froid et voulut quitter le dépanneur sans demander son reste.

Mais mon père avait tout observé sur son écran de surveillance. Il attendait le coupable devant la porte. Se voyant piégé, Charles chercha à s'échapper en esquissant un geste pour frapper mon père. Mais celui-ci esquiva le coup. En une passe rapide de judo, de karaté ou de je ne sais quoi d'autre, il immobilisa son voleur. Charles dut restituer son butin en attendant l'arrivée des policiers. Bien sûr, les trois autres avaient pris la fuite en voyant échouer l'affaire.

Un vieux monsieur qui s'apprêtait à payer au moment où mon père était intervenu n'avait rien manqué de la scène.

— Dites donc, monsieur Nguyen, je savais pas que vous étiez champion de judo ?

— Taï kwon do ! monsieur Trépanier, répondit mon père d'une voix lasse.

Moi, je le regardais avec consternation. J'ignorais tout du fait que mon père fût maître en arts martiaux. Je l'avais bien vu, mais j'avais du mal à le croire.

— Vous devriez mettre une affiche dans la vitrine de votre magasin, poursuivit le vieux monsieur complètement séduit par toute cette agilité et cette force concentrées en un si petit corps. Ça vous éviterait bien de ces contrariétés avec tous ces jeunes voyous.

Il se tourna vers Charles qui était assis par terre, au fond, derrière le comptoir. Le vieil homme le dévisagea d'un mauvais œil un bon moment.

— Je le reconnais, celui-là. C'est le garçon à Lemay, un fainéant pis une brute. Décidément, la pomme ne tombe jamais loin de son arbre, conclut-il en s'assoyant sur les caisses de bière, bien décidé à attendre avec mon père l'arrivée des policiers.

Je vis, au regard triste que mon père m'adressa à ce moment, qu'il savait que j'étais au courant du délit que Charles avait commis sous mes yeux sans que je ne fasse rien pour l'en dissuader. À ses yeux, j'avais trahi mon ami en ne cherchant pas à le convaincre de renoncer à sa mauvaise action et je l'avais trahi, lui, mon père, en prenant parti contre lui pour un étranger. J'étais anéanti.

Je passai le reste de la fin de semaine perclus de remords. Je ne dormis pas les deux nuits subséquentes ou très peu. Et c'est de peine et de misère que je m'extirpai du lit, le lundi matin suivant pour me rendre en classe. La semaine fut interminable. Charles, bien sûr, ne m'adressait plus la parole. Je voyais, jour après jour, grandir son agressivité à mon égard. Il se tenait avec ses trois nouveaux amis, Diaz, Goyette et Benoit. Parfois, dans la classe, dans des murmures répétés, il m'appelait Thinh. Mais je ne lui répondais pas.

Papa non plus ne m'avait plus adressé la parole de la semaine. C'était pire que toutes les punitions, pire que toutes les privations qu'il aurait pu m'administrer. Sa froideur à mon endroit, son apparente indifférence, son silence obstiné étaient comme des coups de masse qu'on donnerait sur la peau déchirée d'un tambour. Plus rien ne résonnait en moi. J'étais devenu un tambour crevé.

Le samedi suivant, mon père m'avait fait comprendre par quelques grognements que ma présence n'était plus requise au dépanneur. Cette décision me bouleversa. Ma mère, qui était sans doute au courant de ce qui s'était passé la semaine précédente, n'émit aucun commentaire. Quand papa eut quitté la maison, elle déposa son bras sur mon épaule et eut un long soupir chargé de reproches et de tristesse.

J'étais seul. D'être ainsi abandonné sur cette mer déchaînée par les personnes que j'aimais le plus au monde était un châtiment atroce contre lequel je ne pouvais rien. Je me sentais tellement nul, tellement rien, tellement minable. Rien que d'en parler me donne encore la nausée.

Mais je n'avais pas encore bu mon vin jusqu'à la lie. Le mardi suivant arriva et avec lui la fin de l'épisode des frères de sang.

C'est ce jour-là que mon cher professeur Nicole commença le cours d'enseignement moral sur l'importance du respect à attacher aux noms.

Après le moment de silence qui avait accompagné, vous vous rappelez, l'exercice durant lequel, en silence, nous devions répéter notre nom pour en connaître la mélodie... Vous vous rappelez ?

Bon, hé bien, juste après, Charles s'est levé et a clamé devant toute la classe mon nom vietnamien.

— Vous savez, Pierre Nguyen, c'est pas son vrai nom. Son vrai de vrai nom, c'est Thinh. Comme dans : Tu veux du thé, Thinh.

Si vous ne voyez pas la subtilité qui se cache dans cette phrase, ô combien brillante ! ne comptez pas sur moi pour vous aider à la trouver.

Bien sûr, la farce a fait le tour de la classe. Les garçons se sont esclaffés ainsi que beaucoup de filles, bien que plus discrètement. Moi, je suis effondré, humilié. J'en ai les larmes aux yeux. Je suis rouge de colère et toutes les fibres de mon corps se tendent dans un désir difficilement réfréné de sauter au visage de Charles pour lui faire ravaler ses paroles. C'est quand il répète son insulte que, là, tout explose.

Je me suis jeté sur lui comme un fou furieux. Je le martèle de coups de poing. Je suis si déchaîné que de la bave me sort de la bouche et lui coule sur le visage. Charles est quand même plus fort que moi et il ne met pas de temps à se dégager. Il cherche à atteindre mes cheveux, à me mordre le bras. J'esquive. Je prends une courte distance puis, dans un mouvement rapide, je lève la jambe et lui flanque trois coups de savate au visage. Il roule par terre. Il a la lèvre fendue, l'œil abîmé et une dent brisée. Il faut deux professeurs masculins pour m'immobiliser et me conduire chez la directrice.

Nous serons tous les deux exclus de l'école pour une semaine avec obligation faite à nos parents de venir rencontrer la direction afin de connaître les conditions de notre réadmission. C'est durant cette semaine-là que Charles et son père ont déménagé dans un autre quartier de la ville. Leur propriétaire avait enfin obtenu de la Régie du Logement le droit de les expulser.

Je ne revis plus jamais Charles. Et l'épisode des frères de sang s'éteignit peu à peu sans laisser trop de cicatrices. Il m'avait cependant révélé combien était délicate ma situation et fragile ma réalité identitaire. Durant de longs mois encore, je fus accablé par ces lancinantes questions auxquelles je ne trouvais aucune réponse : Qui suis-je ? D'où viens-je ? Où vais-je ?

Des événements qui allaient suivre bientôt fourniraient à cette triple question des réponses satisfaisantes. Mais j'en étais encore loin.

Étrangement, alors que j'avais cru que ma conduite à l'école et l'exclusion qui en résulta allaient aggraver ma situation face à mon père, je constatai, au contraire, qu'elle contribua à nous rapprocher. Mon père me réadmit auprès de lui au dépanneur. Un soir de cette semaine-là, il m'expliqua qu'il n'approuvait pas les moyens que j'avais pris pour me faire respecter. Mais il était fier de constater que j'avais su défendre mon honneur et, indirectement, celui de toute la famille. Il me dit aussi qu'il avait longuement réfléchi à l'incident du vol que Charles avait perpétré au magasin et au fait que je n'avais pas osé le dénoncer.

— Tu as été fidèle à un serment d'amitié. Et cela me confirme la noblesse de ton cœur. Il y a bien des manières de réagir devant une telle situation. Trahir ton ami aurait été sans doute l'une des moins honorables. Je te demande de me pardonner de ne pas avoir compris cela avant. Tu es mon fils et je t'aime.

Il me regarda dans les yeux et il ajouta avec un petit sourire en coin.

— Maintenant, peut-être serait-il temps de t'enseigner l'art du taï kwon do afin que plus jamais tu ne permettes à tes pieds de gouverner ton esprit.

C'est ainsi que débutèrent, en compagnie de mon père, ces longues séances quotidiennes durant lesquelles je m'initiai à la pratique de l'art séculaire du taï kwon do.

6

LE SECOND DES TROIS ÉVÉNEMENTS QUI ALLAIENT CHANGER MA PERCEPTION DES CHOSES ET RÉGLER EN PARTIE MA QUESTION IDENTITAIRE, l'exacerber devrais-je plutôt dire, car en vérité il ne régla rien, se produisit à la fin du mois de mars.

Ma mère avait reçu une lettre du Vietnam qui l'attrista profondément. Je l'entendis pleurer en relisant la lettre à mon père le soir même. Ce soir-là, il n'y avait pas eu de leçon de taï kwon do. Une longue discussion avait occupé mes parents jusque très tard cette nuit-là. Le lendemain matin, malgré la brièveté de sa nuit, ma mère resplendissait.

Trois jours plus tard, c'était un vendredi, l'événement se produisit. Mon père, comme d'habitude, avait quitté la maison avant notre réveil. Il avait laissé une note sur le frigo à mon intention. Il y était écrit : *Ce soir, je me fais remplacer par Victor et nous allons souper dans le quartier chinois. Ta mère et moi avons deux nouvelles à t'annoncer, une mauvaise qui ne te concerne pas vraiment et une autre plus heureuse qui, elle, aura une influence déterminante sur nos vies.*

Ce message sibyllin à souhait occupa mon esprit une bonne partie de la journée. En fait, je ne pensai à rien d'autre. De quelle mauvaise nouvelle était-il donc question ? Et que voulait dire mon père quand il prétendait que nos vies allaient être bouleversées par une deuxième nouvelle qui, elle, semblait heureuse ? Et qu'entendait-il par heureuse ? Heureuse pour eux, pour moi ? Heureuse en elle-même sans qu'elle ne le soit pour aucun d'entre nous ? Quelqu'un obtient un emploi perdu par une autre personne, est-ce une bonne nouvelle ? D'un côté oui, de l'autre non ! Combien de bonnes nouvelles pour certains ne se sont-elles pas avérées une tragédie pour d'autres ?

Papa arriva vers les cinq heures ce soir-là, chose rarissime s'il en fut.

Il me demanda de mettre mes plus beaux habits. Papa et moi, nous préparâmes dans la même pièce. Il me coiffa avec patience, aligna mon nœud de cravate, m'aspergea d'un peu de son eau de toilette.

— Qu'est-ce qui se passe ? demandai-je en constatant que papa mettait une attention si méticuleuse à notre tenue vestimentaire. On va à un mariage ?

Mon père eut un petit rire.

— Ah, non garçon, c'est une surprise ! me répondit-il.

Quant à ma mère, elle demeurait invisible, enfermée dans sa chambre depuis plus d'une heure. Quand elle se présenta à nous, bien après que papa et moi fûmes prêts, ce fut pour constater combien ses deux hommes étaient beaux. Elle affichait un merveilleux sourire. Mais ni papa ni moi ne bougeâmes de nos places, complètement envoûtés par cette apparition. Je n'avais jamais réalisé, en tout cas jamais comme ce soir-là, combien ma mère était une femme d'une beauté exceptionnelle. Tout son corps transsudait le raffinement et la grâce.

Mon père s'avança vers elle, l'enlaça tendrement. Ensemble, ils exécutèrent quelques pas de danse. Puis mon père se tourna vers moi et me présenta ma mère comme si c'était la première fois que je la voyais, ce qui était presque vrai.

— Regarde, mon fils, regarde cette femme ! C'est ta mère. Je ne souhaite, pour toi, rien d'autre que la chance que j'ai eue de découvrir pour toi-même une femme semblable.

Nous nous dirigeâmes ensuite vers le quartier chinois. Une fois que nous fûmes arrivés à destination, mon père stationna sa voiture à courte distance sur la rue de La Gauchetière. Lentement nous marchâmes jusqu'au plus magnifique des restaurants du quartier chinois. Il était situé au troisième étage de l'Hôtel *Holiday Inn* sur la rue Saint-Urbain au coin du boulevard Viger. L'entrée n'avait rien d'extravagant, mais l'intérieur était d'une élégance et d'une propreté rares en ce quartier suranné, fait de maisons très souvent mal entretenues, aux fenêtres et aux portes défraîchies, aux cadrages vétustes et aux couleurs écaillées.

Le repas fut pris lentement. Les plats se succédèrent dans un raffinement tout asiatique de couleurs et de parfums.

En aucun moment, il ne fut question d'aucune des deux nouvelles qu'on devait m'annoncer. Bien sûr, je profitai avec gourmandise du repas et je ne me privai pas d'un pareil festin. Il était si rare que nous nous retrouvions tous les trois au restaurant que je n'allais pas bouder mon plaisir. Mais il était quand même terni, ce plaisir, par cette petite impatience qui se transforma, au fil des deux heures que dura le repas, en grosse inquiétude.

Je voyais bien mes parents heureux, amoureux comme rarement je les avais vus. Mais leur bonheur ne m'en disait pas beaucoup sur le contenu des deux mystérieuses nouvelles. Dans ma tête se mirent donc à défiler toutes sortes d'idées plus maussades les unes que les autres. De toutes les éventualités que j'envisageai, une s'imposa à moi avec cruauté : on avait décidé de me mettre en pension au Collège Mont-Royal.

On avait déjà discuté de cette éventualité en novembre dernier. Cela m'avait horrifié. Rien que d'entendre les mots : collège Mont-Royal me donnait des boutons. J'avais une sainte horreur de ce collège aux allures vieillottes que mes parents m'avaient fait visiter juste avant Noël. J'avais trouvé les élèves et les professeurs puants de suffisance. Les élèves surtout avec leur horrible costume gris et rouge qui leur donnait des allures de bâtons de Pop Sicle aux cerises. Et puis les planchers de bois craquaient sinistrement, ça sentait l'encaustique et le vieux cigare. Les couleurs des murs étaient sinistres, les classes étaient sinistres, les chambres grandes comme des mouchoirs étaient sinistres. Bref, tout était sinistre en ce lieu sinistre. Il pleuvait cette journée-là à l'extérieur. Hé bien ! croyez-le ou non, il pleuvait aussi à l'intérieur du collège. Une pluie invisible mais constante. On aurait dit que tous les nuages du ciel s'étaient infiltrés par toutes les fentes des murs et avaient pris les lieux d'assaut en permanence.

Était-ce ça la bonne nouvelle qui devait avoir une influence sur nos vies : le maudit Collège Mont-Royal ? En tout cas, de l'influence, pareille nouvelle en aurait très certainement sur mon existence. Et sur celle de mes parents qui allaient enfin se débarrasser de moi et vivre en paix leur histoire d'amour. C'était ça, c'était sûrement ça ! Ça ne pouvait être que ça.

Je voyais mon père et ma mère qui se regardaient dans les yeux depuis la fin du repas. Ils avaient l'air de se dire *enfin* avec de grands soupirs de soulagement. Ils se minaudaient du regard, s'embrassaient du bout des doigts. C'est comme si je n'existais plus, comme si déjà j'étais de trop ; un bagage encombrant dans leur long voyage de nouveaux mariés.

Mon père s'était commandé un cognac, ma mère un thé au lotus. Ils buvaient leur consommation en se dévorant des yeux. Finalement, quelque chose bougea. Mon père avait pris la main de ma mère dans les siennes. Il la caressait doucement de son pouce tout en me fixant sans rien dire.

— Ta mère et moi, déclara-t-il enfin, nous avons deux nouvelles à t'annoncer dont l'une au moins te réjouira, nous l'espérons.

J'esquissai un faible sourire. Que croyait-il, celui-là ? Que j'allais sauter sur ma chaise, m'accrocher aux lustres, grimper aux rideaux, tout ça parce qu'ils avaient trouvé le moyen de se débarrasser de moi ? J'attendais qu'ils parlent et ensuite ils allaient entendre ma façon de penser même si je savais que mon opinion ne changerait rien à leur décision.

De toute façon, j'avais décidé d'entreprendre une grève de la faim aussitôt que les portes de cet affreux collège se seraient refermées sur moi. Je me mettrais au lit et je n'en sortirais plus, quitte à mourir, à maigrir, à vomir, à suer, à avoir mal au ventre, à la tête, aux dents, à fondre, à disparaître.

Oui, disparaître à jamais ! J'étais prêt à ça.

Je regardai ma mère. Elle était si belle ! Je comprenais papa de vouloir se la garder pour lui tout seul. Après tout, il était le premier à avoir trouvé ma mère. Qui trouve, garde ! Tout le monde sait ça. Alors, je n'avais plus rien à faire ici.

Finalement, je n'allais rien dire. Je partirais en silence, sans faire de scandale, dans l'honneur. Je ne les dérangerais pas. J'allais quitter ce monde cruel sans laisser de trace, même pas une marque de gras sur mes draps, partir dans l'indifférence et le silence complet. J'apporterais seulement une boîte de biscuits au chocolat au cas où la fringale me prendrait en chemin. Et tant pis pour les miettes. Ils n'auraient même pas besoin de m'enterrer. En arrivant dans cet affreux collège, j'allais m'allonger sur mon lit dans mon affreuse et minuscule chambre et, en une seule nuit, j'allais me dissoudre, fondre, m'envoler et disparaître à tout jamais.

Alors... Alors, je me rendis compte que maman me parlait depuis quelques secondes et que je n'avais rien entendu de ce qu'elle me disait. C'est le bruit des papiers qu'elle dépliait qui m'avait ramené à la réalité.

Maman se mit à me lire la lettre qu'elle avait reçue en début de semaine et dont le contenu l'avait tant affligée.

Ma chère Nga,

La couronne d'un soleil rougeoyant vient se briser dans les branches basses d'un avocatier. Un jour se meurt. Et la mort de ce jour m'amène à te parler d'une mort mille fois plus cruelle.

Ta chère cousine, ma fille My Linh, s'est éteinte le 12 octobre dernier après un accouchement prématuré et fort difficile. Elle aura donné à ce monde triste une petite fille aussi belle que les anges.

Je ne t'aurais pas parlé de vive voix de la beauté de cette adorable enfant et t'en eus fait, bien au contraire, un portrait fort désobligeant si tu étais devant moi, tout ça afin de ne pas exciter la convoitise de démons à la recherche d'âmes à posséder et qui sont, comme chacun sait, si rapides à s'approprier les plus beaux corps et les âmes les plus pures. Mais les démons sont ignorants des choses écrites, aussi puis-je me permettre de te parler sans crainte de la beauté et de la douceur de ce petit être que j'aime infiniment.

Elle s'appelle Thao My. Elle a quatre mois déjà. J'ai pris la liberté de t'envoyer plusieurs photos de ma petite-fille afin que ton mari et toi puissiez constater toute sa beauté et toute sa douceur. Je dois dire aussi que Thao My jouit d'une très bonne santé. Elle ne pleure jamais, elle fait déjà ses nuits et ne se dépare jamais du sourire bien particulier qui est le sien.

Je n'écoutais plus. Ces mots de la vieille tante, dont j'avais oublié le nom, avaient détourné toute mon attention. Ils m'avaient remis en mémoire un événement qui m'avait profondément troublé le jour où il s'était produit : les propos disgracieux que *ba ngaoi* avaient tenus à l'encontre de mon cousin Émile. Grand-mère l'avait traité de laideron puant. J'avais associé ces propos à de la pure méchanceté de la part de grand-mère. Cela m'avait infiniment attristé d'autant que j'adorais cette femme et qu'il m'était fort pénible de reconnaître qu'elle fut une femme désagréable.

Mais aujourd'hui, ces propos tenaient ici leur explication. C'était tout simplement pour protéger Émile contre les démons qui, selon la légende dont m'avait parlé maman, rôdent autour du berceau des nouveau-nés, prêts à s'emparer de l'âme des enfants trop beaux. Voilà pourquoi il était de mise de toujours parler d'un bébé en des termes non équivoques où on vantait sa laideur et la disgrâce de ses traits.

Cette explication enfin connue me mit le cœur de meilleure humeur. Finalement, ma *ba ngoai* n'était pas une femme mauvaise. Cela me rassurait.

Maman vit mon large sourire. Elle en fut émue. Elle cessa sa lecture et serra très fort ma main dans la sienne avant de continuer. Je rattrapai la lecture de la lettre à ce moment-là.

Il faut maintenant que je te dise une chose très importante. La deuxième journée de sa longue agonie, My Linh m'a fait appeler près d'elle.

Nous sommes restées ensemble plus de cinq heures, parfois sans rien se dire, à d'autres moments pleurant sur notre malheur, le plus souvent nous rappelant l'une à l'autre notre affection et notre amour. Elle était consciente qu'elle allait mourir. Elle sentait ses forces décliner et sa volonté de vivre la déserter peu à peu malgré tous ses efforts. Cette rencontre fut douce bien qu'elle fut vécue dans la souffrance.

C'est là qu'elle m'a dicté de sa faible voix ses dernières volontés concernant l'avenir de sa fille. C'est elle qui choisit le nom de la petite et c'est elle qui me pria de faire connaître à la personne concernée sa décision de lui confier son enfant après sa mort.

Elle le fit avec grande lucidité en sachant fort bien qu'elle ne pouvait imposer sa volonté à sa meilleure amie. Aussi prit-elle soin de me faire ajouter en bas de page, ainsi que tu le constateras, une note te dégageant de toute obligation à son égard et à l'égard de sa fille, sa chère Thao My.

Je connais le lien très fort d'amitié qui vous unissait l'une à l'autre et ce n'est pas te faire porter le poids d'une trop forte pression devant la décision que tu t'apprêtes à prendre que de te rappeler que My Linh te considérait comme sa sœur, celle qu'elle n'a jamais eue, mais qu'elle a connue à travers toi.

Je crois que je n'ai pas à te préciser le nom de la personne que My Linh a choisie comme maman suppléante pour sa fille. Je m'empresse de préciser que si tu veux respecter les dernières volontés d'une mourante, tu dois prendre ta décision avec un esprit allégé de toute obligation formelle. Agis selon tes possibilités et tes obligations envers ton mari, ton fils, (quel âge a-t-il donc, au fait, ce cher enfant ?) et ta famille.

Sache qu'ici Thao My est entourée d'affection. Mes belles-filles m'ont assurée qu'elles prendraient soin de Thao My après ma mort qui ne tardera plus. Rien ne me retient plus en ce monde et l'âge faisant déjà sentir son poids, je sais que peu de saisons me séparent du moment où mon nom ira rejoindre les autres sur l'autel des ancêtres.

Tu te demandes sans doute pourquoi j'ai mis tant de temps à t'annoncer la nouvelle de la mort de ta chère cousine. Avant de le faire, j'ai attendu que tous les documents signés par le père et remis aux autorités, documents par lesquels il renonce à ses droits parentaux sur Thao My, furent attestés par l'émission d'un certificat parental adressé à mon nom. Les papiers officiels ne me sont parvenus qu'hier matin.

Voilà ce que j'avais à te dire. Fais-nous connaître ta décision le plus rapidement possible. Si la situation de Thao My pouvait se régulariser dans un sens ou dans l'autre avant mon départ, ce serait une bonne chose.

J'ai aussi écrit à ta mère concernant la mort de My Linh. Je ne lui dis rien concernant Thao My. Selon la décision que vous prendrez, tu jugeras par toi-même s'il est utile ou non de l'en informer. Je sais que ma sœur est une personne avec des opinions bien tranchées sur bien des choses.

Je t'embrasse et je te salue affectueusement.

Ta tante Cam Ha

Ma mère replia sa lettre avec un soin minutieux et la remit dans son sac. Elle me souriait. Papa aussi me fixait avec le même sourire un peu froid et que je jugeais avec inquiétude.

Il y avait plein de sons dans ma tête, des mots qui résonnaient comme les clochettes d'un carillon mal ajusté. Ça vibrait de partout. J'avais cru entendre ce que disait la lettre de la vieille tante, mais je ne parvenais plus à en retrouver le sens.

Et puis, en fixant ma mère, ensuite mon père, en puisant au fond de leurs yeux ce qu'ils n'osaient pas encore me dire, les sons peu à peu se sont évanouis et les mots, un à un, ont pris leur place. Alors une grande marée de douleur me submergea. L'eau salée des grands océans sombres emplit mes yeux. Et je sus.

Mes parents ne m'aimaient plus.

J'avais le sentiment désespérant d'être de trop. J'aurais voulu m'enfuir. Mais j'étais paralysé par cette marée infernale. J'avais mal, j'avais si mal. J'aurais eu le goût de hurler ma colère. Mais elle restait prise là, dans le fond de ma gorge. Je détestais l'enfant de la lettre, cette Thao My, cette singeronne, et puis sa mère, cette femme trop insignifiante pour survivre à un accouchement ; et cette vieille tante qui était venue mettre le bordel dans ma famille. Je n'avais plus aucun contrôle sur mes larmes qui inondaient mes joues et coulaient à présent sur la table.

— Pauvre amour ! Cette lettre t'a ému aussi, me dit maman en essuyant ses yeux qu'un chagrin inconnu rougissait. Mais ne t'en fais pas. Ma cousine est heureuse maintenant. Et la petite est en sécurité chez sa grand-mère.

Mais qu'est-ce qu'elle disait là, ma mère ? Qui était cette cousine ? Qui était cette enfant dont elle parlait, et avec quelle douceur déjà dans la voix ? Qu'avaient-elles à faire dans ma vie ? Elles n'étaient rien. Que des monstres. Que des suceuses de vie.

D'un geste brusque, j'essuyai mes larmes et je plongeai mes yeux lourds de reproches et de récriminations dans ceux de mes parents.

— Pourquoi vous ne m'aimez plus ? Pourquoi vous voulez encore me placer dans un collège ?

— Au collège ? s'étonna maman.

— Quel collège ! De quoi parles-tu ? interrogea mon père. Il n'est pas question de te mettre dans un collège. Est-ce que tu as bien écouté quand ta mère lisait la lettre ?

Écouté ? Écouté quoi ? La lettre ? Qu'y a-t-il dans cette maudite lettre que je n'ai pas compris ? Il y a une cousine décédée, une enfant vivante, une vieille tante à moitié morte... Il y a... Il y a... Mon dieu ! Il y a ça ! ... Il y a... ça ! Ça ! ... Je n'avais pas compris !

Maman approcha son beau visage du mien. Son regard était lumineux et plein de sollicitude. Elle ne dit rien pendant un court moment. Elle prit ma main comme papa avait fait tantôt avec les siennes. Elle caressa mes jointures avec tendresse et, là, je compris. Je compris ce que jusque-là j'avais refusé de comprendre. Je compris ce que je comprenais déjà, mais que je refusais de comprendre parce ça me faisait trop peur, ça me faisait trop mal. C'était pire que le collège, pire que de ne plus être aimé, pire que la mort. Ma mère allait être la mère de quelqu'un d'autre. Alors un gros nuage se ramassa au-dessus de ma tête. Et la tempête éclata.

Maintenant, je ne leur suffisais plus comme enfant. Il leur en fallait un autre. Une autre pour être plus précis. Une petite fille, une petite fille qui n'était même pas leur petite fille. Une petite fille qui était la petite fille d'une vague cousine. Et je sais pourquoi ils avaient porté leur choix sur cette petite fille : c'est tout simplement parce qu'elle était une vraie Vietnamienne. Une Vietnamienne pure laine, née là-bas, avec un seul nom, un nom vietnamien. Oui ! C'était pour cette raison et seulement pour cette raison !

Mes parents étaient de vrais Vietnamiens, nés au Vietnam, parlant parfaitement le vietnamien, connaissant tout du Vietnam. Et ils voulaient une enfant qui leur ressemble, qui soit comme eux, une vraie Vietnamienne. Ils en avaient assez d'un garçon comme moi, d'un enfant usagé, qui avait deux noms, qui était toujours mêlé dans son identité, qui était tantôt Québécois, tantôt Vietnamien. Mais même quand j'étais Vietnamien, je ne l'étais jamais correctement. Je faisais encore beaucoup d'erreurs en parlant vietnamien et je ne connaissais rien à ce pays, à son histoire, à ses légendes, à ses coutumes. Et même si j'avais tout connu à ce Vietnam, je n'aurais jamais été l'enfant cent pour cent vietnamien qu'ils espéraient.

Mais Thao My l'était. Elle était née là-bas et même si elle ne devait y vivre que peu de temps encore, elle serait toujours la fille du Vietnam, celle qui était née là, qui avait senti les odeurs de ce pays. C'était sur ses paysages que les yeux de Thao My s'étaient ouverts. Elle ramènerait avec elle ce que moi je ne pourrais jamais donner à mes parents : l'allure d'un pays. Elle était tout. Je n'étais rien. Des larmes envahirent mon visage quand maman m'annonça *l'heureuse* nouvelle.

— Papa et moi avons longuement discuté. Et nous avons pris la décision d'adopter Thao My. Tu auras bientôt une petite sœur. Et nous voulons savoir ce que tu en penses. Je veux que tu saches que ton père et moi sommes très heureux de la venue prochaine de cette enfant dans notre famille. Mais il est très important pour nous de connaître tes sentiments.

Une bonne nouvelle pour certains peut devenir un cauchemar pour d'autres. N'ai-je pas dit ça quelque part ?

J'essayai de contenir ma colère. J'essayai, je vous jure. Mais c'était plus fort que moi. Mon regard désespéré passait de mon père à ma mère dans un mouvement de va-et-vient qui m'étourdissait. Ils me souriaient. Papa avait posé son bras autour de mon épaule. Il m'appelait Pierre. Il ne cessait de m'appeler Pierre. Et je détestais ce nom. Je m'appelais Thinh. Je voulais qu'il m'appelle Thinh. Mais il ne cessait de m'appeler Pierre. Alors je me suis levé et, sans qu'ils ne puissent rien faire pour m'arrêter, je suis sorti du restaurant en courant.

7

J'ÉTAIS LÀ, PÉTRIFIÉ SOUS L'AVERSE DE NEIGE MOUILLÉE QUI S'ÉTAIT MISE À TOMBER. JE N'AVAIS PAS PRIS LE TEMPS DE REVÊTIR MON MANTEAU. JE m'étais enfoncé dans l'encoignure d'une porte pour me protéger des rafales et surtout pour pleurer tout mon saoul sans avoir à craindre la curiosité des passants.

Papa était arrivé deux minutes plus tard et n'avait pas mis de temps à me retrouver. Quand je le vis apparaître, calme et digne sous la neige, le froid transperçait mon veston de laine bleue. Je faisais tous les efforts possibles pour ne pas trembler devant lui. J'étais tout ratatiné dans mon coin, le collet de ma veste relevé pour mieux conserver ma chaleur qui fuyait par tous les pores de ma peau.

Il s'assit à mes côtés. Il allait à coup sûr salir son beau manteau, mais ça ne sembla pas l'inquiéter. Délicatement, il déposa mon manteau qu'il avait rapporté du vestiaire sur mes épaules et m'aida ensuite à y enfiler mes bras un à un. Sans qu'il ne prononce aucune parole, il termina son reste de cigarette. Je n'osais pas le regarder. J'étais triste et j'avais honte. Qu'est-ce que les clients avaient dû penser en me voyant quitter la table aussi précipitamment ?

— Que tu avais une grosse envie de pisser, me répondit mon père quand, tout penaud, je lui posai la question.

— Et maman ?

— Ta mère s'est inquiétée que tu prennes froid et elle m'a demandé de te rejoindre dehors pour l'attendre. Tu connais les femmes, fiston ! Faut toujours qu'elles se poudrent leur joli minois avant de mettre leur nez dehors.

Je ne connaissais rien aux femmes, mais je connaissais bien ma mère. Et c'était vrai qu'elle aimait se pomponner avant de sortir, même pour aller faire le marché. J'esquissai un sourire. Le premier de la soirée, le premier de la journée. Ça m'avait fait plaisir et ça m'avait étonné surtout que mon père m'appelle fiston. Il n'avait pas l'habitude de ces familiarités. Il m'appelait toujours par mon prénom. Toujours Pierre.

— Maman doit pas être bien contente ?

— Ta mère est ta mère. Et une maman est toujours inquiète quand son grand garçon est aussi triste. Elle t'aime, tu sais. Elle t'aime infiniment. Elle s'en veut de ne pas avoir abordé le problème d'une façon plus délicate et de ne pas avoir deviné que cette nouvelle pouvait engendrer chez toi une réaction aussi vive. Elle prend tout le blâme alors que je suis, à cet égard, au moins aussi coupable qu'elle. Elle a pleuré après ton départ. C'est la raison pour laquelle elle a eu besoin de refaire son maquillage. De tout ce que ta mère pense, une seule chose me semble absolument indiscutable : c'est que nous avons un problème. Et je crois que ce n'est pas ici que nous allons le régler.

Je levai vers mon père un regard toujours aussi triste, mais délesté d'une partie de son inquiétude. Maman m'aimait. Papa l'avait dit et je le croyais. Mais, lui, m'aimait-il ? Là-dessus, il était resté muet.

Il me donna une petite tape amicale dans le dos. Il releva le col de son manteau, écrasa son mégot presque éteint par la neige qui continuait à tomber. Il se leva et fit quelques pas sans jeter le moindre regard vers moi. Il s'arrêta sans se retourner. Je me levai à mon tour, pas tout à fait rassuré et je le rejoignis devant l'entrée du restaurant. Maman finit par arriver. Elle m'adressa un pâle sourire. Je voyais bien qu'elle avait pleuré. Nous rentrâmes à la maison dans un silence total.

Quand nous arrivâmes à la maison, papa semblait épuisé et maman aussi. Moi, je n'avais nulle envie d'aller me coucher. C'est pourtant ce que nous fîmes.

— Il est trop tard pour les explications. Nous allons passer une bonne nuit et nous reparlerons de tout ça demain soir devant un bon repas que nous prendrons à la maison cette fois.

Papa vint me border, maman vint m'embrasser. Elle ferma la lumière.

— Je t'aime, Pierre. Passe une bonne nuit !

Elle quitta la pièce sur ces mots et referma la porte derrière elle. J'étais maintenant seul. Je me levai. Je tirai les rideaux pour laisser pénétrer les lumières de la nuit au milieu du noir de ma chambre. La neige tombait toujours. Ça me rendit infiniment triste. Toute l'inquiétude qui m'avait plombé l'âme depuis le début de cette journée et que je croyais avoir en partie abandonnée dans le hall du restaurant reflua en une vague rugissante. Les neiges de mars sont toujours les plus tristes. Elles sont lourdes de la mort d'un hiver. Celles-ci étaient carrément désespérantes. Je refermai les rideaux d'un geste brusque et je retournai me coucher. Et là, dans le noir opaque de ma chambre déserte, j'attendis que le sommeil vînt. J'avais les pensées qui s'envoyaient des coups de pied. Je ne parvenais pas à y mettre de l'ordre. Puis tout à coup, sans que je ne fisse rien, la lumière se fit en moi. Pour la première fois de cette longue et pénible journée, sans doute aussi pour la première fois de ma vie, la vérité me frappait en plein front. Comment ne l'avais-je pas compris auparavant ? C'était tellement évident ! J'avais si peu de chose en commun avec mes parents. Je ne ressemblais ni à mon père ni à ma mère. Nous n'avions pas les mêmes goûts, n'aimions pas la même musique, ni les mêmes films, ni les mêmes émissions de télé, ni les mêmes couleurs, ni les mêmes vêtements. Je ne partageais avec aucun des deux quelque trait physique que ce soit. C'était clair maintenant ! J'avais été adopté ! Ils m'avaient adopté, ici sans doute, après leur arrivée du camp de réfugiés de Thaïlande. J'étais un orphelin. Ça expliquait que je possède un prénom francophone. Ça expliquait aussi la froideur de mon père et les hésitations de ma mère.

Ça me rappela en outre une discussion que j'avais surprise quelques mois plus tôt entre papa et maman durant laquelle il avait été question du fait que maman ne pouvait pas avoir d'enfant. Leur discussion avait viré à l'orage quand papa avait abordé ce sujet très délicat. Je me souviens très distinctement des paroles qu'ils avaient échangées, tous les deux, ce soir-là. Maman hurlait son indignation que son propre mari ose mettre ce sujet sur le tapis, comme un reproche, comme une tare, comme une honte. Papa répétait que s'il avait su la chose avant leur mariage, jamais il ne l'aurait épousée. C'était horrible. Leur discussion s'était terminée dans les larmes et dans l'éclatement d'un vase sur le plancher. Maman avait continué à crier quelques minutes, papa s'était muré dans un silence buté. Finalement, le calme était revenu sans que, de toute la nuit, ni l'un ni l'autre ne trouva le sommeil, ni moi non plus d'ailleurs. À l'époque, je me rappelle que cette révélation m'avait consterné sans que je ne cherche plus loin à décortiquer mon malaise. Tout ce dont je me rappelle était la réflexion que je m'étais faite que je n'aurais jamais ni frère ni sœur.

Mais maintenant, je voyais avec une cruelle lucidité au travers cette réalité implacable. Si ma mère, ma supposée mère, car manifestement elle ne l'était que par procuration, si ma mère, dis-je, ne pouvait avoir d'enfant, qu'est-ce que je faisais ici, dans cette famille ? Une seule réponse logique s'imposait : j'avais été adopté.

Mais alors d'autres questions affluaient. Est-ce qu'ils avaient encore envie de me garder ? Si on adopte un enfant, est-ce qu'on peut le rapporter au point de vente si on n'est pas satisfait de la marchandise ? L'adoption, est-ce une vente ou une simple location à terme ? Étais-je protégé par une garantie de bon fonctionnement ? Et si c'était le cas, quelle était la durée de cette garantie ? Cinq ans, dix ans, douze ans ? Si c'était dix ans, ça voulait dire que la garantie était échue. Mais encore fallait-il savoir à quel âge ils m'avaient adopté. S'ils m'avaient adopté à deux ans, cela menait l'extinction de la garantie à mon douzième anniversaire, dans quoi ? Trois mois et vingt-sept jours très exactement. Il ne leur restait plus grand temps pour se brancher. Et ceci expliquait cela. Ils avaient décidé de me retourner à l'orphelinat prétextant un mauvais fonctionnement de l'appareil *enfant*. Et ils avaient pris la décision de tourner leur choix vers une petite fille vietnamienne. Voilà !

Je n'en dormis pas de la nuit.

Le lendemain soir, nous eûmes la discussion annoncée. Ni papa, ni maman, ni moi n'étions en très grande forme après une nuit qui semblait avoir été difficile pour chacun d'entre nous. Mais, eux comme moi, nous avions décidé qu'il était grand temps de mettre cartes sur table. Il nous fallait aborder le problème avec courage. L'atmosphère était lourde. Mais elle ne mit pas de temps à se dérider. Juste le temps que je ramasse mon courage et que je leur balance la vérité en pleine face.

— Alors, je suis adopté, c'est ça ? Et vous avez décidé de vous débarrasser de moi. C'est ça ? J'le sais. Vous êtes pas satisfaits de la marchandise, ça fait que vous faites valoir vos droits concernant la garantie.

Papa et maman me dévisagèrent comme si j'étais une distributrice de friandises et que des arachides allaient me sortir par les trous de nez. Leur silence dura une bonne seconde et demie et puis ils éclatèrent d'un grand éclat de rire. Ceci me mit dans une colère acrimonieuse. Je me levai et je quittai la pièce. Je m'enfermai dans ma chambre après avoir claqué violemment la porte derrière moi.

Ils riaient. Ils osaient rire ! Ils n'avaient aucun respect. C'étaient des monstres, des pieuvres géantes, des crapauds gélatineux, des vers de terre, des araignées mangeuses de mouches. C'étaient des mangeurs de mouches, de caca de mouche. Qu'ils se dépêchent de me ramener ! Je n'avais plus le goût de vivre avec ces bouffeurs de caca de mouche.

J'étais recroquevillé dans mon lit à ruminer ma colère quand la porte de ma chambre s'entrouvrit délicatement. Ils étaient là, debout sur le seuil, sans oser bouger. Puis, sans me demander la permission, ils entrèrent. Papa s'assit au pied de mon lit et maman s'installa tout près de moi. Je me retournai pour ne pas leur faire face. Je sentais le souffle de ma mère sur mon cou et la main de mon père sur ma cuisse.

— Chéri, commença ma mère d'une voix très douce, ton père et moi nous nous excusons d'avoir ri comme ça. Nous n'avons pas pris au sérieux ce que tu nous disais. Nous ne comprenions pas la gravité de la situation. Mais tu n'as pas à t'inquiéter. Tu es notre vrai petit garçon. Je t'ai porté dans mon ventre pendant neuf mois et, quand tu es venu au monde, quand tu es sorti de mon ventre, ton père était là et il pleurait et il sautait de joie. Il a même fallu que les infirmières le sortent de la salle d'accouchement pour qu'elles puissent terminer leur travail en paix. Quand le médecin t'a posé sur mon ventre, la première fois, quand enfin je t'ai tenu dans mes bras, j'étais si heureuse, mon cœur battait si fort que j'en étais tout étourdie. Et depuis ce jour-là, pas une journée, pas une minute je n'ai remercié le ciel de m'avoir donné un fils si merveilleux. Je t'aime, Pierre. Je t'aime au-delà de tout ce que les mots peuvent exprimer.

— Et moi aussi, Thinh. Moi aussi, je t'aime. Je t'aime infiniment, même si je n'ai pas toujours les mots pour le dire. Je suis fier d'être ton père. Je suis fier d'avoir un fils comme toi. Je trouve que nous faisions une équipe du tonnerre quand tu m'assistais au dépanneur l'automne dernier. J'aimerais que tu y reviennes, si ça te tente encore, bien sûr !

Comment vous exprimer l'état de félicité dans lequel j'étais ce soir-là ? Enfin, mon père m'avait dit combien il m'aimait ! Enfin, il m'avait appelé par mon nom vietnamien ! Et ma mère était vraiment ma mère et mon père était vraiment mon père. Je me suis jeté dans leurs bras en pleurant de bonheur et je crois qu'ils pleuraient aussi.

Nous avons regardé des photos de ma naissance, des photos de voyage ici et là en province, avec mes parents, avec tante Nga et *ba ngoai* et le mari de tante Nga, l'oncle Minh. Et puis, un peu plus tard, je leur ai dit que j'étais d'accord pour une petite sœur à condition que je garde ma chambre. Et c'est là que papa avait annoncé que, l'été prochain, on partait toute la famille pour le Vietnam.

La nouvelle ne m'avait pas particulièrement enchanté, mais je n'en avais rien laissé voir. J'avais plutôt joué le jeu de celui qui était ravi par la perspective de rencontrer les familles de sa mère et de son père, restées là-bas. Ça faisait beaucoup de monde à rencontrer. Je ne connaissais aucune de ces personnes. Ça faisait beaucoup d'étrangers dans ce pays d'étrangers. Et puis qu'est-ce que j'allais devoir endurer en silence et en timidité pour enfin les approcher ? Comment allaient-ils m'accueillir quand ils me verraient ?

— Tu vas voir, m'expliqua maman, les Vietnamiens sont des gens chaleureux, très gentils et très souriants. Tu vas adorer. Et puis le Vietnam est un merveilleux pays. Les paysages sont à couper le souffle. Et on y trouve des plages superbes. Tu t'y feras plein de nouveaux amis. Et puis il y a le Mékong, un fleuve sacré et majestueux. C'est l'un des plus grands fleuves du monde.

— Plus grand que le Saint-Laurent !

— Trois, peut-être quatre fois plus grand ! répondit papa avec un enthousiasme contagieux.

Je m'endormis, ce soir-là, la tête pleine d'images ravissantes, avec tout de même une réticence : ma sœur. Dans ma tête, elle était toujours une petite singeronne.

8

— THU VAY QUA TOT ROY ! TOI NGHI RÀNG TÔI PHAI TAN THUONG ! ÔM BAN VAO LONG VÀ CHUC MUNG ! GIOI CU ! TIEP tuc ! » Nhu vay di ! Khi ta khong co khà nang sanh con, ta phai Chap nhan do la y troï. Ta không the cuong lai y muon cua duc phât !*

— Bouddha n'a rien à voir là-dedans, ragea maman que les paroles de *ba ngaoi* avaient mise en colère. Et je ne suis pas venue ici pour quêter ton approbation, mais simplement pour t'annoncer la nouvelle. C'est une nouvelle qui nous réjouit, Thanh et moi. Si tu étais une vieille femme moins bornée, tu le comprendrais. Mais tu n'as jamais quitté le Vietnam. Dans ta tête, tu es toujours enfermée dans ta vieille maison de la rue Hôa Hâo et tu n'en as pas bougé depuis près de vingt ans.

— Et tu crois que de faire entrer un enfant dont on ne sait rien, une pure étrangère, l'enfant d'une femme morte et d'un ivrogne, d'un meurtrier, c'est une façon de t'émanciper ? On

* Alors là, ça c'est la meilleure. Et je suppose que je dois applaudir ! Vous féliciter ! Vous prendre dans mes bras et vous dire : Bravo ! Continuez ! Quand on n'est pas capable d'avoir un enfant, on assume. C'est que les dieux l'ont voulu ainsi. On ne doit jamais aller contre les volontés de Bouddha.

a chacune ses prisons, ma fille. Tu l'apprendras très vite. Moi, c'est peut-être mon passé. Mais mon passé est bien réel, il est là. Et tu en fais partie, que tu le veuilles ou non. Tandis que toi, ta prison, elle est faite du vent des fausses illusions et de rêves brisés.

— Et à qui la faute ? Qui les a brisés, mes rêves ? Hein, dis-moi ça, maman ! Qui les a brisés, mes rêves ? Depuis que nous avons quitté le Vietnam sur ce maudit rafiot qui nous menait on ne sait où, qui les a brisés, mes rêves ? Chaque fois que je t'ai parlé d'un projet, chaque fois que je t'annonçais une bonne nouvelle, tu n'étais jamais satisfaite. Les choses n'étaient jamais à ton goût. Tu ne cesses pas de me rabaisser depuis que tu as appris que je ne pourrais plus avoir d'enfant. Tu n'as jamais eu le moindre égard pour ma tristesse. Tu n'as jamais eu une seule parole d'apaisement. Alors je te dis que nous allons adopter Thao My, que ça te plaise ou non.

— Du sang impur dans la famille n'apportera que le malheur !

— Ce n'est pas du sang impur. C'est la fille de ma cousine My Linh, c'est la fille de ma meilleure amie ; la petite-fille de ta propre sœur Cam Ha.

— Ma sœur a épousé un communiste !

— Oncle Lê n'est pas un communiste. C'était un officier de l'armée sudiste.

— Un incapable ! Notre armée était menée par des incapables et des êtres corrompus, comme ton oncle Lê. C'est pour ça que nous avons perdu la guerre. Ils étaient tous de mèche avec les communistes.

— L'oncle Lê n'était pas comme ça !

— Qu'en sais-tu ? C'est lui qui dirigeait tout le marché noir de Nha Be. Et puis ma sœur est restée au Vietnam. Elle aurait pu venir avec nous. Je l'ai suppliée de nous suivre. Mais elle a préféré rester dans sa misère et collaborer avec les communistes.

— Elle n'a pas collaboré. Elle est restée à Saïgon parce qu'elle ne voulait pas abandonner oncle Lê qui était prisonnier dans un camp de rééducation. Je crois qu'elle a agi avec noblesse et elle a fait preuve de courage. Je l'admire.

— Oh ! je n'en doute pas un instant, rétorqua sèchement *ba ngaoï*. Il aurait sans doute fallu que je m'enlise aussi dans notre vieille maison de Saïgon pour que tu aies envers moi la même considération.

Mon oncle Minh entra sur ces entrefaites. Il était minuscule, l'oncle Minh. Mais la situation déplorable qu'il cherchait à calmer en annonçant que le souper était prêt le rendait encore plus minuscule. Il avait rentré la tête dans ses épaules et camouflé son malaise derrière un sourire tout fripé. Mais grand-mère ne fit aucun cas de l'oncle Minh qu'elle méprisait pour son manque de dynamisme.

« Vous manquez d'ambition, mon pauvre Minh. Vous êtes comme une limace accrochée à son morceau de bambou ne sachant où aller et n'allant nulle part », lui répétait-elle inlassablement avec des accents de dérision dans la voix.

Elle le vouvoyait et lui parlait toujours en français quand elle prenait la peine de s'intéresser à ce qu'il disait, ce qui était rare. C'était sa manière de lui faire comprendre qu'il resterait toujours un étranger pour elle.

— Quand doit avoir lieu la catastrophe, qu'on s'y prépare ? lança grand-mère d'un ton incisif.

Ma mère voulut lui répondre, mais ce fut la voix de mon père qu'on entendit.

— Nous ne le savons pas encore. Tout dépendra des sommes dont nous disposerons pour combler les appétits voraces des petits commissionnaires de l'État qui n'hésiteront pas à demander leur pourboire afin de faire cheminer notre dossier dans les dédales administratifs du secrétariat aux affaires familiales, aux archives et aux multiples autres bureaux aux portes desquelles nous devrons aussi frapper et qui exigeront aussi un substantiel bakchich pour l'obtention des dix ou vingt permis nécessaires en triple ou quadruple exemplaires. Cela répond-il à votre question, chère *chi sui** ?

— Bien sûr que non, mon cher gendre. Mais pouvais-je vraiment espérer mieux venant de toi.

* Chi sui : belle-mère en vietnamien.

— Par contre, reprit mon père avec une teinte d'insolence dans la voix, je peux vous dire la date de notre départ pour le Vietnam. Nous partons le 9 juillet prochain pour six semaines. Nous entamerons les démarches d'adoption une fois sur place.

Tante Nga venait d'accourir depuis la cuisine.

— Quoi ? gloussa-t-elle dans un grand sourire d'envie. Vous allez au Vietnam cet été ? Pour six semaines ! Mais que c'est donc excitant. Ah ! que j'aimerais être un petit oiseau pour pouvoir vous accompagner ! N'est-ce pas merveilleux, Minh ? Nous en parlions justement la semaine dernière, Minh et moi. Nous espérons y aller dans deux ou trois ans. Si tout va bien.

— Alors vous n'êtes pas partis, si vous voulez mon avis ! répondit *ba ngoai* d'une voix glacée.

Tante Nga retourna à la cuisine en faisant une vilaine grimace à sa mère qui ne s'aperçut de rien. Elle dévisageait mon père d'un regard rempli de défi.

— Ainsi, mon cher gendre, tu retournes au pays de tes ancêtres. J'espère que l'avion qui t'y mènera saura mieux que toi le chemin qu'il faut emprunter pour s'y rendre.

Mon père mit quelques secondes avant de répondre. Il choisit ses mots avec soin afin de marquer le coup. Si j'en juge par la moue que je vis apparaître sur le visage de *ba ngoai*, il réussit parfaitement.

— Si tous les chemins mènent à Rome, en revanche bien peu conduisent à Hanoï. Alors nous avons bien peu de chance de nous perdre en chemin. Et nous allons entreprendre le voyage en commençant par la région de Hanoï.

Nous parvint de la cuisine une exclamation de surprise. Tante Nga revint en sautillant. Elle avait retrouvé toute sa bonne humeur. Quand elle était dans cet état, tante Nga me faisait toujours penser à un papillon papillonnant.

— Oh ! Ngoc, Ngoc ! Dis-moi, Ngoc, irez-vous visiter la Baie de Ha Long ? La baie de Ha Long, c'est si romantique ! Je rêve d'y aller depuis que je suis née !

Je riais rien qu'à voir l'expression presque délirante de ma chère tante.

— Bien sûr ! On commence par visiter la ville ensuite ce sera la campagne environnante. Puis, pour terminer, trois jours à Ha Long, s'exclama maman avec le même emportement juvénile qu'avait sa sœur. Toutes les deux jubilaient aux souvenirs qu'elles se rappelaient l'une à l'autre des scènes d'un film où une partie de l'action se déroulait justement dans la baie de Ha Long. Elles semblaient connaître ce film par cœur et s'en racontaient des péripéties avec un enthousiasme qui confinait à la quasi-extase.

— Tu te souviens quand il la sauve des griffes de ces marchands d'esclaves ? disait l'une.

— Et quand il l'embrasse dans la jonque au milieu de ce paysage à couper le souffle, renchérissait l'autre.

— Et il pleut !

— Et c'est cette pluie qui les sauve d'une mort certaine.

— À chaque fois que je revois cette scène, c'est bien simple, je pleure comme une vache.

— Au lieu de te pâmer comme une gourgandine sur un film idiot, ma pauvre Nga, va donc finir de nourrir ton fils. Comme ça, on n'aura pas à endurer ses miaulements de sous-alimenté tout au long du repas.

Tante Nga se retira dans sa cuisine non sans avoir à nouveau tiré la langue en direction de sa mère qui, bien qu'ayant tout vu cette fois, préféra ne rien dire. Minh s'excusa, prétextant la soupe qu'il devait touiller pour qu'elle n'attache pas au fond du chaudron.

— Viens, Thinh ! fit oncle Minh en se retirant. Tu vas m'aider à finir de dresser la table.

Je regardai mon père qui me fit signe de suivre oncle Minh à la cuisine. C'est de là que me parvint la fin de cette discussion faite d'éclats de voix mêlés d'élans d'indignation, d'insultes et de menaces. Je n'avais rien d'autre à faire que d'écouter. La table était dressée et il y a longtemps qu'on avait éteint le feu sous le chaudron de soupe. Oncle Minh et tante Nga firent comme moi. Émile dormait déjà dans son landau, repu et bienheureux. J'aurais tant voulu avoir l'âge de mon cousin et dormir aussi afin que jamais je n'entende aucune des paroles qui s'échangèrent dans le salon. Bien que cruelle, la discussion se fit sur un ton presque courtois. Peut-être est-ce justement ça, cette civilité dans des propos pourtant chargés de mépris, qui donna tant de poids à ce dernier événement où je vis s'opposer des volontés contraires et des amours irréconciliables.

C'est grand-mère qui servit la première salve. Sa voix semblait légère et presque enjouée.

— Ainsi donc, vous vous êtes vraiment décidés. Alors je dois me résigner et je suppose que je dois vous féliciter. Vous transmettrez mes salutations à ma famille, si bien sûr il vous reste du temps pour la visiter.

Il y eut un court silence puis *ba ngoai* reprit. On discernait déjà dans le ton l'émergence d'un premier reproche.

— J'aurais apprécié que vous m'en parliez avant de prendre votre décision. Peut-être me serais-je laissé convaincre de vous accompagner. Après tout, j'y ai encore deux sœurs et trois frères. Tous vivants que je sache ! Et puis vos projets touchent d'assez près la famille pour que j'aie un mot à dire.

À nouveau, il y eut un silence ; mais long celui-là. J'imaginais que mon père et ma mère se regardaient en se sentant un peu coupables de ne pas avoir invité grand-mère. Aussi je fus étonné d'entendre mon père lui répondre d'une voix qui n'avait rien de contrite.

— Les projets que ma famille et moi pouvons avoir vous concernent aussi. C'est vrai. Vous êtes la mère de ma femme, et la grand-tante de l'enfant que nous allons bientôt adopter. Mais le voyage que nous voulons faire, j'ai pris la liberté de décider que nous le ferions seuls.

— Bien sûr ! Tu as vite adopté les coutumes occidentales, mon gendre. Ça ne me surprend donc qu'à moitié. Ici, les familles se préoccupent bien peu de leurs vieux parents. On les place à l'hospice et on les oublie avant même qu'ils soient morts. Je sais très bien ce qui m'attend. Mais je ne suis pas encore morte. Et j'entends être respectée dans ma propre famille.

— *Chi sui* ! nous ne vous abandonnerons jamais. Vous le savez très bien. Je peux même vous assurer que vous mourrez au milieu des vôtres. Mais bien des années nous séparent de ce moment... Ce voyage est important pour ma famille. Il est important pour Thinh. Mieux que tout ce qu'on pourrait lui raconter, ce qu'il verra du pays qui a vu naître ses ancêtres sera pour lui une grande leçon de vie. Son regard s'ouvrira bientôt sur un monde nouveau...

Grand-mère éclata d'un méchant rire.

— Un monde nouveau ! Ah ! tu parles bien, mon gendre. C'est sûr. Pour ça, tu parles vraiment bien. Les mots sont beaux. C'est seulement le monde qui n'est peut-être pas aussi nouveau que tu le dis... Ainsi vous avez décidé d'y amener le petit ?

— Ben quoi, maman ? intervint ma mère. Thinh est assez vieux pour faire un voyage comme celui-là.

— Ce voyage-là, ma fille, est peut-être bien plus dangereux que tu ne le penses.

— Ben voyons donc, maman ! Thinh a onze ans. Il va être avec nous. Et puis on va visiter la famille. Il n'y a aucun danger.

— Pauvre fille ! Comment peux-tu être aussi naïve ? Même la police est corrompue jusqu'à la moelle dans ce pays. On ne peut avoir confiance en personne. On raconte que la police de certaines provinces du Sud est à la base d'un trafic d'enfants.

— Mais voyons, maman ! Vous dites n'importe quoi !

— Traite-moi de folle tant que tu y es ! As-tu oublié qui nous a arraché notre maison pour s'y installer à notre place ? As-tu oublié qui nous a obligés à partir ? As-tu oublié ce qu'ils ont fait à ton père ?... En 1975, les communistes nous ont tout pris. Ils ont occupé tous les postes de l'administration. Ils se sont partagé les villes et les provinces. Les plus cruels d'entre eux sont devenus les dirigeants d'une police corrompue, préoccupée par son seul pouvoir et par les rançons qu'elle pouvait extorquer à une population vaincue et soumise. Et ça, le gendre, ça, ça n'a pas changé. Ils contrôlent tout : le marché noir, la prostitution, le trafic d'organes, la drogue. Tout ! Amènes-y ton fils si ça te chante. Mais Dieu fasse qu'il n'ait jamais affaire à un policier.

J'étais pétrifié par ce que je venais d'entendre. Tout à coup, le merveilleux pays de mes rêves, les romantiques panoramas de la baie de Ha Long, les plages de sable blanc, la jungle, tout ça se mettait à grouiller d'affreux communistes déguisés en faux policiers mangeurs d'enfants. La voix de papa se fit alors entendre.

— Ne craignez rien, maman. Nous prendrons soin de Thinh. Il ne lui arrivera rien. Il sera en parfaite sécurité. Mais puis-je vous poser une question ?

— Toutes les questions que tu voudras, mon gendre.

— Sachant votre ressentiment à l'égard du Vietnam, vilain pays communiste, auriez-vous accepté de nous accompagner si, par avance, nous vous l'avions demandé ?

J'étais encore à me débattre au milieu de mon contingent de policiers communistes quand j'entendis la voix de *ba ngaoi* lui répondre.

— Par Bouddha, jamais ! Sur quel pays avez-vous choisi que votre fils pose les yeux, celui de ses ancêtres ou celui de ses bourreaux ? Vous irez d'abord à Hanoï, la capitale maudite. Vous lui ferez découvrir le pays du Nord. Le pays de ceux qui nous ont tout arraché. C'est là d'abord que vous choisissez d'amener mon petit-fils. Grand bien vous fasse ! Mais ne me demandez pas d'être complice de cette trahison.

— Vous ne croyez pas maman que vous exagérez ? Il y aura bientôt trente ans que cette guerre est terminée. Nous avons souffert. Le Sud a souffert. Le Nord a souffert aussi. Des morts, des blessés, il y en a eu dans toutes les familles, celles du Sud comme celles du Nord. Mais tout ça est derrière nous. Et il serait bon de l'y laisser, tu ne crois pas ? ... Les paysages du Nord sont parmi les plus beaux au monde. Hanoï est une très belle ville. C'est la capitale du Vietnam. Le pays vit maintenant en paix. Il est réunifié. Tout n'est pas parfait. Il y a encore de la corruption, le pays est encore encrassé par une bureaucratie qui l'étouffe. La pauvreté est omniprésente partout. Mais les choses s'améliorent. Lentement, je l'admets. Et ces améliorations ne passent pas par le chemin que nous aurions souhaité, c'est vrai ! Mais ce qui est important c'est que le Vietnam sorte un jour grandi de toutes ces années de noirceur et qu'il connaisse enfin la vraie prospérité. Tout reste à faire. Mais l'espoir est là. Et c'est ça que nous voulons montrer à Thinh.

Il y eut à nouveau un long et grave silence. Quand la voix de grand-mère se fit enfin entendre, elle était faible et lasse.

— Nous sommes partis trop tard du Vietnam. Je vois que le ver du mensonge des communistes te ronge le cœur. Tu régurgites leurs paroles comme un serpent son venin. Mais tu ne peux m'atteindre. Vous voulez montrer toutes ces belles choses à votre fils ? Qu'il en soit ainsi ! Mais, je te le répète, ne me demande pas de t'approuver. Thinh sera toujours mon petit-fils, et toi ma fille et lui mon gendre. Je ne renie rien de ce qui appartient à mon sang. Mais pour l'enfant que tu rapporteras de ce pays, sache que je ne la considérerai jamais comme un membre de la famille. Pour moi, cette enfant n'existe pas.

À nouveau, un long silence. Le plus long et le plus lourd silence de tous les longs et lourds silences. Tante Nga bouge. Elle se lève. Se fabrique un faux sourire puis s'élance vers le salon. Elle annonce d'un air enjoué.

— Émile dort. Les plats sont sur la table.

— J'ai pas faim ! rétorque grand-mère en quittant la pièce brusquement.

La porte extérieure s'ouvre, se referme. Des pas dans l'escalier qui montent au deuxième. La porte du deuxième étage s'ouvre, se referme. Des pas sourds sur le plancher du dessus. Puis plus rien.

J'ai rejoint maman dans le salon. Elle me prend par le cou. Des larmes coulent de ses yeux. Papa la console. Tante Nga s'est approchée.

— Ne t'en fais pas trop avec ce que maman vient de dire. Tu la connais ! Quand elle se coince, elle est difficile à décoincer. Mais elle va se calmer et tout va rentrer dans l'ordre. Et puis il n'y a pas que maman ! Minh et moi, on a bien hâte de la voir, cette enfant-là. Allez ! abandonnez-moi ces faces d'enterrement. On fête une grande et belle nouvelle, non ? Un enfant, d'où qu'il vienne, c'est toujours une bénédiction du ciel. Et puis j'ai travaillé comme une forcenée pour vous préparer ce repas. On ne va pas gaspiller une aussi bonne nourriture.

Les deux sœurs se regardent alors avec le même sourire coquin sur les lèvres.

— Bouddha ne nous le pardonnerait pas ! lancent-elles de concert.

Elles éclatent d'un beau rire franc qui contamine mon père et mon oncle Minh. Moi, j'ai toujours de gros problèmes avec ma police déguisée maintenant en petits démons fourchus.

Voilà, je vous ai raconté les trois événements. Le premier, bien que spectaculaire, fut certainement des trois celui qui laissa le moins de traces sur mon existence. Charles laissa une empreinte meurtrie sur mon cœur. Mais je ne mis pas de temps à l'oublier et à le remplacer par d'autres copains mieux assortis à mon tempérament.

Le deuxième événement fut plus grave. Et encore aujourd'hui je repense souvent à ce souper au restaurant durant lequel on m'annonça pour la première fois que j'allais avoir une petite sœur, à ma réaction violente, à ce besoin d'amour que je recherchais avec tant d'insistance, à ce sentiment d'abandon que j'avais ressenti alors. Mais quand j'y repense aujourd'hui, je vois que ce fut, bien que vécu avec inquiétude, un des plus beaux et des plus intenses moments qu'il me fut donné de vivre. Ne serait-ce que parce qu'il m'offrit la présence d'une sœur que j'aime infiniment aujourd'hui.

Des trois, l'événement qui allait laisser la marque la plus profonde, ce fut cette dernière visite chez la tante Nga. Et ce fut un détail, un petit détail de rien du tout, un détail au milieu de bien d'autres ; un détail somme toute insignifiant qui allait bientôt engendrer une suite imprévisible de catastrophes et d'événements tragiques : les policiers corrompus.

Cette révélation s'était incrustée dans mon esprit et ne me lâcherait plus. Ce n'était pas un détail dénué de tout fondement, car il est vrai que la police était très corrompue au Vietnam et que circulaient à son endroit toutes sortes de rumeurs plus sordides les unes que les autres. Mais ainsi que le sont les légendes urbaines, elles sont souvent exagérées et nous font oublier les efforts qui sont mis pour enrayer ce cancer social.

Vous me direz que nous sommes très loin de Cuu Long. Je vous dirai que nous en sommes tout près au contraire. Il est là. Vous ne le voyez pas encore, c'est tout. C'est souvent comme ça ; les êtres qui marquent nos vies n'arrivent jamais, car ils furent toujours là sans que nous ne sachions les reconnaître. Leur esprit planait sur nos vies. Nous les pressentions. Nous les attendions sans les voir, sans même les connaître. Nous tendions notre vie dans la direction voulue sans savoir que c'était la bonne. Sans savoir que là où nous allions était là où nous avions toujours été.

9

UN PAREIL VOYAGE NE SE PRÉPARE PAS À LA LÉGÈRE. IL FAUT Y METTRE LE TEMPS ET L'ÉNERGIE. D'ÉNERGIE JE N'EN AVAIS GUÈRE. Les derniers mois d'école m'accaparèrent et je ne vis pas le temps passer. C'est du moins ce que je croyais. Mais la vérité était tout autre, je le comprends mieux aujourd'hui. Le temps, je ne le voyais pas passer parce que je ne voulais pas le voir passer. En fait, je ne voulais pas qu'il passe, car chaque jour qui s'écoulait, chaque heure, chaque seconde me rapprochait de notre départ. Et cela me terrifiait.

Ainsi que je pense vous l'avoir déjà dit, notre dernière rencontre avec *ba ngoaï*, chez tante Nga, avait laissé une grande inquiétude dans mon esprit. Le Vietnam était un pays dangereux avec plein de policiers véreux à chaque intersection. Ils étaient là à surveiller le passage des petits enfants abandonnés pour les vendre à des magasins de viande fraîche, des restaurants ou des charcuteries spécialisées. C'est du moins le rêve que je faisais presque chaque soir avec quelques variantes. Des rêves qui ne mettaient jamais longtemps à virer au cauchemar dans lesquels, invariablement, je courais sans cesse pour échapper à ces hommes en costume beige et à la casquette à festons qui me poursuivaient avec de grands sacs noirs ou bien avec de longs couteaux ensanglantés. Jamais ils ne parvenaient à me rattraper. Mais c'était simplement parce que je me réveillais avant, essoufflé et en sueur.

Mais on ne peut retenir le temps. C'est comme vouloir attraper le vent avec des baguettes. Aussi le jour du départ arriva-t-il bien plus vite que je ne le souhaitais.

Nous avons quitté Dorval, le dimanche 4 juillet à 22 heures 30 sur un gros porteur d'Air Canada. Mon père est fatigué. Il a fini de travailler à cinq heures. Il voulait que tout soit en ordre dans son petit commerce. Et puis les explications et les recommandations qu'il a laissées à oncle Minh et tante Nga ont été très longues. Il a tout mis par écrit. Tout expliqué. Il n'a pas soupé. C'est la première fois qu'il laisse son dépanneur à des étrangers. Il dit qu'oncle Minh et tante Nga sont des étrangers. Mon père prétend qu'il n'est jamais bon de mêler famille et affaires. C'est pour ça qu'il dit que tante Nga et oncle Minh sont des étrangers. Question de rester fidèle à sa première idée ! *On ne doit jamais mêler famille et affaires.* En prétendant que ni tante Nga ni oncle Minh ne sont issus de sa famille, il peut donc les considérer comme des étrangers et leur laisser gouverner son dépanneur durant son absence. Mais il part inquiet, ça se voit.

— J'aurais dû fermer le dépanneur, tout simplement, répète-t-il *ad nauseam* en finissant de boucler sa valise.

Ça a presque donné lieu à une dispute entre papa et maman. Celle-ci ne trouvait pas très courtoise ni très respectueuse l'idée de considérer sa sœur et son beau-frère comme des étrangers. « Surtout que Minh a accepté de devancer ses vacances pour nous dépanner. Tu devrais te montrer reconnaissant. »

Oncle Minh et tante Nga sont venus nous conduire à Dorval. Il est 19 heures. *Ba ngoai,* comme elle l'avait promis, n'a donné aucune nouvelle et bien sûr ne s'est pas présentée à l'aéroport pour nous souhaiter bon voyage. Elle m'a laissé une lettre dans laquelle elle me dit qu'elle m'aime. À la fin elle me fait cette dernière recommandation : « Ne fais confiance à personne et moins encore aux policiers. Ce sont des monstres, des communistes et des vendeurs d'enfants. »

La peur me revient, de l'avion d'abord, des flics ensuite. La première partira aussitôt que je serai assis dans un de ces larges fauteuils, le siège 18 A, près du hublot. La seconde ne me quitte plus. Je ne pense qu'à ça. Les policiers ne sont que des monstres, des vendeurs d'enfants... DES VENDEURS D'ENFANTS. Cette pensée me remue l'intérieur de la tête. La peur de rencontrer, un jour, un de ces monstres me tord le ventre comme si j'avais la colique. Et ça dure une bonne heure. Jusqu'à ce qu'on nous serve notre souper. Là, mon esprit s'engourdit et les vilains policiers disparaissent enfin avec les patates pilées et la tranche de bœuf aux carottes.

Après le souper, ils ont éteint les lumières. On passe un film ennuyeux. Papa est plus calme. Il ronfle. Maman s'est assoupie. Elle caresse mes cheveux. Je m'endors.

La correspondance à Paris a été longue. J'espérais voir la tour Eiffel. Je ne verrai que les murs blancs de l'aéroport Charles-de-Gaulle.

Sans trop savoir comment, je me suis réveillé à bord de l'avion de Vietnam Airlines. Quinze heures de vol vont suivre, entrecoupées par un arrêt pipi à Dubaï dans les Émirats Arabes. Le voyage aura duré, sans compter le décalage horaire, plus de vingt-six heures, vingt-sept, si on ajoute l'heure que nous avons perdue à l'aéroport d'Hanoï à attendre mes bagages qui n'arriveront pas.

Il fait terriblement chaud. L'humidité est écrasante. La ville, ni belle ni laide. Quelques parcs ombragés, des gens partout. Ça sent le bout du monde, pas mauvais, mais différent. La chambre de notre petit hôtel est belle et propre. Les gens sont accueillants, pas très souriants, mais gentils.

On a vu plein de pagodes. Elles se ressemblent toutes.

Il y a des policiers partout. J'essaie de ne pas les voir. Mais ils sont partout. Ils ne font rien. Ils sont appuyés contre un lampadaire et ils regardent les motos passer devant eux sans bouger. Il y en a des centaines de motos, des milliers. Ils regardent simplement. Ils regardent.

Le lendemain de notre arrivée à Hanoï, on a livré mes deux valises qui étaient restées à Paris comme deux orphelines. J'ai pu me changer. Il était temps !

Je n'ai pas grand-chose à dire sur nos dix premiers jours au Vietnam. Vous dire peut-être qu'il est vrai que le Vietnam est un pays admirable. Que la baie de Ha Long mérite sa renommée. Maman pleurait à chaudes larmes à la vue de ces centaines d'îlots, creusés de cavernes, coiffés de verdure, saillants d'une mer émeraude et cristalline. Vous dire aussi que Hué est une ville superbe longeant la rivière des Parfums avec sa somptueuse cité impériale et ses impressionnants tombeaux royaux. Que Nha Trang réjouit avec ses longs colliers de plages ourlés de sable blond.

Nous devions arriver à Saïgon le lundi 13 juillet, nous y serons trois jours plus tard. Ces trois jours, nous les avons passés à Dalat. Question que je me rétablisse. Diarrhées, fièvres et vomissements. Il n'est pas question d'imposer un enfant malade à la famille. Alors j'ai pris le temps de guérir et on est reparti.

Nous sommes donc arrivés à Saïgon un jeudi après-midi vers les quatre heures. Je dis nous, mais je devrais dire « je ». Car je suis arrivé seul. Avec mes parents et plein de monde autour qui s'embrasse, qui se sourit, qui s'enlace, rit, pleure, trépigne. Mais je suis quand même seul sans savoir ce qui m'arrive, sans savoir ce qui se passe, ni où je vais ni qui je suis. Pour la première fois depuis que je suis arrivé au Vietnam, j'ai vraiment l'impression de ne pas être à ma place. Je suis au milieu de parfaits étrangers. Même mes parents, je ne les reconnais plus. Ils parlent si vite que j'ai du mal à comprendre ce qu'ils disent.

Il y a tout à coup un grand silence. Maman s'approche. Il y a une vieille femme à ses côtés. La vieille femme me dévisage pendant que maman me présente.

— *Day la chi lon Cam Ha !*

C'est donc elle, la vieille grand-tante dont maman me parle depuis le mois d'avril ! Je m'avance. Je baisse les yeux. Je place mes bras croisés, camouflant mes mains sous mes aisselles, je salue cette vieille femme en me penchant légèrement vers l'avant, comme maman m'a appris.

— *Chao di ! Toi rat vui ve gap di.*

La vieille femme sourit. Elle ne répond pas à ma salutation, mais la trouve fort civile. Elle porte sa main à ma joue et la caresse avec douceur. Le grand silence continue pendant que maman me présente à d'autres vieilles femmes et à de vieux messieurs. À chaque fois, je croise les bras comme un parfait petit vietnamien et je salue ces vieilles personnes en penchant le buste légèrement vers l'avant.

— *Chao ! Toi rat vui ve gap di.*

Tous ces gens me regardent avec un sourire qui a l'air de rire par en dedans. Elles rient de quoi ? Mais de moi, pardi ! ... Bon d'accord ! Peut-être que je paranoye un peu. Peut-être qu'elles ne rient pas de moi. Mais elles rient, ça c'est certain. Et si elles ne rient pas de moi, alors elles rient de l'enfant que je suis qui n'a rien à voir avec les enfants d'ici. Tellement rien que je dois prendre garde à tout ce que je mange à défaut de me retrouver penché au-dessus d'un récipient plein de vomi. Tellement rien que je cherche encore mon premier Mac Donald ou un Saint-Hubert BBQ qui donnerait, à ce monde à l'envers, un peu de son endroit. Tellement rien que je n'ai même pas la même couleur de peau. Tellement rien et si complètement rien que je ne suis même pas d'ici, que je viens d'ailleurs ; d'un pays si lointainement loin qu'ils n'en connaissent presque rien. Un pays si riche, croient-ils, que l'or y coule comme le miel. Un pays avec des arbres rouges, imaginez ! Avec tant d'éclairage dans les rues que la nuit ressemble au plein jour ; un pays où les enfants ont leur propre chambre aussi vaste que les salles des palais impériaux de Hué. Un pays si doux que les anges vont y changer les plumes de leurs ailes laissant tomber sur le pays le duvet de leur dernière livrée. Pour eux, c'est ça la neige : des plumes d'anges.

De petits cris nous parvenant des étages supérieurs, le troisième étage de la maison je crois, me distraient de mes amères pensées.

Il faut que je vous explique que les maisons de Saïgon, comme celles de toutes les grandes villes du Vietnam, sont très étroites et bâties en hauteur sur plusieurs étages, autant qu'en permet la fortune de leur propriétaire. Celle de tante Cam Ha possède quatre étages, le dernier étant prolongé par une large terrasse sur laquelle la famille fait pousser toutes sortes d'herbes aromatiques et médicinales et qui sert aussi de salon en plein air. Cette étroite maison est au surplus campée au milieu d'un immense quadrilatère fermé sur lui-même, composé d'un écheveau de venelles formant au cœur du Quartier Trois un inextricable labyrinthe dans lequel même les chauffeurs de taxis n'osent pas s'aventurer.

L'adresse officielle est le 126 A Truöng Dinh. Si j'avais pu la mémoriser ce jour-là, cela m'aurait épargné de bien nombreuses nuits d'angoisses. Mais cela m'eut aussi retiré la chance de rencontrer cet être exceptionnel que fut pour moi Cuu Long. Mais, ici encore, je devance les événements.

Ainsi l'attention de toute la famille est détournée vers ces cris qui parviennent du troisième étage. Tante Cam Ha fait asseoir maman dans le plus beau fauteuil du salon. Le regard de chacun a déserté le long escalier de bois vernis qui mène aux étages supérieurs pour se poser sur ma mère. Papa s'est approché. Maman lui prend la main. Je la sens se crisper à mesure que les pas dans l'escalier se précisent. Les petits cris se sont éteints très vite. Ils semblaient ceux d'un enfant qu'on réveille.

Alors j'ai tout de suite compris. On nous achemine, via l'escalier, vers ma petite sœur ou ce qui me servira de sœur en remplacement d'une vraie. Vous voyez ce que je veux dire ! Je ne veux pas parler contre ce bébé. Après tout, je ne le connais pas. Tout ce que je veux dire c'est que ce n'est pas vraiment ma sœur. Pas une sœur comme celle qu'on a vraiment. C'est tout juste une petite cousine, fille de la cousine de ma mère et d'un vilain monsieur.

Les pas dans l'escalier ont cessé. La petite chose est là, devant nous, dans les bras d'une jeune fille que je n'ai pas encore rencontrée. En fait, ce n'est pas une fille. C'est une femme, une jeune femme.

« Elle s'appelle Bao Kuynh. C'est la nourrice que nous avons engagée pour la petite après la mort de sa mère », nous dira tante Cam Ha après que la jeune femme se sera immobilisée devant ma mère avec le bébé emmailloté dans les bras.

Maman ne bouge pas. Elle reste digne. Je la sens nerveuse, impatiente. Papa respire à peine. L'enfant bouge dans les bras de sa nounou. Elle se met à pleurer. La jeune femme sourit. Elle se penche et dépose le paquet de guenilles dans les bras de ma mère. Maman referme doucement ses bras sur l'enfant. Celle-ci se tait. Papa s'est penché. Il pose son doigt sous le menton de la petite. Celle-ci l'empoigne dans sa main. Maman lui sourit. L'enfant la fixe un long moment sans bouger. Le silence s'est refermé sur eux trois. Un grand cercle de silence et de lumière d'où je suis exclu. Je regarde la scène, fasciné, jaloux, écœuré par toute cette joie que je vois poindre dans le regard attendri de mes parents.

Soudain l'enfant se met à gigoter. Elle se crispe. Ça y est ! Elle va enfin se mettre à brailler, cette petite singeronne joufflue qui sent la poudre jusqu'ici. Mais non ! Elle a un grand sourire. Un immense sourire qui lui défait tout le visage. Mon Dieu qu'elle est laide quand elle sourit ! Autour, le silence s'est défait en exclamations fusant de toutes parts. L'enfant a souri ! Mon Dieu Seigneur ! Que c'est donc extraordinaire ! Comme si on n'avait jamais vu ça, un bébé qui sourit. D'ailleurs, la petite singeronne ne sourit même pas, elle grimace.

— Je ne l'ai jamais vu sourire ; c'est la première fois, s'exclame la grand-tante qui serait bien mieux d'aller voir si son ragoût de chien n'est pas en train de brûler au lieu de nous bassiner avec des fadaises pareilles. Et puis, la singeronne a juste deux dents et le crâne enseveli sous une avalanche de cheveux hirsutes auxquels on a essayé de faire tenir un ridicule ruban rose. En plus d'avoir l'air d'un petit singe, voici qu'elle a l'air d'un caniche de vieille bonne femme.

Je me suis discrètement retiré dans un coin du salon. Tout m'ennuie. J'essaie de bouder sans que ça ne paraisse. Pas facile ! *Ba ngoai* avait raison. Les bébés, on devrait serrer ça. Quand ça apparaît quelque part, tous les adultes autour semblent retomber en enfance. Le monde entier disparaît ; y' a plus de place pour personne. En tout cas, y'a plus de place pour moi. Je suis triste, immensément triste. Mais je ne laisserai rien voir. Pas question que je leur laisse le plaisir de me consoler. J'ai besoin de personne.

Papa s'est approché. Il m'a pris par les épaules. Il m'a souri. C'est en français qu'il s'est adressé à moi. Au début, ça m'a un brin étonné. Ensuite, ça m'a mis en colère. Mais ne craignez rien, je n'ai rien laissé voir. Pourquoi je suis en colère, me demandez-vous ? Ben j'vais vous le dire, pourquoi. PARCE QUE ! C'est-y assez clair ? PARCE QUE...

En s'adressant à moi en français, j'ai tout de suite compris ce qu'il cherchait à me faire comprendre (comme si je ne l'avais pas encore compris) : je ne suis pas comme eux, je suis différent, suffisamment pour qu'on ne prenne même pas la peine de s'adresser à moi en vietnamien.

— Viens, Pierre...

Oui , il m'a appelé Pierre ! Mon propre père m'a appelé Pierre au milieu d'une mer de Vietnamiens qui me sourient comme si j'étais un déficient mental. J'ai le goût de tous les envoyer promener, de leur faire des grimaces, de leur montrer mon... je ne vous dirai pas quoi... MON CUL ! J'ai le goût de leur montrer mon C-U-L ! Mon cul, mon cul, mon cul... AAAAH ! Ça fait du bien !

Mais ne craignez rien. Je ne leur ai pas montré mes fesses, ni ne leur ai fait la nique ni non plus ne leur ai dit d'aller se faire voir ailleurs. Je sais vivre ! Y'a pas que les Asiatiques qui ne veulent pas perdre la face. Ah oui ! parce qu'il faut que je vous dise, y paraît que les Vietnamiens ne doivent jamais perdre la face. Qu'est-ce que ça veut dire *perdre la face* ? Je n'en sais absolument rien. Mais tout ce que je veux dire c'est que les Québécois itou n'aiment pas la perdre, la face. Donc je disais que mon père me disait...

— Viens, Pierre ! Viens voir ta petite sœur ! Viens voir comme elle est belle !... *et gnagnaga...*

Je n'ai pas résisté. Je me suis laissé faire comme un condamné qu'on mène à l'abattoir. Je me suis approché avec un grand sourire, grand comme... ben grand comme un sourire qu'on a quand on ne veut pas sourire, mais qu'on sourit quand même parce qu'on est obligé de sourire.

Papa m'a fait asseoir à côté de maman. Ma mère s'est levée, elle s'est penchée vers moi et elle a déposé sur mes genoux la petite singeronne dans son paquet de guenilles. J'ai paniqué. J'avais l'impression que je n'avais plus de bras, plus de jambes. J'étais devenu un enfant tronc avec juste un grand sourire de plastique cousu en dessous de mon nez.

La petite singeronne grouille de partout. Elle doit avoir mille jambes et mille bras. Ma mère veut me donner, comme sœur, un mille-pattes plein de poils. Ça se met à me piquer partout. Mais je ne peux même pas me gratter. Mon sourire de plastique fond. Ça dégoûte de partout en dedans de mes yeux. Maman a bien vu mon désarroi. Elle me lance un large sourire. C'est là que l'eau a débordé. Deux grosses larmes. Tout le monde croit que ce sont des larmes de trop grand bonheur. Les imbéciles ! Alors ils ont fait un grand OOOOOOH ! Et ils m'ont applaudi. Oui, oui, ils m'ont applaudi ! J'ai tout de suite ravalé mes larmes et, sans que ça ne paraisse, j'ai fait une grimace à la singeronne.

J'ai un dernier regard vers elle. Je vois ses yeux s'ouvrir tristement sur moi. Tristement oui, tristement. Et soudainement je la trouve belle, sans que je le veuille.

Elle a de tout petits yeux, comme des nombrils. Des petits yeux qui semblent s'enfoncer jusqu'au fond de son crâne, jusqu'au fond de son ventre. C'est avec ces yeux-là qu'elle me regarde. Tout autour, personne ne la voit comme moi je la vois en ce moment. Je suis le seul à contempler ces yeux tels qu'ils sont, tournés vers l'intérieur de sa tête, les yeux de son monde. Des yeux qui semblent se demander ce qu'ils font là à regarder vers l'extérieur, un pays qu'on veut leur enlever. Alors, ils regardent par en dedans. Ils regardent vers le noir de l'intérieur. Ils ne veulent plus voir le Vietnam, car ils savent que le Vietnam ne veut plus d'elle. La petite singeronne ne désire pas quitter ce monde. Cette famille qui l'aime et à laquelle elle commence à s'attacher est tout ce qui lui reste de sa mère, et on va bientôt l'en arracher. On ne lui demande rien.

On paye, on remplit des papiers, on paye à nouveau, et on l'emporte loin, très loin, dans un pays très froid qui n'est pas le sien, qui ne sera jamais le sien. Ils le font pour son bien, disent-ils. S'ils voulaient vraiment agir pour son bien, peut-être feraient-ils mieux de prendre les milliers de dollars que leur coûte cette transaction afin de les donner à sa vraie famille pour qu'ils aient les moyens de la garder. Mais ils l'achètent et ils partent avec. Autrefois, on aurait appelé ça du trafic d'enfants, aujourd'hui on appelle ça l'adoption internationale.

Papa et maman m'avaient tout expliqué avant de partir. Et je croyais comprendre. Mais là, devant cette enfant qui ne demande rien et moi qui demande tout, je ne comprends plus. Je vois les yeux de la petite singeronne tout tournés vers l'intérieur, comme des nombrils et, pour la première fois, j'ai de la sympathie pour elle. Je sais que je pourrais l'aimer. Mais ce n'est quand même pas ma sœur.

Je ne pourrais dire aujourd'hui, alors que bien des années me séparent de ces événements, si j'avais tort ou raison de penser ainsi. Peut-être, à l'âge où je suis, serais-je un peu moins catégorique en disant qu'il existe probablement autant de bonnes que de mauvaises raisons à l'adoption internationale. Que cela procède de bonnes intentions et d'un esprit de grande générosité, mais aussi de tellement d'égoïsme, de tellement d'égoïsme.

Comment une idée pareille avait-elle pu germer dans le cerveau d'un jeune garçon de onze ans ? Je n'en sais rien et ça n'a finalement aucune importance. Quelle que fût leur origine, ces pensées me tourmentaient à l'époque et me tourmentent encore aujourd'hui. Et je me demande, quand je vois le regard mélancolique de My, je me demande si mes parents n'auraient pas mieux fait de la laisser où elle était, entourée de ceux qui l'aimaient. Bien sûr, ils l'aimaient aussi. Je ne crois pas que My aurait pu souhaiter des parents plus dévoués. Mais ce n'était pareil. Ma sœur a toujours gardé ce regard tourné vers l'intérieur comme si elle cherchait, en elle, l'écho diffus de son Vietnam disparu. Elle n'y est jamais retournée. Jamais. Mais, le jour où elle se décida à y retourner fut le dernier jour qu'elle passa parmi nous.

DEUXIÈME PARTIE

Les enfants de la rue

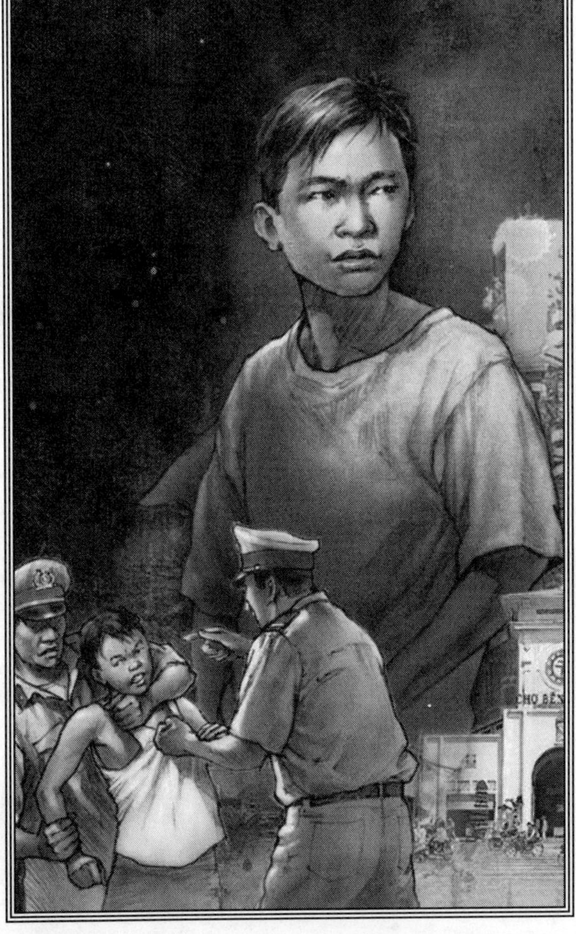

10

Je me rappelle la date : le jeudi 22 juillet. C'est comme si c'était ma date de naissance. En fait c'est un peu ça ; une naissance, une nouvelle vie. Plutôt un nouveau regard sur la vie, sur le monde, sur moi-même.

Ça faisait une semaine que nous avions atterri à Saïgon et six longues et interminables journées que nous passions dans les différents organismes gouvernementaux pour réunir tous les documents relatifs à l'adoption de Tao My.

Six jours qu'on se balade de ministère en ministère, de clinique en clinique, de bureaux d'état civil en office de la protection d'on ne savait plus quoi ; glanant ici un tampon, là une autorisation, ailleurs une signature autorisant la réclamation du formulaire jaune donnant le privilège de remplir une demande en six copies vertes réclamant un rendez-vous ou une déclaration officielle menant à de longues et épuisantes séries d'enquêtes administratives et tatillonnes. Tout ça devant s'accomplir avec humilité, révérence, pots-de-vin et cadeaux de toutes sortes qui font que lentement l'affaire avance dans ce dédale kafkaïen. À ce rythme, on en aura pour des mois à obtenir la délivrance du certificat d'adoption. Maman est découragée et papa est à bout de patience. Mais le pèlerinage doit continuer sans qu'on ne sache trop comment ni quand on s'en sortira. Papa prétend qu'on finira par tomber sur la bonne personne qui saura compléter le dossier avec célérité. C'est pour cette personne qu'il garde en réserve les cinq mille dollars requis. En attendant, on attend. Et moi, je m'ennuie.

Je suis en colère, impatient, sans aucune énergie. Je vois la vie en noir, moi qui suis pourtant d'un naturel calme et serein. C'est vrai, ne riez pas ! Y'a pas meilleure nature que moi ! Mais là j'avoue... Dans les circonstances, vous n'auriez pas été de meilleure humeur que moi !

Chaque soir, nous rentrons à la maison de la vieille tante, fourbus et un peu plus découragés. Et moi, tout ce que vois de Saïgon, ce sont les murs drabes des salles d'attente.

Mais quelque chose me dit que cette journée du 22 juillet ne se terminera pas comme les précédentes.

Il fait une chaleur à faire cuire un œuf sur le trottoir. J'attends depuis deux heures. Jamais ça n'a été si long. Mes parents sont enfermés depuis tout ce temps dans un bureau surchauffé avec cette dame un peu bizarre qui s'est présentée comme étant la directrice du Département d'Aide à l'Enfance au ministère de la Santé et de la Salubrité Publique de la province de Dong Nang. C'est dans cette triste province du delta que nous ont menés nos dernières démarches auprès du Bureau de Contrôle des Populations qui est le seul bureau autorisé à émettre les visas de localisation et de citoyenneté urbaine.

C'est le dernier monsieur que mon père y a rencontré qui nous a informés que toutes les démarches que nous avions entreprises depuis cinq jours, les tampons, les autorisations, les formulaires roses, jaunes ou verts ne servaient à rien. Qu'il fallait tout reprendre depuis Bien Hoa dans la province de Dong Nang. Ce fut comme si nous avions reçu un coup de massue. Ma mère pleurait. Mon père rageait.

— Plus de trois cents dollars en pots-de-vins pour des documents bidons ! Bande de voleurs, ne cessait-il de marmonner dans le taxi qui nous ramenait chez la vieille tante.

Le lendemain, on se retrouvait à Bien Hoa dans la province de Dong Nang. Le lendemain, c'est aujourd'hui. Bien Hoa est à moins de trente kilomètres de Saïgon. C'est dans cette province qu'a vécu la mère de Tao My et c'est dans un hôpital sordide de la ville de Bien Hoa qu'elle a donné naissance à sa fille. C'est donc de là que doivent partir toutes les démarches d'adoption.

À onze heures, papa et maman sortent enfin du bureau avec un sourire qui en dit long sur la tournure que semble prendre leur affaire. La joie leur sort presque par les oreilles. C'en est pénible à voir !

— Je savais qu'une personne comme ça nous attendait quelque part, lance papa d'une voix triomphante. Il suffisait de ne pas nous décourager. Il faut aller chercher la somme à la banque.

— Ça peut attendre à lundi, répond maman au bord des larmes. La dame nous a dit que le ministère était fermé jusqu'à mardi matin. Profitons de cette magnifique journée pour savourer notre bonheur. Je suis tellement heureuse que le nez m'en pique.

Qu'est-ce que je vous disais ? Heureux qu'ils sont ! Là-dessus, maman sort un kleenex et elle se met à se moucher. Elle se blottit dans les bras de mon père et pour une des rares fois de ma vie, je vois mon père et ma mère s'embrasser en public. Il faudra les toussotements d'une secrétaire outragée pour qu'ils arrêtent de s'exhiber d'une aussi impudique manière au beau milieu du hall d'entrée du ministère. J'en suis mortifié. Ils rient. Papa me regarde. Un grand sourire illumine son visage. On dirait une ampoule de cent watts qu'on allumerait au milieu d'une pièce obscure.

— Mon fils, je crois que, finalement, tu l'auras ta petite sœur !

Moi, je m'en tape de ma sœur. Après tout, c'est pas ma sœur, c'est leur fille. Alors, qu'ils se débrouillent avec. Et surtout qu'on sorte d'ici au plus sacrant ! Ça presse !

Nous sommes sortis et nous sommes rentrés en taxi à Saïgon que nous avons atteint une heure plus tard. Le taxi nous a déposés sur le boulevard Nguyen Hué. La fatigue du trajet n'a pas entamé l'enthousiasme de mes parents. Maman flotte sur son nuage. Papa flotte sur son nuage. Et moi, je coule à pic. Je traîne un pas lourd derrière mes parents. De dos, ils ne ressemblent plus à mes parents. Je n'ai jamais remarqué combien papa est petit et combien maman a un gros derrière.

Un policier attend sur son coin de rue. C'est un bonhomme très rond à la mine patibulaire. Nous passons devant lui. Il me regarde avec des yeux sévères. Je me retourne et je lui fais une grimace. Il se redresse, insulté. Il esquisse un pas dans notre direction. Je lui fais une autre grimace. Il me pointe du doigt en sortant son sifflet. Moi, je m'en fous. Je lui fais une troisième grimace. Cette fois, il court vers nous. Il va nous rejoindre quand on entend un terrible bruit venant de la rue Lê Loï. Un camion vient de percuter une mobylette. Ça gueule de partout. Le flic est intercepté par des témoins qui le traînent vers le lieu de l'accident. L'autre les suit sans me quitter du regard. Il me pointe encore du doigt d'un œil menaçant. Il dit quelque chose que je n'entends pas. Je lui fais une dernière grimace et je me sauve en riant, fier de mon audace, de mon effronterie, de cette petite victoire sur ce monde hostile.

Je me retourne alors. Papa et maman ont disparu. Je cours les rejoindre. En tournant le coin de la rue, je plonge dans les bras d'un homme en costume noir, costaud, cravaté, les tempes grisonnantes. Il est bien plus grand que la moyenne des Vietnamiens. Je m'excuse. Lui, il se contente de me dévisager de son regard froid. Je recule de deux pas en voyant son visage. L'homme a une longue cicatrice qui lui agrandit l'œil droit. Je ne peux m'empêcher de le dévisager avec un brin d'effroi. Cette infirmité lui donne une allure sombre et vaguement inquiétante. Un pâle sourire agite ses petites lèvres lippues. Sans rien dire, il repart lentement dans une direction qui le mène vers le fleuve.

Nous prenons notre premier véritable repas depuis les cinq derniers jours. Je me suis calmé un tantinet. Je me suis même réjoui avec mes parents que cette longue parade d'un bureau à un autre bureau, d'un ministère à un autre, d'un officier débile à un fonctionnaire corrompu arrive enfin à son terme. On pourra se mettre enfin à faire autre chose que de regarder les murs lézardés des salles d'attente des cabinets administratifs. J'ai un tas d'idées, moi. Par exemple : une virée aux plages de Vung Tau, le parc d'attractions de Ho Ky Hoa et, pour cet après-midi même, les glissades d'eau du Parc d'Ho Chi Minh Ville.

Ils n'oseront jamais me refuser cette petite récréation ; après tout, ils m'en doivent une et une autre de ces récréations, après cinq longues journées perdues en excursions anesthésiantes à travers le centre-ville de Saïgon et les ruelles miteuses de Bien Hoa. Y'en a eu que pour ma sœur, je veux dire pour leur fille.

Hé bien ! croyez-le si vous voulez, mais ils ont refusé. Eh oui ! Refusé net ! Comme si je leur avais demandé la lune ! *Mais la lune n'est pas là et le soleil attend.* Eh oui ! je me suis remis à attendre sur les marches du grand escalier du grand marché du grand quartier de Cholon.

Le quartier de Cholon, ce serait comme notre quartier chinois, mais en cent fois plus grand, en cent fois plus sale, en cent fois plus délabré. Oubliez les belles façades, les restaurants chics, les enseignes lumineuses à la Hong Kongaise. Ici, tout est gris : la rue, les murs, le ciel ; même les poubelles sont grises. Y'a du monde partout, des motos partout, des chinois partout, des marchandises partout. Car Cholon n'est pas juste un quartier, c'est aussi un immense centre commercial.

Il n'y a pas une devanture de maison qui ne serve au commerce. On y trouve de tout. Du pire au meilleur ! Des bonbons de toutes les couleurs, des pyramides de pots de fruits confits de toutes les couleurs, des biscuits en veux-tu en v'là ! Des jeux vidéos piratés, des CD piratés, des films piratés, des montres contrefaites, des bijoux pas certifiés, des appareils électroniques, des téléviseurs, de la vaisselle, du thé, des herbes médicinales, d'autres pots bizarres avec du liquide jaunâtre dégueulasse, des herbes et des serpents morts, des cercueils, des fleurs, des couteaux, des poignards, des cendriers en forme de grenades. Tout, je vous dis !

En venant, j'ai croisé des garçons de mon âge, habillés tout de travers, le visage décrassé à la va-vite qui vendaient des paquets de gomme à mâcher et de vieilles cartes postales aux touristes. Mon père les a envoyés promener quand ils se sont approchés de nous. L'un d'eux, plus tenace, a voulu insister auprès de ma mère. Mon père l'a envoyé bouler dans un tas de poubelles. Le garçon s'est relevé, s'est approché et lui a craché au visage. J'étais presque satisfait. Je trouve mon père très agressif avec ces gamins, garçons ou filles, qui traînent un peu partout dans les rues de Saïgon. Il les compare à des rats.

Papa a voulu lui courir après, mais c'est peine perdue. Toute la bande s'est évaporée en une fraction de seconde. Ces garçons connaissent la ville bien mieux que lui. Il en a été quitte pour revenir en maugréant.

— Ce sont de sales petits pouilleux, grommelle-t-il en reprenant sa marche au bras de maman. Moi, je traîne toujours un pas derrière. Nous tournons au coin de la rue. Les vendeurs de tantôt sont là, sur le trottoir d'en face, à rire en nous pointant du doigt. Quand nous les regardons, ils baissent leurs culottes et nous montrent leur cul. Papa fulmine. Moi, je pouffe d'un grand éclat de rire.

Une taloche sur le derrière de la tête me ramène vite à mes devoirs de fils obéissant. Les cinq garçons ont filé en se bousculant et en rigolant de plus belle. Le plus grand des cinq s'est retourné avant de disparaître dans une ruelle étroite. Il m'a souri. Je n'ai pu m'empêcher de lui envoyer un salut discret de la main. Mes parents et moi, nous avons repris notre marche vers le grand marché de Cholon.

Imaginez-vous donc que mes parents ont décidé, question de souligner cette journée prétendument exceptionnelle, de magasiner pour acheter des vêtements à la petite singeronne.

Non, mais c'est-y pas une bonne idée que cela ? Y'en a décidément toujours que pour elle ! Il fait une chaleur humide qui m'arrache mes dernières forces. Nous aurions été si bien les fesses dans l'eau ! Au lieu de ça, nous avons parcouru tous les kiosques du marché de Ban Tan. Quelle joie ! Et comme maman n'a pas trouvé ce qu'elle cherchait, mon père et elle ont convenu de ne pas insister et de se rendre illico au marché de Cholon.

Et c'est là que nous sommes. Et c'est là que je suis. Et c'est là que je m'ennuie. Il fait chaud. J'ai soif. Papa m'achète une noix de coco. Il me dit de rester là, un instant, le temps qu'ils voient à l'étage «... si on ne trouverait pas quelques pyjamas », me dit maman. On devine pour qui. J'ai souri de dépit. Ils sont partis. J'attends. J'attends.

Papa et maman sont long à revenir. J'ai chaud, j'étouffe dans cette étuve. J'ai besoin d'air. D'ailleurs, manifestement, je dérange assis comme ça dans l'escalier. Je n'arrête pas de me lever pour laisser le passage à des commissionnaires agressifs les bras chargés de boîtes.

Je me suis levé pour aller prendre un peu d'air dans la cour intérieure du marché. Deux grandes sculptures en bronze représentant des dragons (symboles de prospérité au Vietnam et un peu partout dans le Sud-Est asiatique) encadrent une estrade de marbre donnant accès à une longue galerie. Sous un immense laurier fleuri, il y une table bancale et quelques chaises. C'est là que je m'assois.

Il fait encore plus chaud à l'extérieur. Mais au moins, y'a moins de monde. À Cholon, les gens sont trop pressés ou trop occupés pour s'asseoir à l'ombre et prendre le temps de respirer un peu. D'ailleurs, de l'ombre, y'en n'a presque pas.

J'entends quelques cris mêlés à des soupirs de soulagement provenant de la grande place qui longe les alentours du marché de Cholon. Un *xe lam* vient de s'immobiliser. Les gens se bousculent autour du triporteur où s'empilent déjà une dizaine de passagers. Normalement, on y tiendrait à quatre, six en grugeant sur l'espace et le confort. Ici, on est au Vietnam ; alors ils y sont la douzaine bien comptée.

C'est là que je l'ai vu pour la seconde fois. Il cherchait à fourguer sa camelote de cartes postales à des congénères qui ne furent pas plus tendres à son égard que ne le fut mon père. Mais cette fois, il ne répondit pas aux insultes et il s'éloigna de quelques pas laissant le champ libre au tuf-tuf. Le triporteur s'éloigna dans un nuage de gaz bleu qui se répandit jusque dans la cour du marché où je me tenais assis.

Le garçon aux cartes postales est seul. Il regarde s'éloigner le *xe lam* le visage fermé, la bouche crispée par des mots de rage, on dirait. Des mots qu'il ne parvient pas à prononcer ou qu'il préfère ne pas prononcer pour je ne sais trop quelle raison. De là où je suis, je peux le regarder sans qu'il me voie. Pas très longtemps à vrai dire. Il met ses cartes dans ses poches. Il jette un coup d'œil vers le ciel en se protégeant les yeux avec sa main. Puis il repart. Il ne marche pas vite. Mais bientôt il va disparaître dans la foule et là, c'est certain, je ne le reverrai plus jamais.

Alors, ne me demandez pas pourquoi je l'ai suivi, je n'en sais rien !

11

JE LONGE UN PARKING DE MOTOS. IL TRAVERSE LA RUE ET JE ME RETROUVE AU MILIEU D'UNE CIRCULATION DENSE DE LAQUELLE JE NE PARVIENS pas à m'extraire. Ça passe à gauche, à droite, ça zigzague de partout et moi je reste là, pantois, bête comme une vache pas de pis.

Finalement, je réussis à me rendre de l'autre côté de la rue en suivant une vieille chinoise qui traverse d'un pas nonchalant, les bras chargés de paquets, fixant son point d'arrivée d'un regard insouciant. Mon marchand de cartes s'est immobilisé devant un éventaire de produits de toilette qui trône sur la devanture d'une boutique d'ustensiles en cuivre. Quand j'atteins le trottoir, il se remet en marche, les mains dans les poches. Son pas est plus rapide. Nous enfilons une série de rues, puis nous tournicotons dans des ruelles étroites où s'alignent une série presque ininterrompue de réparateurs de motos et de bicyclettes. Il y du monde partout. Un moment, je perds de vue mon vendeur de cartes postales. Je le retrouve finalement une trentaine de pas plus loin, appuyé contre un lampadaire. Il reprend aussitôt sa marche rapide. Je bifurque à gauche sur l'avenue Duong Hung. Je place mes pas dans les siens et nous traversons trois pâtés de maisons.

Nous tournons ensuite à gauche sur la petite rue Duong Chau.

J'ai commencé à retenir les noms des rues que nous empruntons. Il me faut envisager le retour auquel, à vrai dire, je ne pense pas vraiment. Cette filature est le premier moment de liberté que je m'autorise depuis mon arrivée au Vietnam. Il me procure une sensation subtile de peur mêlée à un soupçon de frénésie qui me pousse toujours un peu plus en avant, une rue de plus, une allée, un passage, une ruelle de plus. Si bien que le temps file.

Me voilà devant une large cour grillagée. Devant les portes se tient une foule presque silencieuse, quasiment immobile, en attente on dirait. C'est un hôpital. Trois garçons me dépassent. L'un des trois me bouscule sans s'excuser. Je me retourne. J'entends sur ma droite les cloches d'une église. Un son insolite dans ce pays de pagodes. Je remarque alors que le soleil s'est déplacé dans le ciel. Quelle heure peut-il être, grand dieu ? Je regarde ma montre. Disparue ! Je me la suis fait chiper. Sûrement par l'un des trois garçons qui viennent à l'instant de me dépasser en me bousculant. Les salauds ! Je me retourne dans leur direction. Disparus aussi, bien sûr. Inutile de leur courir après. Bien qu'ils paraissent plus petits que moi, ils sont quand même trois. Et puis, ils connaissent la ville comme le fond de leur poche, alors que moi...

Un profond sentiment de lassitude m'envahit. De lassitude et d'angoisse aussi. Comme si je venais d'atterrir sur une autre planète. J'ai perdu tous mes repères. Pendant un instant, j'ai du mal à respirer. L'inquiétude me paralyse. Je lance dans toutes les directions des regards affolés. Tout ce que je vois ce sont des gens : des Chinois ou des Vietnamiens, des hommes ou des femmes, des grands, des petits, jeunes ou vieux ou vieilles, mais tous inconnus et tous menaçants, comme s'ils s'apprêtaient à me tomber dessus. Comme si c'était après moi qu'ils attendaient devant cette entrée grouillante pour me tuer, m'enlever, me cuire, me manger. Merde, je suis en train de capoter !

Mon vendeur de cartes postales a disparu aussi. Je suis là, seul, nu, désemparé, sans savoir l'heure qu'il est. Puis le monde s'immobilise. La ville se met un instant à l'envers, y'a plus de bruit, que le silence ; plus de ciel, plus de gens, plus de clôture, plus de cour. Y'a que le mur blanc de l'hôpital et cette grosse horloge qui marque cinq heures dix. Horreur ! Ça fait une heure trente que j'ai quitté le marché de Cholon. Y'a rien de mieux qu'une angoisse pour vous remettre le monde dans le bon sens.

Mais ne me demandez pas où je suis, je l'ignore. Et ne me demandez pas comment retourner au grand marché, je l'ignore aussi. D'ailleurs, ne me demandez rien, je ne sais plus, je ne vois plus, je n'entends plus que mon cœur qui bat comme un tambour dans une cage à résonance. Et mon cerveau qui lance des milliers de feux d'artifice qui m'éclatent en pleine face.

Il faut que tu retournes sur tes pas simplement. Il faut que tu restes calme. Il faut que tu respires normalement. Ce n'est pas grave. Ce n'est pas comme si tu étais perdu en pleine forêt. C'est la grande ville, ici. Il ne peut rien t'arriver dans une grande ville. Y'a qu'à retourner sur tes pas. Une rue à la fois. Tu vas retrouver ton chemin. C'était quoi le nom de la rue ? *Chaud*, je suis certain qu'il y avait le mot *Chaud* dedans : rue *Chaud*, boulevard *Chaud*. AAAAhhhhh ! *Duong Chau* ! Je savais ! *Duong* veut dire rue en vietnamien. La rue *Chau*, comme je pensais. C'était tout proche. Ça va très bien. De quel côté maintenant ? Ah oui, à droite, par là ! Tu vas y arriver. Pas de panique. Ce sont tes parents qui doivent paniquer à l'heure qu'il est. Tant pis ! Tant mieux ! Ils n'avaient qu'à s'occuper de toi. L'autre rue, je ne me souviens pas du nom. Mais y'avait plein de réparateurs de motos. Des motos ! Faut trouver une rue pleine de motos. Ici ! Y'a plein de motos. C'est ça ! Pas moyen de lire le nom de la fichue rue. Il me semblait que c'était un peu plus loin.

Je ne me reconnais plus. Forcément, t'es passé qu'une seule fois et dans l'autre sens. Retourne-toi, examine, respire, calme-toi. Retrouve tes repères. Je n'en ai plus, de repères. Ils sont fichus mes repères.

J'ai marché des heures, dans un sens puis dans l'autre. À chercher, à ne pas trouver, à désespérer puis à pleurer, à avoir faim et à avoir soif. Et puis je me suis effondré sur le seuil d'une boutique de livres usagés. Fermée comme la majorité des autres. La nuit s'était faite autour de moi, mais je ne m'en étais pas encore aperçu tellement j'étais préoccupé de retrouver mon chemin.

J'ai dû rester là une bonne quinzaine de minutes à me demander quoi faire, le visage ravagé par le désespoir. Il me faudra bien m'y résoudre quoi qu'on en dise, de ci et de ça, de la police d'ici. Je n'y arriverai jamais tout seul. Et puis, peut-être que mes parents se sont eux-mêmes résolus à faire appel à eux.

En voilà justement un qui passe dans sa voiture blanche au lettrage bleu et jaune. Un car de police. Il suffirait d'un geste pour qu'il s'arrête. Il passe. Tiens ! Il freine. Brusquement, en plein milieu de la rue. Un gros monstre en descend. Il regarde dans ma direction. Nous sommes à peu près à trente mètres l'un de l'autre. Je ne fais aucun geste, mais je l'observe m'observer. Nous nous observons. Je le reconnais, c'est le monstre à qui j'ai fait quatre grimaces ce matin. Je suis certain que c'est lui. Il m'a suivi jusqu'ici... Il a dû donner mon signalement à toutes les polices de toutes les provinces du delta. On me recherche pour crime de lèse-policier.

Il s'approche. Je me lève. Je le dévisage. Il me pointe du doigt. Il me pointe du doigt comme il m'a pointé du doigt ce matin. Je ne vois pas sa face de porc. Je ne vois que son gros doigt pointé sur moi comme une arme. Il tient une arme. *« Ne te fie à aucun policier au Vietnam. Ils sont tous corrompus. Ce sont des communistes, des vendeurs d'enfants, des montres... des monstres, des MONSTRES ! »*

Pas le temps de vérifier si grand-mère dit vrai ! Faut foutre le camp d'ici !

En trois enjambées, j'ai réussi à semer le gros flic qui est vite retourné à son véhicule. Il fait faire demi-tour à la voiture, accélère mais trop tard. Un taxi, qui vient en sens inverse, lui fonce dedans. L'accident n'a rien de grave, mais c'est suffisant pour mettre hors d'état de nuire mon poursuivant qui vient de lancer sa casquette au sol en signe de rage et d'impuissance. Je ris. Ce n'est pas drôle, mais je ris. J'en tremble encore.

En voulant tourner le coin de la rue Trâu Hung Dao, je suis presque tombé dans les bras d'un grand homme au costume noir et aux tempes grises. Je le reconnais ; c'est bien lui. C'est le bonhomme sur lequel je me suis cogné ce matin en voulant échapper au gros flic. Son regard est plus dur encore que j'avais cru le deviner la première fois. La nuit, on ne voit que le globe blanc de son œil droit, fixe et démesurément grand. L'homme est vraiment plus costaud que la moyenne des autres Vietnamiens. Plus fort aussi. Pour éviter la collision, il m'a retenu par les bras. Sa poigne est puissante, presque douloureuse. Il me regarde avec son œil sain : un œil petit et noir enfoncé dans une arcade saillante qui lui donne un air menaçant. Un moment sa bouche s'est ouverte. J'ai cru qu'il allait me dire quelque chose. Mais il n'en a rien fait. Il a lâché mes bras puis il est parti lentement dans la direction du fleuve.

Je ne me suis pas fait prier pour quitter les lieux. Cette double rencontre étonnante autant qu'inquiétante m'a laissé un goût amer dans la bouche. Je n'ai presque plus de salive.

Il fait noir. Je marche vers le nord, le sud, l'est ou l'ouest ; je n'en sais rien. La soirée est sûrement très avancée et mes parents doivent être morts d'inquiétude. Moi, je n'ai même plus la force d'avoir peur. Je n'ai pas mangé depuis l'heure du dîner. Ça fait un bail ! Et je n'ai toujours pas retrouvé le grand marché de Cholon. J'ai bien cherché à demander mon chemin à des passants. Mais ils ne me regardaient même pas. Et quand ils daignaient jeter un coup d'œil vers moi, c'était pour me houspiller comme on le ferait d'un mendiant trop insistant. J'ai vite compris pourquoi en voyant ma face s'imprimer dans la vitrine d'un restaurant. Je suis d'une saleté repoussante et mes vêtements pourtant presque neufs ont l'air de véritables guenilles. J'ai essayé de me débarbouiller avec la manche de ma chemise, mais ça n'a rien amélioré si ce n'est que ma chemise a l'air encore plus torchonnée.

J'ai mis mes mains dans les poches et j'ai fait quelques pas. J'ai des tas de papiers dans mes poches. Des papiers ? Je sors ma main très vite. Je tiens là une fortune. Quelque cinquante-trois mille dongs* ! Vous imaginez ! Une fortune ! J'avais oublié que je transportais une somme pareille sur moi. Je retourne sur mes pas.

J'entre dans le restaurant où, quelques secondes plus tôt, j'observais les coulis de crasse sur ma figure. Je m'assois. Une jeune serveuse s'avance vers moi. Avant d'entrer, je me suis refait une beauté. Je suis presque présentable. La jeune fille me fixe en ne sachant trop quoi penser de ce client un peu trop hors modèle et qui lui parle avec un drôle d'accent.

— Tu es un *viet kieu ?* me demande-t-elle avec une pointe de mépris.

Comme j'ignore ce que signifie le terme *viet kieu,* je lui réponds que non ; que je viens du Canada, du Québec pour être plus précis. Que mes parents et moi habitons l'hôtel d'en face, le *Phu Tho*. Qu'ils sont trop indisposés pour venir souper avec moi et qu'ils m'ont donné cet argent pour que je vienne ici me sustenter pendant qu'ils se reposent dans leur chambre.

La fille me regarde d'un air incrédule. En lui montrant ma fortune, elle se redresse et m'apporte la soupe ainsi que le verre de thé glacé que je lui ai commandés. Elle dépose les plats sur la table et s'éloigne sans un regard pour moi. Je mange, je veux dire, je dévore la soupe et j'enfile le contenu du verre de thé en

* Dong : monnaie vietnamienne. 10 000 dongs = 1$ canadien.

moins de cinq minutes. Je repousse l'assiette, un brin rassasié. Je m'apprête à payer quand je le vois, lui, juste devant moi, de l'autre côté de la large vitrine. Il me sourit. Il me faut m'étirer le cou pour m'assurer que c'est bien mon vendeur de cartes postales.

Je n'ai jamais été aussi heureux de rencontrer une figure connue dans cet amoncellement de visages hostiles et déprimants que j'ai croisés tout au long de cette horrible journée. Lui, il va me ramener à mes parents. Lui, il va me remettre sur le chemin du grand marché de Cholon. Je suis certain que mes parents y sont encore et m'y cherchent désespérément. Si ça se trouve, il les a déjà retrouvés et ils sont là, avec lui, sur le trottoir. Il me fait signe de le rejoindre. Je me suis levé de ma chaise et j'ai couru vers la rue.

La serveuse m'a vu sortir. Elle court derrière moi en agitant un bout de papier dans sa main.

Je suis devant lui. Je lui souris, il me sourit. Il me tend la main. Je lui tends la mienne. Il la serre très fort et me tire derrière lui en courant.

— Viens ! C'est pas le temps de traîner ici.

La serveuse s'est mise à nos trousses. Elle gueule à pleins poumons

— Arrêtez, petits vauriens ! Graines d'assassins ! Vermine ! Vous allez me le payer, ce dîner non ou quoi ?

— *May an cuc di, do con bo !* lui lance mon ami en hurlant de rire.

J'ai vu la fille s'arrêter net au milieu du trottoir, le visage congestionné par une bouffée d'indignation. Je vous ferai l'économie d'une traduction des mots pour le moins discourtois que lui a servis mon vendeur de cartes postales. Le garçon m'a entraîné, après une course folle, au fond d'une ruelle éclairée où nous pouvons, à présent, nous déplacer en marchant, question de reprendre notre souffle après cette course folle.

Nous nous arrêtons finalement devant une grande clôture. D'un coup de pied, il déplace une planche. Nous faisons quelques pas dans la nuit noire. Je sens au passage une boule de quelque chose me passer entre les jambes.

— Fais gaffe ! me lance-t-il. Y'a plein de rats dans le coin et ils ne te connaissent pas.

J'ai un frisson de dégoût.

— Les rats sont de petits animaux sympathiques s'ils te connaissent et que tu ne les déranges pas. Mais si t'es un étranger et que t'as le malheur de leur marcher sur la queue, bien sûr ils peuvent te mordre. Et alors là, bonjour les problèmes ! La rage, la malaria, la peste, l'encéphalite. T'as le choix de ta maladie, mais ce sont eux qui la choisissent pour toi.

Il me raconte ça comme si de rien n'était en marchant à grandes enjambées. Moi, je ne sais plus où poser les pieds et chaque pas est une véritable entreprise de déminage.

— Te branle pas à vouloir les éviter. Marche normalement. Ce sont eux qui vont t'éviter, me recommande mon vendeur de cartes postales qui vient de s'arrêter quelques pas devant moi.

Il se penche et semble saisir quelque chose. Il fait un geste vers le haut. J'entends comme le bruit feutré d'une toile qu'on déplace.

— Bienvenue chez moi ! me lance-t-il d'une voix claironnante. Il se penche à nouveau et allume une grosse canette de métal remplie d'huile où flotte une mèche noircie. La petite flamme vacille, se redresse, s'affermit puis s'étire en douceur. Bientôt, je découvre l'intérieur d'un abri de fortune étrangement meublé de bric et de broc, mais qui semble très confortable et où règne une singulière propreté. Rien n'y traîne. Tout est bien rangé. Contrairement à ce qu'on pourrait s'attendre, ça ne pue pas. Il y a deux couvertures sur un tapis épais de cartons.

— Y'en a une pour toi ! dit-il en me lançant un clin d'œil. Je l'ai piquée au marché Dan Sinh cet après-midi. J'avais sans doute l'intuition que j'aurais de la visite.

Nous sommes seuls. Un instant j'ai craint de me retrouver prisonnier au milieu d'une meute agressive d'*enfants de la rue.* Il a senti mon malaise.

— Ne crains rien ! Je vis seul. Y'a personne qui entre ici si je ne l'ai pas invité. Et pis le reste de la *famille* est encore au travail.

— T'as une famille ?

— Qu'est-ce que tu crois ? On n'est pas des sauvages ! Je vis seul mais entouré. La *famille,* y'a que ça ! Mais chacun a son coin que chacun respecte. Et ici, c'est mon coin. T'as pas vu, mais tout autour y'a une dizaine d'abris. Y'a celui de Liem, Thanh, Sony et Thuan par là. Et de l'autre côté, c'est Khanh, Hoa, Si, Luu , Duc et Hoang.

— Ils ont chacun un abri comme le tien ?

— Faut pas croire, ricane mon étrange camarade. Chacun a sa manière. Et pis leur abri doit être plus petit que le mien. Ça, y faut être de la *famille*.

— Pourquoi ?

— Parce que je suis leur *Cha* !

— Leur *Cha* ?

— Leur *père,* si tu préfères.

— Je sais ce que veut dire *Cha*. Mais t'es pas un peu trop jeune pour être leur *Cha* ?

Mon ami s'est mis à rire tellement fort qu'il a bien failli renverser la canette d'huile.

— Mais faut pas te fier aux apparences, camarade. Je suis plus vieux que ne laissent croire les apparences. J'ai treize ans à ce qu'il paraît. Moi, j'en sais rien. Peut-être plus, peut-être moins. Et ici, on est un *Cha* très jeune. Mais pas un *Cha* comme le tien. Un *Cha,* c'est un gardien, un défenseur, un chef quoi ! Je leur dis où aller, quoi faire et quand revenir. L'argent ramassé par chacun est mis en commun et dépensé pour la *famille* selon les besoins et les occasions. Et c'est moi qui décide qui entre ou n'entre pas dans la *famille* et même qui part et qui reste. Parfois, il faut se délester d'un membre inutile, d'un malade qu'on abandonne sur les marches de l'hôpital. On n'a pas le temps de s'occuper des malades. Faut survivre et se battre pour survivre. La piaule ici est convoitée par une dizaine d'autres *familles,* avec des *Cha* pas mal plus vieux que moi. Ceux-là sont les plus dangereux. Quand on est *Cha* trop longtemps, les autres ne nous respectent plus parce qu'ils pensent qu'on est bon qu'à ça et qu'on a besoin de la *famille* davantage que la *famille* a besoin de nous. Alors les vieux *Cha,* les trop vieux, ils doivent continuellement prouver qu'ils sont encore dans le coup. Qu'ils ont toujours le contrôle. Ils cherchent la moindre occasion de s'en prendre aux autres *familles* question de montrer qu'ils sont les plus forts, qu'ils sont encore dans le coup. Quand on est un *Cha,* faut savoir se retirer à temps et montrer à tous qu'on vaut mieux que la rue. Faut savoir se faire respecter. Tu piges ?

Je fais signe qu'oui.

— Tu allais vraiment payer cette connasse du resto ?

Je n'ose pas lui répondre oui, vu que je sais que ce n'est pas la bonne réponse, mais de là à lui dire non, y'a quand même une marge. Mais il a deviné.

— Ben faut pas. C'est la première règle à te foutre dans la caboche si tu veux survivre dans la rue. Ne jamais payer ce que tu n'es pas obligé de payer. Et tu n'es jamais obligé de rien payer. Alors tu ne payes jamais. Compris ?

Je ne me suis pas cru obligé de lui répondre puisque ce n'était pas vraiment une question, mais plutôt une affirmation à la forme interrogative, si vous voyez ce que je veux dire.

Mon camarade, comme il s'est plu à m'appeler, vient d'allumer un réchaud de fortune. Il fait bouillir de l'eau dans une superbe casserole en cuivre. Il semble en être très fier.

— Elle est belle, la casserole, hein ? Je l'ai piquée au magasin Luu Lang. C'est derrière la cathédrale. Un magasin très chic. C'est risqué de s'y aventurer. On n'a pas plus de trois minutes pour faire ses emplettes. Les lieux sont très surveillés. On est vite repéré. Les caméras et tout ça. On y joue gros. Bien des garçons s'y sont fait prendre et pourrissent en prison. Mais quand on réussit, c'est la consécration. Les autres *Cha* vous traitent avec respect. Et pis, pour la *famille,* c'est un peu plus de prestige et la paix assurée pour quelques mois.

Il sort deux tasses de fine porcelaine, décorées de fleurs roses et tout enluminées d'or.

— Je me suis servi au même endroit. Belles, hein ! La classe ! Cette fois-là, j'ai bien failli me faire prendre. Mais tout ce que les gardiens ont vu, c'est le cul de ma vache ! (Cette dernière expression soulève chez lui un grand éclat de rire.) Je les sors juste quand j'ai de la visite. On sait vivre quand même.

Assis sur les talons, il me jette un clin d'œil au milieu d'un large sourire. Il sort un sac et ajoute du thé dans une véritable théière de porcelaine chinoise.

— Tu peux t'asseoir sur le lit si tu veux. Je te mangerai pas. Et avec toi, je serai pas ton *Cha,* juste ton copain pour le temps que ça durera. Si les autres te demandent, tu réponds rien. Y'a qu'à moi que tu parles. T'as un frère ?

— Non !

J'ai bien failli lui répondre que j'avais une sœur, mais je me suis repris à temps.

— Alors, je suis ton frère.

Je m'assieds, un peu surpris par la tournure inattendue que prennent les choses. Étrangement, le lit est très confortable. J'en profite pour laisser mon regard baguenauder dans tous les coins.

Ainsi, c'est donc ça la vie d'un *enfant de la rue* ! Car c'est bien de ça qu'il s'agit. Mon ami est un de ces *enfants de la rue* dont on parle tant dans les guides touristiques que papa m'a fait lire avant notre départ, un de ces milliers d'autres qu'on a vus traîner autour des magasins et des échoppes depuis que nous avons atterri à Saïgon. Mais de bande d'enfants, il n'y a pas. Nous sommes seuls. Ça, c'était ma crainte d'être enlevé par une bande de jeunes afin de soumettre mes parents à un affreux chantage. Elle s'envole. Mais s'envole aussi mon espoir. Mon ami est seul, tout fin seul. Pas l'ombre de mes parents dans les parages. Mon vendeur de cartes postales a vu mon visage s'affaisser tout à coup. Il s'approche.

— Tu vas pas te mettre à chialer ? T'es beaucoup mieux ici qu'en pleine rue, je t'assure. Tu n'auras pas froid. N'aie pas peur ; ici, y'a pas de vermine. Les draps sont presque propres et ta couverture est neuve. Qu'est-ce que tu veux de plus ? T'as de la chance. Cette nuit, on n'annonce pas de pluie. Parce que quand y pleut, on se ramasse souvent les pieds dans la flotte et pis y faut souvent tout reconstruire et tout faire sécher. C'est la merde ! Faut laver tous les vêtements. On n'a pas le choix. On va à la buanderie. Et pis là, faut payer. On n'a pas le choix. C'est à vous dégoûter de la vie. Et pis ensuite, faut trouver d'autres cartons pour les lits ; c'est pas de tout repos. Moi, j'ai réussi à les isoler avec de grands plastiques que j'ai chipés dans la planque du vieux Binh le jour où on l'a trouvé mort. Mais parfois, les plastiques, ça ne suffit pas. Y'était pas très vieux le vieux Binh. Vingt-cinq, peut-être trente ans. Je sais pas. Mais usé et la tête pas très d'aplomb si tu vois ce que je veux dire. De toute façon, trente ans, c'est très vieux quand on vit dans la rue. Faut se planquer avant la vingtaine, sinon tu crèves.

Il fait silence un moment, le temps d'éteindre son réchaud et de verser l'eau bouillante dans la jolie théière aux motifs chinois dans laquelle il a déposé quelques feuilles de thé. Puis il reprend.

— Moi, je crèverai pas dans la rue. J'ai mon plan. Je vais faire le prostitué, c'est très payant et pis pas trop fatigant. Tout se passe couché dans un lit propre. Tu passes la plupart de tes nuits dans de bons hôtels ou chez des bonnes femmes riches. Je vais me remplir les poches avec des vieux américains pleins de cash et pleins de remords et pis, quand je serai riche, je vais m'offrir une boutique dans le quartier de Nguyen Hué. Les hommes, c'est ça le mieux. Ils ont honte et ils paient mieux. Ils ont terriblement peur du scandale. Alors, ils te foutent la paix. Mais d'ici là, faut que je me trouve un toit et que je m'y installe. Un toit, ça sèche mieux qu'une terre de boue. Un toit, c'est rare. Mais c'est plus distingué quand on y amène ses premiers clients ; ceux avec qui on se fait la main... J'en ai repéré un. Faut que je me farcisse le propriétaire. J'suis pas encore prêt. Et puis les enfants ont encore besoin de moi. C'est une bonne *famille.* Elle rapporte assez pour voir venir. Dans un an, peut-être deux. Faut pas trop traîner pour faire le prostitué. On a vite l'âge dépassé si on n'y prend pas garde. Faut aussi que j'aie du poil, un peu, pas trop ; question de faire sérieux. On verra... Tu veux du thé ?

Il m'a versé du thé dans une des tasses fleuries dont il est si fier puis il m'a regardé intensément. Il avait quelque chose à me dire. Ses yeux brillaient tellement que j'ai cru qu'il pleurait.

— Toi, t'as une bonne famille ?

— Oui ! Assez pour vouloir la retrouver en tout cas.

— Demain on verra.

Il a détourné les yeux. Il a bu une gorgée de thé, toujours assis sur ses talons. Le silence a duré un moment. Finalement, il s'est tourné et m'a demandé d'une voix presque rude.

— Tu dis que tu as une bonne famille et je suis prêt à te croire. Dans ce cas-là, t'es chanceux. Tous les enfants, ici, te diraient la même chose. Y'en n'a pas un qui ne rêve pas d'avoir une famille comme la tienne et de vivre comme les riches. Mais t'es un *viet kieu*, ça se voit à tes fringues et à ton accent.

— C'est quoi un *viet kieu* ? T'es la deuxième personne à m'appeler par ce nom.

— Un *viet khieu*, c'est un con de déserteur ! Un de ces salauds qui ont quitté le pays quand ça allait mal et qui reviennent les poches pleines et qui nous regardent comme si on était de la merde. C'est ça un *viet kieu*. Et toi, t'es le fils d'un *viet kieu*. T'es gâté par la vie et tu comprends pas la chance que t'as. Ici, on a un proverbe : ne tire pas les moustaches du chat si tu veux pas être mordu.

— Je ne tire pas les moustaches du chat !

— Ah non ? Alors pourquoi t'as quitté le marché de Cholon ? Pourquoi tu m'as suivi ?

— Tu savais que je te suivais ? T'as su tout le temps ?

— J'ai su depuis le début. Dans la *famille,* on sait tout.

Je n'ai pas su quoi répondre. En fait, je ne sais pas ce qui m'a poussé à le suivre. Mais, ce soir, je suis si fatigué que je n'en ressens aucun remords. Alors, je le regarde un long moment encore en train de boire son thé, accroupi sur ses talons comme les vendeurs de fleurs au marché de Dalat. Les vendeurs de fleurs du grand marché de Dalat peuvent rester accroupis comme ça pendant une journée entière sans se fatiguer.

— Toi, t'en as une famille ? Je veux dire une vraie famille, lui ai-je finalement demandé.

Il est resté immobile à boire son thé et ma question est restée sans réponse. Une fois le thé terminé, il a fait la vaisselle dans une eau savonneuse. Il a sorti une grosse bouteille de savon *Ivory*. L'apparition impromptue de cette surprenante bouteille m'arrache un sourire. Je prends le torchon que me tend mon marchand de cartes postales et je me mets à essuyer la casserole et les tasses. Ça sent exactement ce que sent la vaisselle quand je la lave à la maison. Il y a quelque chose de réconfortant dans tout ça.

— Comme ça, t'as fait la connaissance de Gros Singe ?

— Gros Singe ?

— Oui ! le gros flic dans sa jolie voiture blanche.

— Ah oui !

— Fais gaffe ! C'est un tout mauvais, Gros Singe ! Une salope ! Tiens-toi loin de lui.

Je ne dis rien, mais je n'en pense pas moins. Comment mon copain, vendeur de cartes postales peut-il être au courant que son Gros

Singe est à ma recherche ? Je prends le parti de ne rien lui demander.

Après la vaisselle, nous discutons de tout et de rien, de ma vie au Québec, de la neige, de la fête de Noël. Mais je ne lui ai rien dit concernant le projet d'adoption. Un moment, il s'est tu. Il semble réfléchir. Ou plutôt, il semble visiter un monde intérieur, des souvenirs peut-être. Je ne sais pas.

— J'avais une famille aussi. Un matin, je n'en avais plus. Mon père et ma mère avaient foutu le camp. Je suis resté seul avec mon frère Thuanh de six ans mon aîné. J'en avais huit. Je ne me souviens même plus du visage de mon père ni de celui de ma mère. De toute façon, je les déteste. Et puis, pour survivre ici, il faut tout oublier et tout espérer... Thuanh a fait le prostitué pour qu'on puisse survivre. Mais il ne savait pas comment faire... Ne savait pas où aller ni comment chercher des clients. Ils est entré dans une *famille*. Une mauvaise *famille*. Nous y avons vécu trois ans. Mon frère y faisait toujours le prostitué. Un jour, il a disparu. Mon frère n'était pas fait pour vivre dans la rue. Il n'avait pas ce qu'il faut pour survivre. Non ! Il ne savait pas comment... Moi, quand je serai prostitué, je saurai... À cette époque, moi aussi j'ai disparu. La famille nous avait vendus, moi et mon frère...

Il a tourné son visage vers moi. Il y a de la tristesse dans ses yeux, de la rage et tant de force.

— J'ai jamais revu mon frère. Je n'ai aucun souvenir de ce qui a pu se passer après que nous avons été vendus à je ne sais pas qui. Tout ce que je sais, c'est qu'un matin je me suis retrouvé sur le pavé avec cette large cicatrice dans le dos, une boîte de pilules et un million de dongs dans mes poches. Tu te rends compte, un million de dongs ! J'étais millionnaire à dix ans ! Mais on fait pas de vieux os avec un million quand on est dans la rue... J'ai longtemps cherché mon frère. Puis, un matin, j'ai compris que je ne le reverrais plus. Alors, j'ai arrêté de chercher. Je suis revenu vers la *famille*. J'ai tué le *Cha*. Il s'appelait Hung, le gars. J'ai brûlé tous les abris. Ça fait trois ans de ça et on en parle encore dans toutes les *familles* de Saïgon. Hung était détesté par tous les autres *Chas*. Personne ne l'a regretté. Et pis moi, on me laisse en paix. On me craint, car tous les *Chas* savent que je sais tuer... Je me suis fabriqué ma propre *famille*. Et quand le vieux Binh est mort, j'ai pris le territoire. Ici, c'est le territoire de ma *famille* maintenant... Ensuite, je me suis mis à l'abri avec toute ma *famille ;* je me suis vendu à un *Cha lon*. C'est ce qu'il faut faire pour avoir la paix. C'est le plus important *Cha lon* de Saïgon. Il s'appelle Tri. Il fait le cyclo pour les touristes. Je le connaissais parce qu'il était aussi le *Cha lon* de mon ancienne *famille*. Celle qui nous a vendus, moi et mon frère. Mais il n'en savait rien. Souvent, il m'a répété combien la disparition de mon frère l'avait attristé. Il dit qu'il m'aime bien. Chaque semaine, je lui paye sa redevance et il me fout la paix. Contre cette ristourne, il protège la *famille*. C'est honnête.

Le silence qui suit est très lourd. Il a beaucoup parlé, mon petit *Cha,* mais il n'a pas tout dit. Tout ne se dit pas à un étranger. Mais je sais, je vois. Il ne l'a pas dit, mais j'ai cru entendre l'intérieur de son monde crier combien il aurait voulu avoir ma chance ; combien il aurait souhaité avoir une vraie famille. Il tire d'une boîte un objet qu'il me tend.

— Tiens, c'est à toi !

— Ma montre ! Comment ma montre est-elle arrivée jusqu'à toi ?

— Quel est ton nom ? me demande-t-il en guise de réponse.

— Thinh !

— Moi, je m'appelle Tran Quân. Mais ici, on m'appelle Cuu Long. C'est le nom dont je veux qu'on se souvienne quand on parle de moi : Cuu Long.

12

C'EST AINSI QUE S'EST PRODUITE MA PREMIÈRE RENCONTRE AVEC CUU LONG. CE NOM ÉTRANGE M'AVAIT FORT IMPRESSIONNÉ. *NEUF Dragons*, ce n'était pas banal ! Ça inspirait la force et ça poussait au respect. Mais j'ignorais tout des origines de ce nom. Je ne savais pas qu'il s'agissait en fait du surnom qu'on donnait au fleuve près duquel il était né : le Mékong.

Quant à moi, je n'en menais pas large ce soir-là. Ma présence auprès de cet garçon avait tout de même eu pour effet de calmer mes angoisses les plus criantes. Les discussions que nous eûmes m'avaient fait oublier, un moment, que j'étais perdu et seul au monde. Une chose au moins était réglée : je n'avais plus faim. Mais j'étais épuisé et je fus peu attentif à ce qui se passa par la suite.

Les membres de la *famille* sont rentrés de leur journée de travail un peu après neuf heures. Ils se sont réunis dans l'abri de Cuu Long. Ils me dévisagent chacun à leur tour. Cuu Long, sans prendre le temps de me jeter le moindre regard, sans non plus s'inquiéter d'expliquer ma présence à ses garçons, dit simplement d'une voix distraite : « C'est mon frère. » Ça suffit pour calmer leur curiosité à mon égard. Je suis impressionné par l'autorité qui émane de mon compagnon. Pour ces garçons, pas plus de treize ou quatorze ans, la plupart moins de dix, il représente véritablement un chef ; plus que ça, un père, leur *Cha*. Et c'est comme ça qu'ils le regardent, avec respect et amour, oui, c'est ça, avec l'amour filial si particulièrement chargé de sens au Vietnam. Un *Cha* qui explique, qui ordonne, qui punit et qui console. Il m'est impressionnant de le voir distribuer compliments et reproches, de le voir surtout consoler cet enfant, le benjamin de la troupe.

Pas plus de six ans, j'en jurerais. Il s'est fait gifler par une vieille dame qui lui a déchiré sa chemise en le bousculant. Il pleure. Manifestement, il a eu peur. Cuu Long lui offre une autre chemise. Puis voyant que ce cadeau ne parvient pas à calmer le chagrin de l'enfant, il le prend dans ses bras, le berce. L'enfant s'endort blotti contre lui. Juste avant, Cuu Long lui a dit : « Demain, mon chou, tu ne vas pas travailler. Tu restes avec papa et on va à Cholon te trouver une chemise à ton goût et quelques friandises. »

L'enfant a souri. Cuu Long s'est levé et il est allé le coucher sur un petit lit que je n'avais pas vu, et qui est pourtant là, juste à droite, derrière le grand lit de cartons. Sur le lit, je remarque la douillette, jolie, avec des motifs de *Mickey*. Il semble presque confortable, ce lit d'enfant. Lap s'y roule en boule et s'endort aussitôt.

J'ai remarqué que Cuu Long n'a pas utilisé le mot *acheté* quand il a proposé à l'enfant de lui procurer une chemise neuve à son goût. Il a plutôt utilisé le mot *trouvé*. Cuu Long, la *famille*, et sans doute en est-il ainsi pour tous les enfants de la rue, n'achètent jamais rien : ils trouvent. D'ailleurs, la suite de la réunion a commencé par ces mots.

— Alors, Liem ! (C'était le garçon le plus âgé de la famille, en tout cas le plus grand, avec une acné très prononcée ; un garçon un peu niais à vrai dire et maigre, très maigre) qu'est-ce que t'as trouvé ?

C'est à partir de ce moment-là que je me suis désintéressé de ce qui se passait dans l'abri. Par discrétion au début, par manque d'intérêt par la suite.

Le visage de mon père, celui de ma mère harcèlent à nouveau mes pensées. Je me demande si un jour je les retrouverai. Je m'en veux de n'avoir pas porté plus attention à la maison de ma grand-tante : sa forme, sa couleur, son adresse surtout, tout au moins le nom de la rue. Mais j'étais si en colère, et j'étais si préoccupé par mes états d'âme que je n'avais d'intérêt pour rien. Je m'en veux de mon égoïsme, de mon mauvais caractère durant les dix derniers jours ; de cette jalousie incontrôlée à l'égard d'une petite fille qui ne m'a rien fait et que j'appelle si malicieusement la singeronne. Je sais qu'il ne me faudrait qu'un peu de bonne volonté pour l'aimer. Mais je la lui ai refusée. J'ai fait preuve d'insensibilité à l'égard d'une enfant qui a, bien plus que moi et en une bien plus courte période, emmagasiné assez de douleurs pour toute une vie. Alors que moi...

La *famille* s'est séparée une heure plus tard après avoir mangé les saucisses et le riz que Cuu Long leur a préparés. J'ai refusé une portion. On a réveillé l'enfant et c'est Cuu Long qui lui a servi son repas dans une belle gamelle décorée du visage de *Charlie Brown* en joueur de baseball. Il l'a aidé à couper sa saucisse et a ajouté quelques couronnes de brocoli à sa portion de riz.

— Tu dois prendre des forces, Lap. Mange !

L'enfant lui a souri malgré le sommeil qui alourdit ses paupières. Cuu Long l'a ensuite lavé, il lui a mis un pyjama (chose rarissime au Vietnam où la plupart des enfants couchent en simple slip). Il l'a bordé dans son lit. Il lui a ensuite raconté une histoire de princesse, puis l'enfant s'est à nouveau endormi. Une maman attentionnée n'aurait pas fait mieux.

— Je l'ai trouvé sous une pile de détritus il y a deux semaines, me confie mon ami après que l'enfant se fut rendormi. C'était près du canal Tran Xuan, dans le district quatre. Il était sale, affamé. Y'avait rien qu'une culotte plus crottée que lui sur le dos. J'ai attendu toute la journée pour savoir si quelqu'un viendrait le prendre, même si je savais très bien que ce ne serait pas le cas. Quand la nuit est tombée, je l'ai amené dans la *famille*... Il dort avec moi. Il fera un bon garçon, s'il réussit à vaincre sa peur. Mais avant tout, il doit aussi apprendre le métier. Quand il l'aura appris, il deviendra sans doute un bon *Cha*. Qui sait ! Peut-être qu'il trouvera une vraie famille qui voudra l'adopter. Il est jeune. Il est très beau. J'espère qu'il s'en sortira sans faire le prostitué. C'est dur de faire le prostitué. Mais s'il doit passer par là, alors il en aura la force. Il survivra. Je peux lui donner au moins ça.

Sur le moment, je me suis demandé si Cuu Long n'exprime pas ses propres hantises, sa propre peur à travers tous les espoirs qu'il met en ce jeune garçon qu'il connaît à peine. Peut-être, sans doute un peu, est-ce sur lui-même qu'il pleure sans pleurer. Mais les paroles qu'il dit sont émouvantes et elles haussent d'un cran ma propre culpabilité. Cuu Long sait être compatissant à l'égard des autres, il est attentif comme une mère aux besoins d'un enfant qu'il ne connaît pas, alors que je n'ai manifesté que du mépris pour un être qui va bientôt devenir ma sœur.

Malgré toute la considération que j'éprouve pour mon nouvel ami, je ne peux tout de même m'empêcher de penser que Cuu Long n'agit peut-être pas dans les meilleurs intérêts de l'enfant. Car s'il est vrai que la meilleure chose qui puisse arriver à Lap soit de se faire adopter par une bonne famille vietnamienne, pourquoi alors Cuu Long ne l'a-t-il pas tout simplement conduit dans un orphelinat ? Après tout, il est vrai que Lap est un très bel enfant et qu'il est encore assez jeune pour inspirer l'amour et la tendresse à un couple en recherche d'un enfant à adopter. La question me brûle les lèvres. Mais je prends le parti de ne pas questionner Cuu Long sur le sujet.

Nous nous sommes couchés une heure plus tard. Je suis complètement groggy par la fatigue. Nous nous enroulons, Cuu Long et moi, sous les deux couvertures et je m'endors aussitôt, la tête appuyée sur son épaule.

Je suis étonné de me réveiller très tôt le lendemain matin dans la même position. Cuu Long dort encore. Je n'ose pas le réveiller et je reste étendu dans le grand lit de cartons. La fatigue me revisite et je sombre à nouveau dans un profond sommeil. Le soleil est très haut dans le ciel quand Cuu Long me réveille. Il est plus de dix heures du matin. La chaleur est déjà cuisante dans l'abri.

Dans cette lumière crue, le lieu prend une autre allure. Je constate jusqu'à quel point l'installation est sommaire. Tout est propre et bien rangé, mais il y a de larges entailles dans les toiles qui servent de murs, révélant un âge avancé de la fibre de plastique et bien des problèmes en cas de pluie.

Une heure plus tard, nous partons pour le grand marché de Cholon où ont commencé mes difficultés présentes. Lap marche devant nous. Il est habillé proprement, bien coiffé. Il termine un *choa quaï**. J'ai accepté celle que me tend Cuu Long. Il est tout heureux que je ne refuse pas son cadeau chapardé à la boulangerie du marché local.

— Je connais la propriétaire, m'explique mon vendeur de cartes postales en mâchouillant un bout de son propre beignet. Elle fait semblant ne pas me voir quand je lui chipe ses pâtisseries. Mais en fait, elle le sait bien. Le matin quand je passe, il y en a toujours trois ou quatre qui traînent sur le comptoir, placés là pour que je n'aie pas à m'étirer. Je ne prends que ce dont j'ai besoin. Si je suis seul, je ne prends qu'un *choa quaï*. Jamais rien d'autre. Question de respect pour la clientèle.

Tout ce brigandage un peu bizarre, cette légalité tout illégale, ce marchandage de bons procédés me laissent un peu pantois, voire carrément perplexe. Décidément, le Vietnam ne cessera jamais de me surprendre. Mais comment en vouloir à mon ami ?

Cuu Long me ramène vers mes parents. Pendant le petit déjeuner, je lui ai demandé de me ramener au Grand Marché. Il n'a dit ni oui ni non. Vingt minutes plus tard, tenant Lap par la main, il m'annonce qu'on part pour Cholon. J'ai la certitude que s'il y a un endroit au monde où j'ai une chance de retrouver mes parents, c'est au Grand Marché. Je suis convaincu que mes parents doivent déjà être en train de m'y

* Choa quaï : long beignet frit légèrement sucré au miel.

chercher. C'est sûrement de là qu'on reprendra les recherches. C'est la chose la plus vraisemblable.

Quand je lui ai parlé de ma théorie, mon ami n'a ni acquiescé ni démenti. Il a simplement dit : « Y'aura plein de bœufs jaunes. Faudra faire gaffe. » Sans qu'il ait besoin de préciser quoi que ce soit, j'ai vite compris à quoi l'expression *bœufs jaunes* faisait référence.

Il est onze heures quarante-huit. Voilà plus de cinquante minutes que nous marchons. Nous suivons la rue Do Ngoc Thach jusqu'au canal Ben Nghe. De là, nous tournons à droite sur Phan Van Khoe jusqu'au Grand Marché. Nous sommes devant l'entrée principale. À une centaine de mètres environ. Deux cars viennent de vider leur contenu de touristes en bermudas et petites visières.

— On ne peut pas laisser passer cette manne, me lance Cuu Long en me tendant une pile de cartes postales. Ce sont de gros Américains, sans doute d'anciens G I's, très culpabilisés et prêts à se racheter en nous prenant quelques cartes qu'ils nous paient le double du prix. Lap, surveille les *bœufs jaunes !* Thinh, tu viens avec moi ! C'est ton initiation à la vente par sollicitation ; une activité tout à fait légale au Vietnam.

— Mais comment je fais ? C'est quoi le prix ?

— Tu leur bazardes cinq cartes pour cinquante mille. Ils vont t'en donner cent, mais t'as pas de monnaie. T'as bien compris ? C'est là, l'astuce. Tu prends un air contrit, un brin affamé, pas trop, t'as un large sourire. Et pis tu les touches. Ils aiment qu'on leur flatte la panse. Ils se croient encore séduisants avec leurs immenses bedaines dégueulasses, les cons !

Alors, je me mets à la remorque des touristes. Ils sont gros, pansus, ils parlent fort, ils rient fort. Les femmes sentent le parfum bon marché, les hommes, l'*Aqua Velva*. Pas de doute, ce sont bien des Américains. Je m'acharne sur les deux plus gros. Ils me sourient, feignent ne pas vouloir de ma camelote. S'arrêtent, jettent un coup d'œil.

— *How much ?*

Je feins ne pas comprendre. Ils répètent en glissant cette fois l'index sur leur pouce, signe universellement reconnu pour signifier argent. Je leur fais cinq avec les doigts en leur présentant une série de cinq cartes de l'ancienne Saïgon en noir et blanc. Ils se mettent à rire en faisant de grands signes de la tête. Et les deux gros rats me donnent 5000 dongs pour les cinq cartes. Je m'insurge. Je fais alors cinq et cinq et cinq et cinq et encore cinq avec les doigts de ma main libre pour bien leur faire comprendre leur méprise. Ils rougissent, les cons. Ils rougissent comme s'ils imaginaient me voler en m'offrant 5000 dongs alors que c'aurait été un prix presque honnête. Les deux gros bonshommes me glissent 100 000 dongs chacun en échange de mes cinq cartes postales. Je fais signe que je n'ai pas de monnaie. Ils sourient, presque soulagés de me faire comprendre que je peux garder le tout. Cuu Long a bien raison. Les Américains qui visitent le Vietnam sont pétris de culpabilité qu'ils cherchent à troquer dans une prodigalité sans limites.

Je m'essaie cette fois sur deux grosses dames rougeaudes, le cou disparu sous l'épaisseur ravalée de leur triple menton, le nez couperosé. Elles ne me regardent même pas. Elles dandinent leur énorme arrière-train à la remorque des deux gros hommes en se parlant à voix haut perchée. On dirait deux dindes entortillées dans de larges colliers de fausses perles. De leurs mains baladeuses, dans des gestes chargés de mépris, elles me frôlent la joue comme le ferait un cheval de sa queue pour se débarrasser des mouches. Cuu Long a tout vu. Je vois ses lèvres se serrer de colère. Il s'approche des deux dindes, les minaude, les harcèle de son plus joli sourire et de ses regards enjôleurs. Un peu plus, on croirait qu'il les drague. Elles ne cessent de caqueter tout en rendant sourire pour sourire à ce vendeur si typiquement sympathique. Elles lui ont pris ses cartes après les avoir marchandées. «10 000 dongs pour cinq. Du vrai vol ! » se serait écrié Cuu Long en toute autre circonstance. Mais cette fois, il a de quoi être fier. Il a tiré des deux dames bien plus que le prix des cartes.

Elles n'ont rien vu, les dindes ! Désormais, leurs bras coussinés de chairs dolentes se balancent, orphelines de leurs montres.

— Elles ne valent pas cher, rigole Cuu Long en me montrant discrètement sa prise. C'est de la vraie camelote. Mais ça va les enquiquiner. On reste pas ici. Viens Lap ! Suis-moi, Thinh.

13

Nous nous dirigeons vers l'extrémité ouest de la grande place du marché de Cholon. Ici, il n'y a plus trace de touristes. Il y a pourtant une foule particulièrement dense et bruyante. Des marchands pour beaucoup, noyés dans une mer de Chinois et de Vietnamiens pressés.

— C'est la journée des enchères, m'explique Cuu Long qui essaie de se frayer un chemin en tenant solidement la main de Lap que la chaleur semble avoir engourdi. Cuu Long, lui, ne paraît pas souffrir de la chaleur étouffante ni de l'humidité qui doit frôler les cent pour cent.

Quant à moi, je sue et je peste contre ce soleil de plomb et cette humidité si aquifère qu'on pourrait voir des poissons surgir de l'eau et se mettre à voler en plein ciel. Mon ami nous a entraînés vers une échelle ascensionnelle qui longe l'arrière d'un mini-hôtel crasseux situé tout près de la place du marché. Il nous fait monter.

— Pas de bruit surtout. J'ai pas envie d'avoir le proprio sur les talons.

Nous sommes montés sur le toit, quatre étages plus haut. Heureusement, l'endroit est en partie ombragé par un énorme *cay sau* *rieng**. Le lieu est presque paradisiaque. Une brise légère calme l'aigreur du temps et assèche ma peau. Sous le feuillage de l'arbre, l'air est presque respirable. Je m'étends par terre pour reprendre mon souffle.

Cuu Long m'a laissé la garde de Lap pendant qu'il s'approche prudemment du bord de la toiture qui donne sur la grande place du marché de Cholon. Il y reste accroupi un long moment à scruter l'endroit. Il semble inquiet quand il revient. Il ne dit rien. Je ne lui pose aucune question.

Il tire une branche qui traîne, plus basse que les autres, trop lourdement chargée de ses étranges fruits ovoïdes à l'épaisse enveloppe épineuse : le durian. Moi, je ne connais pas. Cuu en détache un puis relâche la branche. Il fracasse l'énorme calebasse contre un piquet de bois qui saillit du toit. Il arrache une partie de l'écorce. Un jus jaunâtre s'en échappe et mouille les mains de mon ami qui s'essuie nonchalamment sur son pantalon. Il me présente le fruit. L'intérieur est gonflé de grosses boulettes de chair jaunâtre donnant l'impression d'un amas de tripes. Et cette odeur ! Mon Dieu, cette odeur ! Horrible ! Des effluves d'égouts ! Et le goût ? Nauséeux ! Un goût de chiasse ! Mais les deux garçons ne semblent pas incom-

* Cay sau rieng : immense arbre au large feuillage donnant un énorme fruit épineux à la chair amère et au parfum très désagréable, mais aussi très apprécié par les Vietnamiens.

modés par cette pestilence. Ils se gavent à même la chair filandreuse, les deux mains dedans. Je me suis mis sous le vent pour échapper à ces évanescences de fond de poubelles.

Cuu Long ne dit rien, il mange. Entre deux bouchées, il me regarde en riant.

— Dommage que t'aimes pas ça ! C'est très rafraîchissant.

Je n'ose lui dire que je préfère encore crever de soif que de m'empiffrer de ce fruit démentiel. Ce que je fais d'ailleurs. Car aussi bien vous dire : je crève de soif. Mais tant pis !

Cuu Long étend ses jambes et Lap est venu se coucher, la tête appuyée sur les cuisses de son *Cha*. Mon ami lui caresse doucement la tête comme on flatte un chat. L'enfant se laisse faire puis il finit par somnoler.

— Y'a du *bœuf jaune* à profusion, murmure mon ami d'une voix distraite tout en regardant dormir son enfant. Et pis y'a aussi plein de *cravates*. C'est pas normal.

— C'est quoi des *cravates* ?

— Des policiers en civil ! Des flics qui n'ont pas beaucoup le sens de l'humour. Ils sont pas de la police. Ils sont du Bureau d'État de la Prévention des Crimes. C'est eux qu'on appelle pour les affaires de corruption, les enlèvements, le trafic de drogue, les crimes d'origine étrangère ou touchant des étrangers, la mafia chinoise ; tout ce qui pourrait avoir des répercussions négatives sur la réputation du pays à l'étranger. Ils sont corrompus jusqu'à l'os. Ils commettent eux-mêmes des vols et des crimes qu'ils mettent ensuite sur le dos du crime organisé. Et, bien sûr, ils conservent les recettes de leurs vols. Quand ils confisquent des biens, ils en gardent une bonne partie qu'ils revendent ensuite au marché noir. Ce sont des pourris. Crois-moi. Vaut mieux ne pas tomber dans leurs sales pattes !

— Mais pourquoi ils sont là ?

— T'en n'as pas une petite idée ?

— Non.

— Pour toi, pardi ! Je ne sais pas ce que tes parents ont pu leur raconter, mais ils prennent ça très au sérieux.

— Alors ça veut dire que mes parents sont sûrement là ?

— Peut-être, mais pour le savoir faudrait aller vérifier sur place. Et c'est assez risqué ...

— Risqué pour qui ?

— Pour moi entre autres, pour Lap ensuite et pour toi aussi.

— Pour moi ?

— D'après ce que j'ai vu hier soir quand Gros Singe est sorti de sa voiture et qu'il s'est approché de toi, tu ne lui as pas sauté au cou. J'ai même eu l'impression que tu n'étais pas en bons termes avec ce gentil monsieur. Je ne sais pas quelles sont tes raisons de t'en méfier, mais j'aurais tendance à te donner raison. Les flics, c'est tous des communistes, des pourris, des trafiquants d'enfants. Mais lui, c'est le pire de tous. Et je te signale en passant que Gros

Singe est là, en première ligne. À ta place je continuerais à me tenir loin de lui, si tu veux rester en bonne santé.

— Que veux-tu dire ?

— Simplement que s'il a décidé de régler ton compte, ce n'est pas la présence de tes parents, à supposer qu'ils soient là, qui vont l'en empêcher.

Il dégage délicatement la tête de l'enfant et dépose le petit corps endormi sur le plancher du toit. L'enfant se recroqueville sur lui-même, bâille, agite son bras. Puis sa respiration reprend un rythme régulier. L'enfant se rendort.

Cuu Long s'approche à nouveau du rebord du toit et reprend son inspection de la grande place du marché. Moi, je suis resté là un peu hébété. Les dernières paroles de mon ami m'ont complètement pris au dépourvu. J'ai eu l'impression, une fraction de seconde, d'entendre la voix de ma grand-mère. À peu de choses près, c'est exactement ce qu'elle m'écrivait dans sa lettre d'adieu. Je me rends soudain compte que *ba gnoaï* n'avait peut-être pas tort de s'inquiéter. Avec ce qui m'arrive depuis hier, peut-être serait-il sage que je prenne au sérieux ses derniers conseils.

Cuu Long me fait signe. Je le rejoins. Du doigt, il pointe cinq endroits sur la place, tout près de l'entrée du marché.

— Observe bien ! J'ai détecté cinq *cravates*. Ces cons sont en civil. Mais ils se détachent tellement du lot que, même en uniforme écarlate avec des grosses rayures jaunes, ils ne seraient pas plus visibles. Pantalons noirs, chemises blanches à longues manches, cravates noires, lunettes fumées. Ce sont les seuls sur tout le marché, à part les touristes, à arborer des verres fumés. Et puis, ils ont chacun un micro sur le revers de leur col de chemise.

— Je les vois. J'en vois trois, non quatre !

— Observe-les bien, mon frère. Ils sont peut-être cons, mais ils sont aussi et surtout très dangereux. On en voit cinq, mais y'en a sûrement autant aux autres entrées et à l'intérieur. Décidément, ils mettent le paquet. Je n'en ai jamais vu autant. Dis-moi : ton père serait pas un de ces cons de diplomates qui ont envahi Saïgon ces dernières années ? On en voit traîner partout dans les beaux quartiers. Y'en a tellement qu'on ne les distingue plus du lot.

— Non. Mon père tient un dépanneur !

— Un quoi ?

— Un petit magasin, si tu préfères. À Montréal.

— Montréal ? C'est où ça ?

— C'est au Québec.

— Le Québec ? C'est où ça ?

— Au Canada. En Amérique du Nord. Sur la planète Terre ! Tu connais au moins la planète Terre ?

Je ne sais pas pourquoi, mais son ignorance m'a mis en rogne. La chaleur sans doute. La fatigue, la nervosité. Enfin, n'importe quoi !

Ne pas savoir où se trouve le Québec quand même... Faut pas charrier. Tout le monde connaît le Québec. Y'a que les ignorants qui...

— Fais pas le finaud avec moi, p'tit frère ! me lance Cuu d'une voix amère. C'est pas moi qui suis perdu à Ho Chi Minh Ville.

Il m'a fallu quelques secondes pour me remettre en mémoire que Ho Chi Minh Ville était le nom officiel de la ville de Saïgon.

— Je sais peut-être pas où se trouve ta planète Terre, comme tu dis. Je ne sais peut-être pas non plus où se trouve le Canada, mais je m'arrange au moins pour pas m'y perdre. Je reste ici, chez moi. Alors tu rigoles pas avec moi en essayant de te faire passer pour plus brillant que tu l'es. Compris ? Et pis toi, le petit seigneur, tu savais où se trouvait le Vietnam avant d'y venir ?

Il a cessé net de parler. Il concentre son regard sur la place. Il ne porte aucune attention à ce qui s'y passe. Manifestement, il ne digère pas le fait que je me sois moqué de lui.

— Je m'excuse.

— J'suis sûr que non, tu savais pas ! Pauvre con ! C'est pourtant d'ici que tu viens. Et tu savais même pas où c'est. T'es vraiment qu'une merde de touriste ! ... Et alors ça te plaît, notre pays ? Ça ne sent pas trop mauvais au moins ? Et toutes ces poubelles, ces rats, et ces arroyos aux eaux noires et huileuses, ça ne te soulève pas trop le cœur ? Et les pauvres enfants de la rue ? J'espère que tu vas envoyer quelques sous de ta tirelire pour qu'on puisse retourner à l'école avec, en prime, une gentille lettre de ma part trois fois par année minimum pour t'assurer de ma reconnaissance éternelle et de celle des trois prochaines générations... Pauvre con ! Tous des enculés de touristes ! Tu ne vaux pas mieux que les autres. Vous êtes tous pareils. Vous ne valez pas la merde que vous chiez !

— Ça va, je me suis excusé !

— Va te faire foutre, toi et tes excuses de merde !

— Ah pis ! Va donc chez le bonhomme, si t'es pas content !

Je ne sais pas comment j'ai pu lui dire ça ! Et en français en plus ! Il en reste coi. Il me regarde sans rien comprendre à tout ce que je lui dis. Car je n'ai pas arrêté de lui parler. Et tout ce que je lui dis, c'est en français que ça sort. Comme un rot trop longtemps retenu.

— Tu te prends pour qui, monsieur Neuf Dragons ? Un Cha ? Mon cul, les Cha-Cha ! T'es encore plus con que moi parce que toi, tes histoires, tu y crois ! Le Canada, le Québec, Montréal, tu connaîtras jamais parce que t'es simplement un ignorant, pis un imbécile qui se prend des grands airs de matamore, mais qui chie dans sa culotte rien qu'en pensant à ce qui l'attend pour le reste de sa vie. Faire le prostitué ! Imaginez-vous donc si c'est-y pas intelligent ! Pis tu penses que c'est en vendant ton petit cul aux touristes américains que tu vas... Pis tu me fais chier ! D'abord, j'viens même pas du Vietnam. Je suis né à Montréal. Je suis Québécois et je parle français au cas où t'aurais pas remarqué. Ton maudit pays de merde, je voulais même pas y venir. Mes parents m'ont emmené de force. Si j'avais pu, je serais certainement resté chez moi avec ma grand-mère !

Et vlan, dans les gencives ! Je suis retourné sous le gros arbre. Je me suis couché sur le dos et je regarde le soleil se découper en mille miettes dans le feuillage. J'ai les yeux remplis de larmes, de colère. Plein de rage ! Plein de regrets ! D'humiliation aussi : celle de devoir ma sécurité à cet imbécile qui se prend un nom de fleuve pour se donner de l'importance, mais qui ne sait même pas où elles s'en vont, ces eaux. Dans la mer de Chine, pauvre ignorant ! Tu t'appelles Cuu Long, mais tu ne sais même pas c'est quoi la Mer de Chine. Je ne connais pas le Vietnam et je ne savais pas où c'était avant d'y venir, mais au moins je sais que le Vietnam se trempe les orteils dans la mer de Chine à l'est et dans le golf du Siam à l'ouest. Ah ! alors, c'est qui le plus con des deux ? Moi, qui le suis un peu moins chaque jour ou toi qui l'es un peu plus ?

Mes lèvres se sont mises à trembler. Il m'a fallu un effort considérable pour ne pas perdre la face et me mettre à chialer devant lui. Il en aurait été trop fier.

Et puis il a éclaté de rire. Sur le coup ça m'a mis dans une de ces rages... Mais j'ai bien vu que Cuu ne se moquait pas, enfin pas de moi.

— *Tôi hoàn toàn không hiêu anh noi gi nhung tòi dong y vòi anh !* me lança-t-il de son plus beau sourire. (J'ai absolument rien compris à ce que tu m'as dit, mais je suis d'accord avec toi.)

Je l'ai regardé un instant, puis ça a été plus fort que moi. J'ai éclaté de rire, moi aussi. Si fort, nous rions et si longtemps que nous finissons par réveiller Lap.

Puis Cuu Long s'est levé, il a pris l'enfant par la main et il est redescendu après m'avoir demandé de l'attendre ici.

— Ce sera pas très long. Quelques commissions.

J'ai attendu un bon quarante-cinq minutes, seul, en proie aux plus vives inquiétudes. Et si l'idée lui était venue d'aller négocier ma reddition avec les flics ? Ça se pourrait bien. Après tout, je ne le connais pas vraiment ce gars-là ! Et il est parti si vite sans me laisser le temps de réfléchir, sans me dire ce qu'il allait faire. Des commissions ! C'est n'importe quoi, des commissions ! Et pis, il riait, non ? Et s'il ne riait pas de moi, de quoi riait-il ? De rien peut-être. Il riait peut-être seulement de bonheur en pensant à la rançon qu'il se préparait à recevoir en échange de ma reddition. Après tout, il semble bien le connaître Gros Singe ! Parce qu'il n'ira certainement pas négocier avec les *cravates* qu'il semble craindre comme la queue du diable. Non. C'est à Gros Singe qu'il a décidé de me vendre.

J'attends un autre dix minutes. Ils ne reviennent pas. Les négociations sont plus longues qu'il ne croyait. Je ne fais ni une ni deux, je prends la décision de me livrer aux *cravates.* Je m'approche du bord du toit. Malgré la hauteur où je me trouve, j'en repère un qui me semble moins grand et moins costaud que les autres. Si le danger se précise au moment de ma capitulation, peut-être aurai-je une chance de me défendre contre celui-là avec un bon coup bien placé dans les testicules.

Je m'apprête donc à quitter le toit à mon tour quand j'entends des voix en provenance de l'échelle par où nous sommes montés, une heure plus tôt. C'est sûrement la police. Ils ont découvert ma cachette. Un long frisson me ramollit le corps. Mou. Ben, ben mou. Une méduse échouée sur une plage par une nuit de pleine lune, une huître sans coquille, un homard sans carapace, du Jell-O aux bananes en dehors de son bol, moi tout nu sur la rue Sainte-Catherine en plein samedi après-midi ensoleillé.

Ce que je redoutais le plus s'est produit. J'ai été dénoncé par ce traître de Cuu Long !

Je n'aurai à me livrer à personne. Cuu Long l'a fait à ma place. Il a révélé ma présence sur le toit. Sans doute aux *bœufs jaunes*.

« Qu'espérais-tu, bonhomme, d'un garçon de ton âge qui vit dans la rue depuis six ans, qui se prend pour un *Cha* et qui farfouille dans les ruelles avec un enfant sur le dos qu'il confond avec une poupée ? Tu l'as bien mérité ! Et là, t'es fait comme un rat. La seule sortie possible est encombrée de *bœufs jaunes*. Tu vas aller en prison et ça va coûter une fortune à tes parents pour te sortir de là. Tant pis ! Pas mécontent que l'aventure soit finie ! »

Je tends à nouveau l'oreille. Les voix sont devenues plus nettes, plus fortes aussi. On semble en désaccord quelques étages plus bas. Sans doute qu'ils s'engueulent pour mettre au point la tactique pour la prise d'assaut. Ou bien, les *bœufs jaunes* se disputent la propriété de la proie. Étrangement, ils ne semblent pas être très nombreux, deux ou trois tout au plus. En écoutant mieux, une voix semble plus aiguë que les autres. Elle me paraît familière. C'est celle de Cuu Long. Je jette un coup d'œil à l'échelle. En effet, c'est bien lui. Il est là, mais pas l'ombre d'un seul flic.

Il discute avec un vieux bonhomme, un Chinois, qui semble vouloir lui interdire l'accès à l'échelle. La discussion est animée. On parle de prix. De paiement de quelque chose, de service promis depuis deux mois mais jamais rendu. Finalement, la discussion prend fin. Le vieux bonhomme a un étrange sourire. Même de là où je suis, je vois qu'il est tout en sueur. Cuu Long a demandé à Lap de ne pas bouger, de l'attendre. Le vieux Chinois l'a fait entrer. Ils ont fermé la porte derrière eux. Le silence a duré une dizaine de minutes. Cuu Long est ressorti. Il est seul. Il attrape l'enfant par la main d'un geste brusque. À nouveau, les deux quittent la cour de l'hôtel et se perdent dans les rues encombrées de Cholon. Ils reviendront une heure plus tard.

Cuu Long cognera à nouveau à la porte du vieux Chinois qui lui ouvrira avec toujours ce même large sourire inquiétant. Ils resteront enfermés une bonne demi-heure cette fois. Cuu Long en ressortira la chemise tout de travers qu'il reboutonnera en silence. Lap et lui grimpent finalement à l'échelle en silence. Dans ses mains, Lap tient deux sacs. Il a une casquette neuve sur la tête.

Cuu Long n'est pas en colère quand enfin il se dresse devant moi. Il est simplement un peu déglingué. Je lui fais un grand sourire. Je lui tends la main. Je vois bien qu'il a les yeux couleur de feu avec un peu d'eau dedans. Je vois bien qu'il s'est passé quelque chose en bas. Mais je suis si soulagé de le revoir que je ne pose aucune question. Je lui saute au cou. Je l'aurais embrassé je crois, tellement je suis soulagé. Il murmure d'une voix fatiguée :

— *Anh lam Chao toi hao ton nhieu lam !* » (Tu me coûtes cher, toi, tu sais ! Très cher !).

14

CUU LONG FAIT SIGNE À L'ENFANT DE ME DONNER LES SACS. JE LES OUVRE. ILS CONTIENNENT UN PANTALON DE TOILE, UN TEE-SHIRT et des souliers de toile blancs. Je regarde mon ami sans trop comprendre où il veut en venir. Lap a toujours sa nouvelle casquette sur la tête et il sourit.

— Ce sont tes nouveaux vêtements. Il n'est pas question que tu te déplaces dans le marché de Cholon habillé de cette manière. Tu te ferais repérer par les *cravates* en moins de dix secondes. Et pis, t'en fais pas, je les ai payés. Fallait. C'est pas le moment de faire sonner les alarmes. Mais ça, tu le dis à personne.

— Quoi donc ?

— Que j'ai payé. La *famille* croirait que je perds la main. C'est la première fois de ma vie que je paie quelque chose. Ah oui ! tu peux dire que tu me coûtes cher !

— Mais où t'as pris l'argent ?

Cuu Long a un grand sourire malicieux et il me montre un portefeuille rempli de quelques billets de 5000 dongs. Six en tout. Trente mille dongs : 3 $. Pas une fortune.

— Un vieux Chinois, la bouche pleine d'or ! me lance Cuu Long un peu déçu. Mais pas de chance, cette poule, les coqs l'avaient déjà plumée. Le jour des enchères, on en trouve beaucoup des comme ça, les poches bien garnies. On n'a qu'à se servir. Lap m'aide beaucoup. Il pleure en feignant d'avoir perdu sa maman. Il se pend aux jambes de ces vieux messieurs. Les vieux sont toujours les mieux garnis. Pendant qu'ils le consolent, Lap en profite pour leur tâter les poches. Quand il a découvert dans laquelle se trouve le trésor, il s'échappe en criant « Maman ! Maman ! ». Et moi, j'ai plus qu'à cueillir l'oseille. Bien sûr, c'est une opération risquée, surtout quand la place est remplie de flics comme c'est le cas aujourd'hui, mais là, je n'avais pas le choix. On n'a pas eu de chance. À peine 200 000 dongs. Assez pour t'acheter quelques fringues. Il te fallait un chandail, des pantalons et des godasses, ajoute-t-il en tirant chaque morceau d'un grand sac de papier... Je connais pas ta taille, j'ai pris à peu près.

Il m'arrache des mains le tee-shirt qu'il vient de me lancer. Il étire le rebord du col, chiffonne le tissu. Il regarde un moment son œuvre, la trouve incomplète, fait sauter une longueur de couture dans l'entournure d'une manche, puis il s'essuie le visage avec. À nouveau, il tient le chandail devant ses yeux, l'examine avec, cette fois, le sentiment du travail accompli.

— Tiens, enlève ta chemise et mets ça. Faut pas faire trop bien habillé. Faut pas attirer l'attention.

Avec la même application, il défait la bordure du pantalon, frotte le devant du vêtement contre les aspérités du revêtement du toit Un accroc se fait ici, une large tache verdâtre se dessine là. Le tissu s'est lustré. Le pantalon est gâché. Il fera la même chose avec les souliers de toile jusqu'à ce que de larges entailles apparaissent du côté du renflement du petit orteil. Les souliers blancs deviennent grisâtres grâce à l'application soignée d'une généreuse couche de suie arrachée des parois de la cheminée de tôle saillant du toit. Je revêts ces vêtements neufs plus sales que mes vieux. Ça tire aux coutures, ça gratte dans l'entrejambe. J'ai du mal à lever la fermeture éclair. La culotte est trop serrée. Qu'à cela ne tienne, on défait la couture. On roule le rebord des manches du pantalon. Il me fait enlever mes bas. Avec la même suie qu'il a utilisée pour venir à bout de la propreté suspecte des souliers, il me noircit les chevilles, les bras, les joues.

— Trop blanc ! Y'a que les fils de riches qui sont blancs comme ça. Voilà ! Maintenant, t'es présentable. T'as l'air d'un vrai enfant de Saïgon. C'est presque à s'y méprendre. Tu parles pas et ça devrait aller.

Nous descendons par l'échelle. Cuu Long se nettoie les mains dans un gros baril qui ramasse les eaux de pluie. Il débarbouille le gamin. J'en fais autant. Ça étend la crasse plus que ça l'enlève, mais ça semble plaire à mon ami.

— Qu'est-ce qu'il te voulait, le vieux Chinois ? ai-je demandé pendant que Cuu Long s'essuie les bras avec un pan de sa chemise. Il ne me répond pas.

Un moment, il reste silencieux, le regard braqué sur la petite porte par où il était entré avec le vieux monsieur. Puis il détourne le regard. Il saisit la main de Lap et il s'éloigne sans rien dire.

Je le rejoins en trois enjambées. Ce n'est pas difficile, je suis plus grand que lui. Je marche et je cours plus vite. Nous avons fait la course. Un pâté de maisons. Ça n'a pas duré longtemps, mais assez pour qu'il comprenne qu'il n'était pas de taille. Ça l'a étonné d'abord, puis choqué ensuite. Il a pris la main de Lap et ne m'a pas adressé la parole pendant les dix minutes qui ont suivi.

Nous nous dirigeons vers cette masse mouvante, ce flot ininterrompu d'humains allant et venant comme s'ils suivaient une procession, sans se regarder, sans se parler, sans sourire, rigides, imperturbables malgré ce soleil de plomb du midi. Des grappes d'hommes sont rassemblées autour de grands étals et y font commerce de marchandises, d'animaux plus ou moins vivants, de singes, de serpents, de poules, de cochons, d'herbes rares et d'autres moins rares, de tonneaux de fruits, de légumes, de noix de café, de feuilles de thé fraîches et de bien d'autres choses que je n'ai pas le temps d'identifier.

Nous traversons un parc de motos qui s'allonge en suivant la façade sud du long édifice de couleur ocre. Nous contournons le marché par l'ouest, puis Cuu Long s'arrête. Il se penche. Il attache son soulier.

— Tu as vu ? me demande-t-il en murmurant.

— Quoi ?

— Le monde devant l'entrée. La file d'attente.

— Oui, j'ai remarqué. Il y a du monde ce matin. D'une certaine façon, ça va nous aider.

— Crois pas ça. Il n'y a jamais de file d'attente à Cholon. S'il y a une file d'attente, c'est que quelque chose ne marche pas. Il y a quatre *bœufs jaunes* et deux *cravates.* Tu les vois ?

— Qu'est-ce qu'ils font ? Ils surveillent l'entrée ?

— Ils font plus que surveiller. Ils ont fermé une porte. Ils obligent les gens à passer devant eux. Ça veut dire qu'ils cherchent quelqu'un. Tes parents leur ont sans doute donné une photo de toi.

— Mes parents n'ont pas apporté de photos de moi. Ils ne peuvent pas leur avoir fourni une photo de moi s'ils n'ont pas de photos de moi. C'est logique, non !

— Non, pas logique du tout. Vous avez dû prendre bien des photos depuis le début du voyage, non ?

Je fais signe que oui en devinant ce qu'il pense.

— Des photos, mon frère, ça se développe en moins d'une heure. Et pis, y a ton passeport.

Va falloir faire gaffe ! Y sont pas là pour tes beaux yeux, ni pour les miens. Et puis, j'ai Lap à protéger.

Il se relève. Il me fixe droit dans les yeux.

— Mon frère, je t'ai mené le plus loin que je pouvais. Maintenant c'est à toi d'agir.

— Quoi ? Mais tu ne vas pas me laisser aller là tout seul ? Tu l'as dit toi-même : ce sont des vendeurs d'enfants. Ils sont cruels, ce sont des communistes, des monstres.

— J'ai dis ça, moi ?

— Oui, t'as dit ça, toi !

— C'est vrai. Mais faut pas croire tout ce que je dis. C'était juste pour te faire peur.

— Non, c'était pas pour me faire peur. Ma grand-mère, qui a vécu à Saïgon bien plus d'années que toi, m'a dit exactement la même chose avec presque les mêmes mots. Alors, je sais que c'est vrai. Alors, il faut que tu m'accompagnes. De toute façon, si c'est vraiment moi qu'ils recherchent, y'a pas de danger pour toi.

— Oh ! que oui, y'a du danger ! Tous les *bœufs jaunes* du coin me connaissent. Ils détestent les enfants de la rue et plus encore les *Cha*. S'ils me voient avec toi, ils vont tout de suite s'imaginer que ma *famille* t'a enlevé et que j'essaie d'obtenir une rançon ou je ne sais quoi. Pour eux, dans le meilleur des cas, on est des rats ; dans le pire, de futurs voleurs, des assassins, des trafiquants de drogue, des vendeurs d'enfants. Bref, de la concurrence pour leurs parts du marché de la criminalité, une concurrence qu'il faut empêcher à tout prix. Remarque, ils n'ont pas tort ; beaucoup d'entre nous le deviennent.

— Alors, si on peut pas entrer ici, entrons ailleurs. Y a d'autres portes.

— Elles sont toutes surveillées, crois-moi. Y a pas d'autres solutions. Tu choisis ton flic. De préférence une *cravate*. Et pis tu lui expliques.

— Et j'ai une chance sur deux de ne jamais revoir mes parents !

— Non, pas si t'es avec une *cravate*.

— Qu'est-ce que t'en sais ? T'as jamais eu affaire à eux. Et si mes parents ne sont pas dans le marché ? Si les flics décident en chemin de pas me ramener, de me vendre... Ah non, merde ! C'est lui ! Viens ! On reste pas ici.

— Qu'est-ce qu'il y a ?

— C'est le gros flic !

— Qui ça, Gros Singe ?

J'ai même pas laissé le temps à Cuu Long de réagir. J'ai attrapé la main de Lap et je me suis mis à courir.

— Mais où vas-tu ? me crie-t-il tout en courant derrière moi.

C'est à ce moment qu'on entend un premier coup de sifflet. Puis un hurlement venant de la droite.

— C'est lui ! crie une voix d'homme. C'est l'enfant qu'on recherche. Il est là !

De nombreux coups de sifflets répondent au premier. Les badauds du grand marché se tassent à qui mieux mieux. Des bruits de courses résonnent de partout. On entend des sirènes dans toutes les directions. J'ai beau courir de toutes mes forces, les pas de Lap me ralentissent. Et le gros *bœuf jaune* gagne du terrain.

— Mais qu'est-ce que tu lui as fait à ce gros tas de merde pour qu'il s'obstine autant ?

— Rien.

— Rien ?

— Je lui ai juste fait la grimace.

— Quoi ? T'as fait la grimace à Gros Singe ?

— Quatre fois !

— Mais tu veux vraiment avoir des ennuis, toi !

C'est à ce moment-là que Gros Singe m'a rejoint. J'ai senti son souffle dans mon cou. Il m'arrache Lap des mains. Puis il me tombe dessus comme un arbre sur un château de cartes. J'ai l'impression que mes jambes et que mes bras ont foutu le camp en Alaska et que mon souffle voltige quelque part dans la dernière couche de la stratosphère. Il me tient farouchement par les épaules, ses deux cuisses enserrant mon visage. Il y a un cri, un seul, venant de la droite. Je vois un bras me passer au-dessus de la tête au bout duquel s'agite quelque chose qui ressemble à une chaîne de bicyclette. Le gros flic, qui pue de la gueule, tombe à la renverse en lâchant un terrible cri de douleur.

Cuu Long m'agrippe par la taille. Me soulève et m'oblige à courir.

— Viens ! hurle-t-il. Cours !

La place semble déserte tout à coup. La foule s'est écartée. Nous sommes entourés par une vingtaine de flics qui ont envahi les lieux comme des mouches sur la fesse d'un cheval mort. Y'a plus de place pour la fuite.

— Par ici ! me crie Cuu Long qui vient de battre en retraite vers le Grand Marché.

Les *bœufs jaunes* se sont mis à notre poursuite en criant à la foule de s'écarter. Mais les gens n'obéissent plus. La masse humaine se referme sur eux comme la mer Rouge sur l'armée égyptienne.

Quoi ? Vous connaissez pas cette histoire ? Pas le temps de vous raconter !

Je viens de rejoindre Cuu Long. Nous gravissons les trois marches qui mènent à la longue galerie arrière. On enfile la galerie vers l'entrée. Deux *cravates* nous y attendent fermement décidés à jouer le rôle de cerbères. Cuu Long a saisi une perche de bambou. Il la lance dans les jambes du premier policier. Le second évite la charge, l'attrape par le pantalon, lui intime l'ordre de se calmer. Lui dit qu'il est en état d'arrestation. Trop tard, je l'assomme avec la perche qui était restée par terre. Le premier se tord encore de douleur ; il a reçu la perche dans les... vous savez où !

Nous gagnons l'intérieur du marché. Pas un seul flic, mais beaucoup de curieux qui gueulent, d'autres qui rigolent. On file vers le deuxième étage. Les *bœufs jaunes* sont à nouveau à nos trousses. Des voitures de police se sont immobilisées devant le marché. Des cris, des bruits de course dans les escaliers. Cuu Long me tient par la main et me guide dans ce dédale de boutiques si serrées les unes contre les autres qu'on a du mal à passer. C'est alors que l'idée nous vient de tout renverser sur notre passage. On entend de la droite et de la gauche des « Ils sont là ! » des « Par ici ! » qui confirment la détermination des flics de nous mettre la main au collet. Et s'ils y arrivent, je crois bien que je n'aurai pas la force de leur résister une seconde fois.

Lap est presque incapable de suivre notre rythme. Il commence à pleurer. Cuu Long le console, cherche à le sécuriser. Mais il n'y arrive plus. Je sens qu'il est lui-même à bout de souffle. Quant à moi, je ne tiendrai plus longtemps. Les boutiquiers du marché qui se tenaient cois jusqu'à ce qu'on commence à tout renverser sur notre passage nous mènent la vie dure à présent. Ici y'a pas d'air, y'a pas de place et des mains sortent de partout pour ralentir notre fuite. Les coups de sifflets, les bruits des souliers cloutés de nos poursuivants se précisent. Ils sont là. J'en vois deux à moins de dix pas. Puis, je n'ai même pas eu le temps de réfléchir. Cuu Long me tire violemment vers le vide au moment où je sens la main d'un homme m'agripper le bras. Nous passons du noir au blanc. De l'air raréfié à l'air libre. Je respire. Y'a plus de plancher sous moi. Puis il y en a un.

Tout mou qu'il est. Plus de plafond au-dessus de ma tête, que le ciel bleu. Y'avait une fenêtre à l'étage, mais sans vitre. On a sauté au travers. Atterris sur des ballots de tissus.

C'est à ce moment que j'ai entendu mon nom. Là, sur la gauche. Enfin, je crois. Pas sûr ! J'ai détourné le regard. Je m'arrête. Rien ! Cuu Long est apparu dans mon champ de vision. Il me prend le bras. Me tire. Il a des yeux presque mauvais, mon *Cha*.

Je me remets à courir. Les bruits de voix dans mon dos, les ordres de nous arrêter, les coups de sifflet s'estompent peu à peu. Il y a, à nouveau, du monde partout. Mais plus de flics. On s'abrite dans une ruelle. Le temps de reprendre notre souffle puis sans que je sache comment, on se retrouve sur le toit du vieil hôtel, couchés sur le sol, fatigués, mais rafraîchis par l'ombre du *cai sau rieng*.

15

On s'est effondré sous le *cai sau rieng*. À bout de souffle, luisants de sueur. Je n'ai jamais grimpé une échelle aussi vite de ma vie. D'ailleurs, avant mes aventures au Vietnam, je n'avais jamais grimpé à une échelle.

Les coups de sifflet des flics continuent de nous parvenir, bien que faiblement, depuis les alentours du grand marché. Il semble y régner la plus grande confusion. On ne s'y intéresse plus. On s'est regardés, Cuu Long et moi. Et alors on a éclaté de rire. Sans raison. Libérés de nos peurs, étonnés d'être là et si heureux d'y être. Libres, vivants, intacts, avec juste ce qu'il faut de brise pour caresser nos corps alourdis.

On tousse à s'arracher les poumons et on rit à s'en décrocher les mâchoires. Vraiment, mais alors vraiment, je peux dire aujourd'hui que ce moment-là, passé sur le toit d'un hôtel miteux du quartier de Cholon, à rire comme un déchaîné en compagnie de mon ami Cuu Long, est certainement un des plus beaux moments de ma vie. Je ne crois pas en avoir vécu de plus intenses. À ce moment précis, j'ai compris ce que voulait dire le mot *aimer*. Car à ce moment précis, j'ai aimé Cuu Long comme je crois n'avoir jamais aimé personne d'autre de toute ma vie, en tout cas certainement pas de cette manière et certainement pas avec cette intensité. Il m'importait peu, à ce moment, qu'il fût un garçon ou une fille. Si je m'étais laissé aller, je l'aurais embrassé. Et je regrette aujourd'hui de ne pas l'avoir fait.

D'ailleurs, Cuu Long n'était plus un garçon. Il était un esprit, une âme, il était mon univers, plus que le monde dans son entier, plus que la liberté que nous goûtions à ce moment-là. Il était plus que la vie elle-même. Il était mon regard que je portais sur un monde neuf, un monde que je ne connaissais pas, qui m'effrayait tantôt et qui maintenant me comblait au-delà de toute espérance. Un monde chatoyant où les formes changeaient de formes et les couleurs changeaient de couleurs. Un monde de sensations, d'émotions pures où tout semblait à sa place. Lui et moi, ici, au Vietnam, maintenant.

On s'est souri. On s'est simplement souri. On s'est regardés, on s'est simplement regardés. Sans aucun geste, nourris du seul regard de l'autre, consolé par son seul sourire. C'est à ce moment que j'ai compris, c'est à ce moment qu'il a compris aussi que nous ne nous quitterions plus jamais. Que nous ferions partie, l'un et l'autre, de nos vies respectives. J'étais son frère, il était le mien. Le sang qui coulait dans nos veines ne venait pas du même père ni de la même mère, mais nous étions liés par des liens plus indissolubles que ceux du sang. Nous l'étions par nos âmes soudées l'une à l'autre, depuis toujours sans doute et pour toujours, certainement.

Lap s'est endormi sous le feuillage du gros arbre. J'ai faim. J'ai soif. Mais il n'est pas question de quitter le toit. Cuu Long se lève. L'air se remet à bouger et la vie reprend son cours, plus douce et plus calme. Il arrache un gros fruit épineux. Il le fend sur une aspérité du muret qui entoure la bordure du toit. Le liquide jaunâtre s'en échappe en même temps que les odeurs pestilentielles. Mais, cette fois, Cuu Long insiste.

— Mange, Thinh, mange. Tu verras, après le troisième morceau, tu découvriras son goût désaltérant. Tu ne peux pas rester plus longtemps sans boire ni manger. Et pis, on n'a rien d'autre à portée de main.

Je suis épuisé par toutes ces courses folles sous un soleil de plomb et ces émotions qui me font encore palpiter le cœur.

— On est ici pour le reste de la journée, continue à marmonner Cuu long. Pas question de redescendre avant que la nuit ne soit tombée. Alors, mange !

Il défait quelques boulettes filandreuses qu'il me tend avec insistance.

— Oublie l'odeur. Concentre-toi sur la douceur du fruit. Il y a une amertume au début. Faut pas mâcher. Laisse la chair glisser entre ta langue et ton palais. Les sucres vont jaillir doucement. Un petit goût de miel va apparaître.

J'ai fait ce que me disait mon frère. C'est ce jour-là que j'ai découvert le durian, d'odeur et de goût. J'ai mangé à satiété. Puis je me suis endormi à mon tour, vaincu par la chaleur et la fatigue. J'ai plaisir à croire que Cuu Long veilla sur mon sommeil et sur celui de l'enfant. Mais je n'en sais rien. Tout ce que je peux dire c'est que, lorsque je rouvris les yeux, il faisait déjà nuit et mon frère était assis à mes côtés, guettant mon réveil.

Lap jouait dans un coin avec un jouet. Il portait une chemise neuve, tel que le lui avait promis Cuu Long la veille.

— Je t'ai laissé dormir. En fin d'après-midi, Lap avait besoin de se dégourdir les jambes. On est descendu. Je devais encore lui procurer sa chemise neuve. La grande place commençait à se vider pis les *cravates* avaient remballé. On a quand même évité le grand marché. J'ai pas voulu prendre de risque. Y restait quelques *bœufs jaunes* dans les environs... T'as bien dormi ?

— Oui, mais je suis tout courbaturé. J'ai mal un peu partout.

— Tiens, bois. Ça va te faire du bien. Et pis j'ai apporté de quoi se nourrir... Tout a été payé... C'était pas le moment d'attirer l'attention. Y'a trois beignets aux crevettes pis du riz.

— T'as vraiment payé ?

— J'ai laissé la montre de l'Américaine en échange. De la camelote comme j'avais prévu. Mais ça valait largement la chemise, le jouet et le repas. Tant que c'est pas en argent, et tant que c'est payé avec nos rapines, l'honneur est sauf. Mais vaudrait quand même mieux pas en parler.

Nous avons mangé, je veux dire, nous avons avalé les trois beignets et les trois bols de riz. Puis nous avons tout ramassé et nous sommes partis.

Il est remarquable de constater combien les rues grouillantes de Saïgon deviennent vite désertes avec la tombée de la nuit. Autour du marché, les devantures des maisons tantôt encore couvertes de marchandises colorées et clinquantes semblent à présent ternes et grises. La place du marché résonne du pas des retardataires qui ferment leurs échoppes. Le vent a enfin de la place pour bouger et pour charrier les odeurs flétries de fruits et de légumes qui pourrissent dans des boîtes éventrées. Quelques femmes, des enfants déguenillés se faufilent entre les tables pour quérir dans ces immondices quelque chose à se mettre sous la dent.

— Ce sont des sans-papiers, m'informe Cuu Long d'une voix lugubre.

— Des sans-papiers ?

— Oui, pour vivre à Saïgon, il faut posséder des papiers de citoyen émis par le Bureau de

Contrôle de la Population. Sans ces papiers, on peut pas louer un appartement, on peut pas se trouver de travail. On peut même pas obtenir de permis pour ouvrir un commerce ou faire le cyclo. Ce sont des familles entières venues des provinces voisines. Elles s'installent ici dans la clandestinité. Elles se fabriquent des abris de fortune ou occupent le porche d'une entrée de commerce pour y passer la nuit. Et quand ça ne va vraiment plus, elles quittent la ville, vidées de leurs illusions et de leur santé. La plupart des parents abandonnent derrière eux leur surplus d'enfants. Ces enfants-là restent ici et deviennent des enfants de la rue. Ceux-là, s'ils ont de la chance, sont adoptés par un *Cha.* C'est ce qui est arrivé à Lap. C'est ce qui nous est arrivé à mon frère et à moi.

— Ta famille, je veux dire ta vraie famille, était des *sans-papiers* ?

— Ouais.

— Ils vous ont abandonnés, toi et ton frère ?

— T'as tout compris, p'tit frère.

— Qu'est-ce qui arrive à ceux qui ne se trouvent pas de *famille* ?

— Ils végètent dans la ville pis y sont rattrapés tôt ou tard par les *bœufs jaunes* pis on les revoit plus.

— On fait quoi avec ?

— On ne sait pas vraiment. On prétend qu'ils sont dirigés vers les orphelinats de la ville.

— Et ça, tu le crois pas ?

— Pour un certain nombre, c'est sans doute vrai : les plus moches, les infirmes ou les plus malades. Mais les autres, on les vend à des familles ou bien on les dirige vers les *petits maîtres.*

— Les petits maîtres ?

— Ce sont des maquereaux, des entremetteurs, des proxénètes. Des salopards ! Faut pas approcher ces gars-là... Y circule d'autres rumeurs plus inquiétantes au sujet des enfants de la rue retrouvés par les *bœufs jaunes* dans certains quartiers.

— Des rumeurs ! Quelles rumeurs ?

Cuu Long ne me répond pas. Il empoigne la main de Lap et il se remet en marche vers la rue Hoc Lac. Je suis derrière en silence. Les dernières paroles de Cuu Long m'ont laissé un sentiment très désagréable.

Il ne l'a pas dit, mais je sais que c'est ce qu'il voulait me laisser comprendre : mes parents m'ont abandonné. Comme les siens les ont abandonnés, lui et son frère. Peut-être a-t-il raison ! Peut-être mes parents m'ont-ils abandonné ! Peut-être. C'est du moins ce qu'il pense. Je le pense aussi. Mes parents n'ont-ils pas enfin acheté et payé un vrai enfant bien vietnamien, certifié d'origine ? Alors, bien sûr, moi, je ne leur sers plus. Alors ils partent. Ils m'amènent tout droit au marché de Cholon. Chemin faisant, mon père s'en prend à Cuu Long. Pour me montrer qu'il déteste les enfants de la rue. Pour me dire sans le dire qu'il me déteste aussi. Puis on arrive au marché. On fait le tour. Ils prétendent ne rien trouver. Ils montent au second étage. Ils connaissent bien le marché de Cholon ; après tout, mon père et ma mère ont vécu toute leur jeunesse à Saïgon. Ils savent qu'il y a un autre escalier à l'autre bout du grand marché. Ils me disent qu'ils ne seront pas partis longtemps. Ils ne m'amènent pas avec eux. « *Reste-là. Attends-nous dans l'escalier.* » Pourquoi dans l'escalier ? Pourquoi avoir mis tant de temps à revenir ? Ils ne sont jamais revenus, voilà la vérité. Ils sont montés au deuxième étage sous prétexte de vouloir acheter des vêtements à Thao My. Ils n'ont pas acheté de vêtements. Ils sont redescendus par l'autre escalier. Ils ont quitté le marché. Ils m'ont abandonné.

Ils n'étaient pas au marché ce matin. Avec tout le boucan qu'on a fait dans notre course folle à l'intérieur du marché, si mes parents avaient été là, ils se seraient manifestés. Bien sûr, j'ai cru entendre mon nom. Quelqu'un a crié mon nom. Mais ce n'était ni ma mère ni mon père. C'était peut-être simplement Cuu Long. Ou bien, c'était une autre femme qui appelait son enfant... Allez savoir.

En vérité, mes parents n'étaient pas là. Ils ont donné mon signalement aux policiers puis ils sont partis. Ils ne reviendront pas. Ils ont averti les flics sûrement par téléphone. Ils m'ont peut-être déjà vendu à ce gros *bœuf jaune* qui pue de la gueule.

C'est ça que Cuu Long a voulu me dire. Mais il n'a pas eu besoin de le dire. Son silence a suffi. Et cette journée qui m'était apparue, un moment, si remarquablement belle, m'est devenue insupportable. J'ai arrêté de marcher, j'ai regardé le ciel. Pas d'étoiles. Pas d'étoiles nulle part. Alors, j'ai vomi. Je me suis mis à vomir, à m'arracher tout l'intérieur du corps. Quand j'ai eu fini de vomir j'ai braillé, j'ai crié à m'étouffer. J'ai perdu toutes mes forces. Je suis aveugle, muet, sourd. J'ai le corps en guenille, la tête vide de tous ces bruits de voix, celle de mon père, celle de ma mère. Je me suis effondré au pied d'un mur crasseux de la rue Hoc Lac.

Mon frère m'a consolé. Il m'a pris dans ses bras et il m'a bercé. Il pleure aussi je crois. En tout cas, quand sa voix me parvient, elle hoquette ; et dans les yeux de Cuu long brillent les étoiles qui ne sont pas dans le ciel. « On va les retrouver tes parents. On va les retrouver. Pleure pas, Thinh. Pleure pas, mon frère ! »

Et il fait shuttt ! Tout doucement, il caresse mes cheveux en me répétant : « On va les retrouver, tes parents. » Mais moi, je ne veux plus les retrouver. Je les déteste maintenant. Ah oui ! je jure que je les hais.

Mais je survivrai. Ah oui, par tous les petits Jésus et tous les Bouddhas du monde, je jure que je survivrai ! Un jour, je les retrouverai. Je leur montrerai mes richesses. Car je suis résolu à devenir riche. Nous apprendrons à le devenir, Cuu Long et moi. Et si, pour nous en sortir, il nous faut faire les prostitués, alors nous le ferons. Juste pour devenir riches. Juste pour retourner à Montréal avec mon frère, pour montrer à cet homme et à cette femme combien je suis devenu riche. Très, très riche !

Je sais lire et je sais écrire. C'est plus qu'il n'en faut pour survivre à Saïgon. J'apprendrai à voler, à tricher, à vendre, à trahir s'il le faut, à mentir. Sauf à Cuu Long, sauf à mon frère. On se dira tout. On ne se cachera rien. Et nous deviendrons riches. Et plus jamais je quitterai Cuu Long, plus jamais il ne me quittera. Ensemble, nous deviendrons riches. Oui, nous deviendrons très riches ! Et Cuu Long, un jour, lui aussi, il saura lire et écrire. Je lui montrerai.

Je me suis levé. Nous sommes partis. Je marche. Ma colère a mis des ailes à mes pieds. Je suis lourd d'amertume et de rage, mais léger aussi comme un oiseau qui s'envole. Les rues me sont étrangement familières comme si j'avais vécu ici toute ma vie. Je marche devant, Cuu Long suit derrière avec Lap qui bâille. J'ai tourné sur la grande rue Nguyen Trai jusqu'à Chau Van Liem. On traverse le grand stationnement de motos avec les boutiques en plein air des réparateurs de cylindrées. Nous traversons Duong Hung Vuong. Je continue jusqu'à l'hôpital sans me préoccuper de Cuu Long qui me suit derrière, étonné sans doute que je retrouve mes repères aussi facilement dans un monde qui m'est pourtant encore étranger. Mais rien ne m'est plus étranger, ici. Et j'ai hâte de retrouver la sécurité du campement et la chaleur de la *famille*. On approche d'ailleurs. Je prends la rue oblique qui croise vers le nord le boulevard Nguyen Chi Thanh. J'enfile la deuxième ruelle à gauche. La grande clôture verte qui ferme le terrain vague où est installé le campement de la *famille* n'est plus très loin.

— Est-ce que la *famille* sera déjà rentrée ? fais-je, excité par la perspective de prendre ma place au milieu de tous ces inconnus.

Cuu Long ne me répond pas. Je n'entends aucun bruit derrière moi. Aucun bruit de pas, aucune respiration, même pas les bâillements de Lap. Il n'y a qu'un silence absolu. Quelque chose ne va pas. Une bouffée d'inquiétude s'empare de moi. Je suis seul. Je suis à nouveau tout seul. Cuu Long a filé. Il m'a abandonné, lui aussi. Je me retourne lentement, effrayé par ce que je vais découvrir...

Non. Ouf ! il est là. Il tient toujours la main de Lap. Il est figé au milieu de la ruelle. Il ne bouge plus. Même ses yeux ne cillent pas. Il ne semble même plus respirer. Il écoute, il regarde, il sent quelque chose. Il fixe le ciel qui flotte tout noir au-dessus de nos têtes. En dépit de l'obscurité, je sens que mon ami a pâli, qu'il est terrifié par une menace ou par une apparition ou par quelqu'un qu'il a vu ou qu'il n'a pas vu, qui devrait être ou ne pas être là. Nous sommes pourtant seuls sur cette portion de ruelle.

Je lève les yeux dans la direction de l'endroit vers où pointe le regard de Cuu Long. Je ne vois rien, un ciel rosé simplement, qui chatoie à la lisière des toits. Puis... Tiens donc, on dirait de la boucane, des fumerolles. En reniflant avec plus d'attention, on détecte des odeurs d'incendie. C'est ça qui semble effrayer mon ami.

Il recule maintenant. Il a pris la main de Lap et ils courent. Ils reprennent la petite rue oblique. Ils tournent ensuite sur le boulevard Nguyen Chi Thanh et se perdent dans la foule de badauds qui font le pied de grue devant les portes de l'hôpital. Ils ont couru si vite que j'ai bien failli les perdre de vue.

16

JE SUIS À BOUT DE SOUFFLE QUAND JE LES REJOINS ENFIN. ILS M'ATTENDENT, ASSIS SUR LA RAMBARDE DE CIMENT QUI SOUTIENT LA HAUTE CLÔTURE DE fer forgé qui cerne la cour intérieure de l'hôpital. Ils sont à bout de souffle eux aussi. Mais le regard de Cuu Long me permet d'apprécier la terreur qui l'habite. Manifestement, une chose effroyable s'est produite qui laisse mon ami au bord de l'effondrement.

Lui qui, jusque-là, m'a donné l'impression de quelqu'un de fort, toujours en contrôle de ses émotions, capable de trouver une réplique à tout ce que le mauvais sort peut lui réserver de tours pendables, voilà maintenant qu'il est pétrifié, incapable d'aucune réaction. Son regard vagabonde partout sans se fixer. Il craint je ne sais quelle attaque ou appréhende l'apparition de je ne sais quel démon.

Après un long moment d'attente, Cuu Long prend une profonde inspiration et expurge l'air de ses poumons très lentement comme s'il cherchait à se désengorger l'intérieur de tout le mal qui s'y trouve. Puis, sans dire un mot, il reprend la main de Lap et se remet en marche. Nous nous dirigeons vers l'est sur trois pâtés de maisons puis nous tournons vers le nord, dans une rue dont je ne parviens pas à lire le nom.

Je n'ai pas le temps de chercher les pancartes des noms de rues dissimulées un peu n'importe comment. J'ai du mal à soutenir le rythme que nous impose Cuu Long. Il s'est remis à courir. À trois ou quatre reprises, je lui demande où nous allons. Il ne me répond pas.

Il marche maintenant. Nous croisons la rue Tran Qui. « Où on va ? » dis-je encore. Toujours pas de réponse. Il ralentit bientôt après avoir tourné sur la rue Pho Co Dieu, puis il s'immobilise. Le spectacle qui s'offre à nous me glace le sang. On a éventré la grande clôture verte. Une dizaine de voitures de police sont stationnées, gyrophares allumés, devant le grand champ vide où se dressaient ce matin encore les dix abris de la *famille* de Cuu Long.

On a empilé les grands murs de carton, les faux matelas, les piquets de bois, les grands plastiques bleus qui servaient à isoler les refuges de fortune, les vêtements, les caissons, les réserves de nourriture, les couvertures, les cordages. Tout ! On y a ensuite mis le feu. Les flammes s'élèvent à plus de cinq mètres dans les airs avec de grands filets de fumerolles qui montent en pointe vers le ciel. Les plastiques jettent un épais nuage noir qui s'élève au milieu des scories. L'image a quelque chose de l'enfer. Et au milieu de tout ça, y a les flics qui rigolent. Sauf un : lui, Gros Singe, avec son air mauvais.

— Y'est encore là ! grogne Cuu Long en pleurant de rage. Y sera toujours là ! Y me lâchera jamais ! Y nous laissera pas en paix tant qu'un de nous deux sera encore vivant !

J'ai regardé mon ami sans tout à fait comprendre la portée des paroles qu'il prononçait. Des larmes coulaient sur ses joues où s'allongeaient de longs filets de crasse. Il tient fermement Lap contre lui. L'enfant ne pleure pas. Il ne semble pas comprendre tout à fait ce qui se passe.

C'est pourtant simple, tout le campement de la *famille* brûle. Les flics y ont mis le feu et ils ont arrêté tous les garçons. Ces derniers sont assis en rond, les mains attachées dans le dos. Trois *bœufs jaunes* les surveillent en crachant par terre. Un quatrième manie un grand bâton qu'il abat sur le dos de celui qui a le malheur de se plaindre ou de bouger. À chaque coup qu'il administre à un de ses garçons, le *Cha* se raidit comme si c'était lui qui recevait la bastonnade. Ses lèvres saignent à force d'être mordues. Son corps est raide d'une fureur débridée qu'il cherche à contenir pour ne pas crier, pour ne pas courir vers les *bœufs jaunes* et les ravager de coups. Il faut partir, partir très loin. Éviter d'être pris à notre tour. Mais Cuu Long ne bouge pas. Il regarde comme s'il était hypnotisé, les yeux grands ouverts, le visage impavide, blanc comme s'il était vidé de son sang.

Moi, ce n'est plus le grand champ ni le feu ni les garçons prisonniers des *bœufs jaunes* que je regarde. C'est Cuu Long. Mille questions se bousculent dans ma tête. Elles viennent se cogner sur les os de mon crâne cherchant par elles-mêmes des réponses que je ne parviens pas à formuler correctement. Cette journée s'est blottie sous l'aile sombre des questions laissées sans réponses, comme autant de mystères attachés aux voiles des nuages qui passent et repassent sans cesse sur le ciel de Saïgon.

Qui est ce Gros Singe qui traîne sans cesse sa masse dolente sur chacun des lieux que nous fréquentons ? Cuu Long le connaît et il le craint. Alors pourquoi n'en parle-t-il pas ? Quel secret cherche-t-il à me cacher ? Et ce matin, que s'est-il passé avec le vieux Chinois ? Et puis, qui a trahi la famille ? Et pourquoi ? Et où sont mes parents ? Et où suis-je ? Et qu'allons-nous devenir ? Et que faire de Lap si nous devons fuir ? Et... Et...

Et des larmes ont mouillé mes joues. Aucun son ne sort de ma bouche. Aucun sanglot, aucun mot. Qu'une angoisse sans limite. Le découragement total. L'anéantissement face à un désespoir sans nom.

— Ne restons pas ici, lance Cuu Long d'une voix tremblante comme s'il avait froid. Il faut trouver un endroit où passer la nuit. Demain, on va quitter Saïgon pour quelques jours. J'ai préparé un refuge sur les rives du Mékong. On y sera en sécurité.

— Mais ici, à Saïgon, cette nuit, où peut-on être en sécurité pour dormir ? Les flics de toute la ville sont à nos trousses.

Cuu Long ne me répond pas. Sans autres ressources que ce garçon pour me guider dans cette ville qui est redevenue un monstre, une menace, je mets mes pas dans les siens et je le suis sans grande illusion quant à nos chances de nous en sortir indemnes. Manifestement, le gros sale flic n'a pas l'intention d'abandonner la chasse. Tôt ou tard, il finira par nous piéger quelque part. Et nous mourrons.

Je sais que si le flic met la main au collet de Cuu Long, il le tuera et me tuera ensuite. Alors, Cuu Long a raison : il faut fuir, rapidement et loin. Dès lors, nous n'avons plus les moyens d'assurer la sécurité d'un jeune garçon de six ans qui ne tardera pas à être affamé et épuisé. Il nous ralentira. Sans compter qu'il risque de tomber malade ou, pire, d'être attrapé à son tour dans les mailles du filet que Gros Singe tend un peu partout. Il faut nous débarrasser de Lap. Il a une chance de s'en sortir. Mais comment faire entendre raison à Cuu Long ? Il est attaché à cet enfant au-delà de toute logique.

Nous avons marché bien longtemps cette nuit-là et nous sommes arrivés devant un parc fermé dans son extrémité est par une palissade verte derrière laquelle se dessine le squelette de béton d'un immeuble jadis en construction. Je lève la tête et j'observe à ma droite le faîte arrondi d'un immense building qui imprime sa masse sombre sur un ciel de milieu de nuit. Au sommet, brillent les lettres lumineuses du

New World Hotel. Dans le parc sommeillent quelques couples enlacés. Ce lieu ne m'est pas inconnu. Malgré la nuit qui défigure les lieux, celui-ci m'est presque familier. J'y suis venu trois ou quatre fois à pied avec mes parents.

Mes parents ! C'est la première fois que je pense à eux depuis les événements de ce matin au grand marché de Cholon. Le visage de ma mère. Son beau visage. Il est là devant moi. Je peux le toucher, le sentir. Elle est debout devant moi. Elle me sourit. Elle me regarde de ses yeux brillants. Elle me parle. Je n'entends pas les paroles qu'elle me dit, mais elles sont douces et apaisantes. Je le sais, car il en a toujours été ainsi. Puis elle monte vers le ciel en même temps que mon regard. Elle se perd dans les étoiles. Ma mère est une étoile. Mais j'ai oublié : ce soir, il n'y a pas d'étoiles. Alors ma mère a disparu.

J'y pense. Mais oui ! C'est vrai ça ! Je suis venu à pied jusqu'ici avec papa et maman pas plus tard qu'hier après-midi... Si nous sommes venus à pied, c'est parce que ça ne doit pas être très loin de chez la vieille tante, sinon nous aurions pris le taxi. Donc, logiquement, la vieille tante ne doit pas vivre très loin d'ici. Dans une de ces rues. Mais voilà, laquelle ? De quel côté sommes-nous arrivés ? Par l'est, nous sommes arrivés par l'est. Donc...

Non, c'est vrai ! En partant de chez la vieille tante, nous sommes venus depuis le Quartier 1. Ensuite, nous sommes allés au marché Ban Tan.

La tante demeure très loin d'ici. Chaque fois que nous sommes venus ici, nous avons pris un taxi et nous avons marché longtemps.

Je lève vers le ciel un regard découragé. J'y cherche l'étoile de ma mère ou mieux, son visage. Mais il n'y a rien. Pour la première fois, je prends réellement conscience que je ne la reverrai probablement plus jamais. Que je n'y peux rien et que je vais probablement en mourir de chagrin. Il n'y a plus de colère en moi, plus de rage ; rien qu'un grand trou noir dans lequel s'abîment mes dernières espérances.

Nous nous sommes remis en marche, Cuu Long, Lap et moi. Pas très longtemps, heureusement. Je ne crois pas que j'aurais pu tenir encore longtemps. Je suis épuisé. Et pis, Lap crapahute à demi-endormi en bâillant à chaque pas et en se frottant les yeux. Nous rejoignons l'extrémité du parc. Nous tournons vers le sud sur la rue Nguyen Thai Hoc. Nous atteignons les limites d'un quartier densément peuplé s'allongeant de part et d'autre de la rue Nguyen Thai Hoc. La longue travée de maisons aux murs sales est percée, à intervalles réguliers, de ruelles qui vont se perdre dans la nuit. Sur ma droite, j'observe une série de mini-hôtels alignés de part et d'autres de ces ruelles. Les enseignes brillent, mais les ruelles sont désertes. Même pas un chat, deux ou trois gros rats. C'est tout.

C'est ainsi que nous arrivons à la hauteur de la rue Bui Vien. Nous tournons vers l'est puis nous longeons la rue Bui Vien jusqu'à une petite ruelle sordide. Là, Cuu Long nous fait signe de nous arrêter. Qu'a de particulier cette ruelle pour que Cuu Long s'y attarde en la fixant avec autant d'attention ? Je ne saurais le dire.

Mais en plissant bien les yeux, je finis par trouver ce qui attire tant l'attention de mon ami. Quatre cyclos y sont stationnés. Leurs propriétaires semblent dormir sur le banc capitonné de leur véhicule. La capote relevée, on voit à peine leurs jambes nues qui saillent des banquettes sombres. Cuu Long nous fait signe d'approcher en plaçant un doigt sur sa bouche, nous incitant ainsi à la plus grande prudence et au silence.

Il lève la main. Lap et moi nous arrêtons. Cuu Long approche la main d'un des quatre cyclos. Doucement, il tire de sa poche un objet long et brillant. Il lève à présent le bras tendu au-dessus de sa tête. L'objet long et brillant scintille à peine dans son poing. Il va frapper. Où donc ? À la tête, à la jambe, à l'estomac ? Il doit toucher le cœur. D'un coup sec et précis, y maintenir la lame un moment, le temps que l'homme meure. Mettre sa main sur sa bouche pour étouffer un cri toujours possible. Mais il doit viser juste. Il n'a qu'une seule chance, s'il rate, nous sommes tous morts. Les trois autres se réveilleront alertés par les cris de la victime. Ils nous sauteront dessus, nous roueront de coups, nous couperont en morceaux, se garderont les meilleurs pour le déjeuner et jetteront nos restes aux chiens et aux crocodiles. Quelle horrible éventualité ! Est-ce donc ça la vie d'un enfant de la rue à Saïgon ? Tuer pour n'être pas tué ?

Cuu Long, le bras toujours tendu au-dessus de sa tête, l'objet brillant pendant dans son poing, s'avance. Voilà que l'objet pendouille dans sa main comme s'il avait ramolli sous l'action d'une chaleur très intense. Cuu Long ne parviendra jamais à enfoncer un objet aussi mou dans le bide de ce conducteur de cyclo. Il approche l'autre main du carrosse à pédales. Il empoigne la lame d'acier qui retient ouverte la capote du véhicule. Il secoue doucement le véhicule en appelant son occupant.

— Tri ! Tri ! Réveille-toi ? J'ai besoin d'aide. Tri ! Réveille-toi !

On entend un long bâillement, puis une voix cassée et enfilée de sommeil grasseye depuis le fin fond de la nuit.

— Que veux-tu encore, Cuu Long ? Tu ne vois pas que je dors.

— J'ai besoin de toi ! Les *bœufs jaunes* sont à mes trousses.

— Les *bœufs jaunes* sont toujours à tes trousses, c'est pas une nouvelle, ça. Laisse-moi dormir.

— Cette fois, c'est grave ! Gros Singe a mis le feu à mes baraques.

— Encore Gros Singe ! Mais qu'est-ce que tu lui as fait pour qu'il t'en veuille autant, bon Dieu ?

— Et c'est pas tout, il a arrêté toute ma *famille* !

Ces paroles semblent avoir chassé tous les vestiges du restant de sommeil qui tenait le dénommé Tri, immobile jusque-là.

— Merde ! Arrêté, tu dis ?

— Il était là avec son escadron habituel.

— Tous arrêtés ?

— Tous les garçons. Seul moi et Lap avons pu y échapper.

— Et lui, fait-il en me désignant d'un regard sévère, c'est qui ?

— C'est mon frère.

— Ah ! fait simplement l'homme nullement étonné que Cuu Long m'ait présenté comme étant son frère.

Les trois autres cyclos s'éveillent l'un après l'autre et écoutent à présent la discussion qui se déroule sous leur nez.

— Tous les garçons, dis-tu ? demande à nouveau le cyclo comme s'il ne parvenait pas à se mettre cette idée en tête.

— Ils étaient allongés sur le sol et un des hommes de Gros Singe les rouait de coups.

— Liem, Than, Sony ?

— Et Thuan, Khan, Si, Luu...

L'homme a dressé une main autoritaire devant lui comme s'il en avait assez entendu. Cuu Long se tait. L'homme se lève. Il tire une cigarette de sa vieille veste puis l'allume. Les trois autres en font autant. La clarté jetée sur leur visage par la flamme de leur *zippo* me permet pour la première fois d'avoir une vision fugitive de leur visage étonnamment jeune. Aucun des quatre n'a plus de vingt ans. Ils sont maigres et portent des vêtements torchonnés. Ils ne disent rien, mais leur silence parle de lui-même. Ils semblent consternés par la nouvelle qu'ils viennent d'entendre.

— Duc et Khan ne s'en sortiront pas, déclare finalement le premier cyclo accroupi à présent sur ses talons, épousant ainsi une posture si typique aux asiatiques. Il prend une nouvelle bouffée de cigarette. Celle-ci grésille sous l'effet de l'air aspiré par les poumons apparemment encrassés de Tri. Il se met à tousser et à cracher.

— Tu ne devrais pas fumer, Tri, intervient doucement Cuu Long. Tu sais ce que t'ont dit les médecins de l'hôpital la dernière fois que nous nous y sommes rendus.

— Et c'était justement la dernière fois que j'irai. Qu'ils aillent tous se faire foutre ! Ce ne sont que des imbéciles. Mais toi, t'es un gentil garçon, Cuu Long. Je t'aime bien.

— T'es mon père, Tri. T'es mon *Cha lon*. Je te respecte et je t'aime aussi.

Et là, je vois une chose extraordinaire. Je vois Cuu Long se mettre à genou devant son *Cha* et lui embrasser les mains. Il lui a embrassé les deux mains. Il pleurait. Ça ne se voyait pas, ça ne s'entendait pas, mais je sais qu'il pleurait. Et son *Cha* sans le toucher, par sa seule présence, sans un mot, sans un geste, il l'a fait se redresser comme le ferait une plante à laquelle on donnerait de l'eau après une longue sécheresse. C'est là que j'ai compris l'importance du *Cha* dans une *famille*. Ce n'est pas simplement un chef, une autorité, c'est en soi la source de toute sagesse, la seule énergie accessible aux enfants de la rue. Sans un *Cha*, il est impossible de survivre dans ce monde inhumain et cruel. Je comprends aussi le lien qui peut unir Cuu Long à Lap et la brutalité des moments qui accompagneront leur séparation.

— Tu survivras, Cuu Long, tu survivras. Mais pas Duc ni Khan. Trop affaiblis par leur dernier séjour en prison. Quant à Than et à Sony, on peut s'attendre à les voir bientôt arpenter les boulevards des beaux quartiers, bien nippés, bien coiffés, bien poudrés avec leur beau petit cul. Pour les autres, assurément, ils seront vendus en morceaux.

Un long silence suit cette énumération d'éventualités toutes aussi cruelles les unes que les autres. L'éventualité affirmée que certains garçons soient vendus me laisse abasourdi. Et puis qu'entend-il par « vendus en morceaux » ? Et des morceaux vendus à qui et pour faire quoi ? Suis-je tombé sans le savoir sur le seul coin de cette planète qui n'en ait pas encore fini avec les cannibales ?

Cuu Long tend vers son *Cha* ses deux mains jointes au bout desquelles brille l'objet qu'il avait tiré de sa poche voilà quelques minutes et que j'avais confondu avec un couteau.

— Pour toi, *Cha*... J'espérais te l'offrir lors de la grande fête de la *Famille*, mais maintenant ce ne sera pas possible. Je l'ai prise à un client qui avait les poches bien garnies, un Américain qui aurait souhaité bien autre chose contre sa montre, mais qui n'a eu qu'une bonne raclée.

L'homme prend la montre et l'observe avec attention.

— Je me rappelle l'affaire ! ricane le *Cha* de sa voix grumeleuse. La presse en a fait tout un plat. Une attaque de touriste en plein cœur de Saïgon ! Et Américain de surcroît ! Alors que le pays cherche désespérément à développer le tourisme et à établir des relations commerciales stables avec les États-Unis. C'était assez culotté !

Les quatre cyclos éclatent d'une belle quinte de rires à laquelle se joint Cuu Long désormais moins tendu. Son *Cha* a accepté son présent. Il n'est donc pas banni. Le *Cha* lui renouvelle sa confiance et il continuera à le protéger.

Il faut peut-être que je vous explique le code d'honneur qui régit les *Grandes Familles* dans le monde fermé des *enfants de la rue*. Il y a les *Petits (Cha)* et les *Grands Cha (Cha Lon)* . Et il y a de ce fait les *Petites* et les *Grandes Familles*. Les *Grands Cha* règnent par eux-mêmes. Mais les *Petits Cha* doivent s'en remettre à l'autorité du *Grand Cha* de qui dépend l'organisation de la *Grande Famille.* Vous me suivez ? Ainsi, chaque petite *famille* n'est pas isolée, mais participe à un grand tout, sous l'autorité absolue du *Grand Cha* et de son *Conseil.* C'est le *Grand Cha* qui choisit le *Cha* de chacune des *familles* soumises à son autorité. Les *Petits Cha* ont toute autorité dans la gestion quotidienne de leur *famille* respective, mais ils sont redevables devant le *Grand Cha* du bon fonctionnement de celle-ci. S'ils ont toute latitude pour accueillir qui bon leur semblent au sein de la *famille,* ils sont par contre assujettis à l'implacable règle de la soumission quand le *Grand Cha* décrète le renvoi d'un membre qui ne remplirait pas, à son gré, les clauses du contrat tacite qui lie chaque membre à sa *famille*. Cette règle s'adresse aussi au *Cha* lui-même qui peut se voir banni pour quelque raison que ce soit et même sans aucune raison s'il plaît au *Grand Cha* d'agir ainsi. Mais le bannissement est rare, car il est de l'avantage du *Grand Cha* de voir à la stabilité de ses *familles*. Il en va de sa propre sécurité comme de la prospérité de sa *Famille*. Aussi, être banni d'une *famille* est-il la pire sentence qu'on puisse subir. Car un exclu n'a aucune chance d'être repêché par une autre *famille*. Un exclu est traité pis qu'un pestiféré. Il est voué à une vie de prostitué dans les bas quartiers, de rapines dans les marchés sordides, de solitude et de misère qu'une mort prématurée vient abréger.

Le *Grand Cha* regarde Lap un moment, puis centre son attention sur Cuu Long qui ne bouge pas.

— Va coucher l'enfant, ordonne-t-il. Il tombe de sommeil. Et reviens. Nous avons à parler. Et dis à ton frère de se faire discret. Il n'est pas de la *Famille*.

Les ordres ont fusé d'une voix éteinte, presque dure. Je voudrais lui répondre sur le même ton : lui dire que je n'ai rien à foutre de sa *famille ;* que j'ai la mienne et que je ne tarderai pas à la retrouver. Qu'il n'a pas à être si désagréable avec quelqu'un que le malheur vient de frapper. Mais je prends le parti de me taire. Une intuition. La bonne sans doute. Je déteste cet homme assis sur ses talons et qui tire sur sa cigarette comme si le sort du monde dépendait de la manière qu'il s'emplit les poumons de goudron et de nicotine. Je n'aime pas son sourire aiguisé comme la pointe d'un poignard, ses yeux rouges de rat, sa crasse, sa manière surtout de prendre les choses comme si on les lui devait. Mais je comprends que le moment n'est pas à l'étalage de mes frustrations.

Cuu Long s'éloigne avec Lap. Je l'entends embrasser l'enfant, le couvrir et lui donner l'ordre de dormir. Il lui parle doucement, l'apaise d'une voix inaudible. Il reste un moment près de lui, puis j'entends un petit ronflement. Lap s'est endormi. Cuu Long revient d'un pas lourd. Je me suis réfugié dans un coin d'où je vois tout sans être vu, d'où j'entends tout en sachant que je n'aurai rien à dire.

Les quatre cyclos font cercle autour d'une lampe à pétrole qui jette une pâle lueur sur leur visage boucané. Un espace est libre qui fait face au *Grand Cha* et à ce qui semble être son conseil. Manifestement, il s'agit d'un tribunal improvisé et on va rendre sentence.

Cuu Long s'assied à la place laissée libre, faisant face à ses juges. Les quatre hommes fument en silence et il faut un moment avant que l'un d'eux ne prenne la parole.

— Ta *famille* est détruite, dit l'homme à la gauche du *Grand Cha* en écrasant son reste de cigarette sur la semelle de sa sandale. À cause de ton idiotie, t'as mis en péril la vie de douze garçons que le *Cha lon* t'avait confiés. Ton campement est en ruine. T'es l'objet des poursuites incessantes de la part d'un ripou. Dans toute cette ville, t'es plus en sécurité. T'es une menace pour toute la *Famille*. T'as trahi la confiance qu'on avait mise en toi.

— Vinh ! intervient le *Cha lon* d'une voix calme. Ferme ta gueule !

L'autre s'agite sur son derrière, il émet un grognement puis crache derrière lui une grosse flaque de roupie noirâtre. Il est manifeste qu'il déteste Cuu Long. Et de se voir rappeler si brutalement à l'ordre par le *Grand Cha,* devant celui qu'on juge, lui fait perdre la face. La colère lui colore les yeux d'éclats rouges. Ses mains se crispent et il fait craquer chacun de ses neuf doigts sans émettre le moindre commentaire.

Le *Grand Cha* se lève, quitte sa place et vient s'asseoir tout près de Cuu Long. Il lui offre une cigarette, mais celui-ci la refuse.

— C'est vrai, j'oubliais, tu fumes pas.

Le *Grand Cha* allume une nouvelle cigarette à celle qu'il vient de finir puis, d'un geste précis des doigts, il jette au loin son mégot.

— T'as raison, *fils,* c'est que d'la merde !

Il prend une profonde inspiration puis, très doucement, expire la fumée blanchâtre qui monte lentement vers le ciel. Il regarde s'arrondir les volutes puis il reste un long moment le regard accroché au ciel sans étoiles.

— Demain, il fera très beau ! commente le *Cha lon*. Il tourne ensuite les yeux vers Cuu Long. Que vas-tu faire du gamin ?

Manifestement, Cuu Long ne s'attendait pas à cette question. Il met un certain temps à répondre.

— Lap est mon garçon. Il n'est pas d'âge à se défendre.

— Ce gamin n'est le garçon de personne, riposte l'homme avec d'autant plus de violence que sa voix n'a rien d'agressive. Juste un relent de vague menace. Je t'avais pourtant ordonné de t'en défaire. Je dois constater que tu m'as désobéi.

Cuu Long se tourne vers son *Cha* et, avec un aplomb dont je ne le croyais pas capable, il soutient le regard de l'homme. Il se joue là une partie étrange où l'arrogance de l'un peut signifier pour l'autre l'humiliation. Dans ces eaux, il faut manœuvrer avec prudence. Cuu Long ne peut se permettre d'outrager son protecteur en se montrant irrévérencieux. Il détourne finalement le regard et répond d'une voix ferme mais respectueuse.

— Je croyais qu'il était de la responsabilité du *Cha* de chaque *famille* d'accueillir qui bon lui semble.

— Et mon pouvoir, clame le *Cha lon,* toujours sans élever la voix, est d'en chasser quiconque ne me plaît pas. Cet enfant est trop jeune. C'est du bois mort.

— La responsabilité du *Cha* est de veiller à la protection et au bien-être de ses garçons. Lap est mon garçon. Il a besoin de mon aide. Je l'amène avec moi et je le protégerai.

Ce qui suit est gravé à jamais dans ma mémoire. À tout jamais.

L'homme se lève. Son visage est impassible, son corps habile à se mouvoir. Il s'arrête devant la lampe et se met à enfiler une série de mouvements précis et lents semblables à ceux qu'on peut voir exécuter par les adeptes du Taï Chi. Puis les mouvements se font plus saccadés, atteignent bientôt une certaine frénésie. Mais l'homme démontre toujours la même souplesse, le même contrôle. Ses bras s'élancent dans de longues envolées, ses jambes s'arquent dans des poses agressives, ses doigts griffent l'air. De petits sons félins glissent de sa bouche comme autant de menaces. Puis l'homme s'éloigne de trois longues enjambées. Dans une cabriole en trois temps, il bondit vers Cuu Long. À la dernière seconde, jaillit une arme dans sa main gauche, un couteau à longue lame qu'il agite dans l'air tiède de la nuit avant de la planter entre les doigts entrouverts de Cuu Long. Tout se passe si vite que mon ami n'a aucune réaction. Il est assis calmement et regarde l'arme plantée entre le majeur et l'index de sa main droite. Moi, je suis debout, pétrifié, croyant mon ami mort.

Le visage de l'homme s'est arrêté à quelques centimètres de celui de Cuu Long qui ne cesse malgré tout de le fixer avec arrogance.

— Ne me provoque pas Cuu Long, dit l'homme d'une voix retenue et menaçante. Ce serait une grave erreur. Ne me provoque pas !

Sur ces mots, l'homme se redresse, remet son arme dans son ceinturon et retourne s'asseoir à la place qu'il occupait au début de l'entretien. Le silence dure un long moment. Tous ont le visage penché comme des moines en méditation. Puis le *Grand Cha* parle.

— Écoute-moi, Cuu Long ! Écoute-moi, car je ne me répéterai pas. Quitte cette ville et n'y reviens jamais. Abandonne le gamin. Tu n'es plus un *Cha* et tu n'as plus de *famille.* Ne reviens pas, car je te tuerai. Et amène ton frère si tu ne veux pas qu'on le vende aussi. Tiens ! reprends ta montre. Elle te sera plus utile qu'à moi. Et prends garde ! À l'aube, si tu es encore à Saïgon, tu mourras.

Le visage de l'homme s'illumine d'un mauvais sourire.

— Je t'aime Cuu Long. C'est la seule raison qui fait que tu ne sois pas encore mort. Partez tous les deux et ne vous retournez pas.

Sans se presser et sans jamais faire dos à ses juges, Cuu Long me fait signe de le rejoindre. Nous mettons une distance de trente pas entre les quatre hommes et nous. Et quand il se juge assez loin pour être en sécurité, Cuu Long se retourne et quitte les lieux sans se presser. Quand nous atteignons enfin la rue Nguyen Tai Hoc, Cuu Long me prend la main et m'oblige à courir à toute vitesse. Pour tout éclaircissement, j'ai droit à cette seule explication.

— Il faut retourner au parc.

Nous y arrivons à bout de souffle. Là, je vois Lap qui nous attend assis sur un banc devant le carrousel éteint.

— Mais qu'est-ce qu'il fait là, lui ? m'exclamé-je avec un grand sourire d'étonnement.

— Tu pensais quand même pas que j'allais abandonner le seul garçon qui me reste à ce salaud de Tri.

— Mais, il était couché...

— Une fois couché, je lui ai dit de partir immédiatement et de nous attendre ici. Je me suis attardé et j'ai fait semblant de parler à Lap. J'ai même fait entendre un ronflement pour déjouer mes juges. J'ai fait un petit tas avec les couvertures. Avec un peu de chance, ils ne découvriront pas son absence avant le lever du soleil. Ce qui nous laisse environ – il consulte sa montre avec attention – six heures.

— Tu savais donc ce qui se préparait ?

— Oui. Ces salauds ne dormaient pas quand nous sommes arrivés. Ils nous attendaient. À croire qu'ils...

Cuu Long ne termine pas sa phrase. Il prend la main de Lap et se remet aussitôt en route.

— Ne restons pas ici.

Une heure plus tard, nous sommes de retour sur le toit de l'hôtel sordide en face du grand marché de Cholon.

17

Il est étrange de constater combien notre perception du monde change quand nous l'observons depuis le toit d'un édifice ou sur le faîte d'une très haute montagne. On a l'impression d'être au sommet du monde et d'observer l'univers avec les yeux de Dieu. Comme si tout ça était à nous, comme si tout ça faisait partie de nous. Mais ce soir cette vision, toute particulière qu'elle soit, n'a rien de très distrayant Il ne m'est pas très difficile de m'en extraire.

Cuu Long a déroulé un rouleau de carton qu'il avait entreposé dans un recoin. Il est étendu avec Lap à ses côtés. L'enfant s'est endormi très vite, la tête appuyée sur les genoux de son *Cha*. Celui-ci lui caresse le front avec des gestes lents.

Je m'étends à ses côtés, sans rien dire. Nous sommes si près l'un de l'autre que je peux respirer son odeur. Il sent bon. Il devrait puer après une journée pareille de chaleur et de course folle. Mais non ! Cuu Long sent bon. Ça me trouble un peu de sentir sa peau si près de moi.

Tiens, les étoiles sont revenues. Je les regarde briller dans le crible du grand feuillage du *cai sau rieng*, au-dessus de ma tête. La faim et la soif me tenaillent et je me contenterais bien des fruits amers de ses courges. Mais je suis trop épuisé pour m'imposer le moindre effort. Je suis épuisé, mais je ne ressens pas le besoin de dormir. L'excitation, sans doute.

Cuu Long a le regard fixé sur le ciel, lui aussi. Il est d'un calme ! Je lui en veux d'être calme. Il aurait mille raisons d'être assailli par les plus terribles appréhensions. Mais non. Il est là, immobile, un enfant sur ses genoux, il regarde le ciel et il sent bon. Ça me tirebouchonne la vie.

Après tout, ce qui se passe actuellement, tout ce qui nous pend au bout du nez, ces menaces de mort, ce bannissement et tout le reste que je ne sais pas, c'est un peu beaucoup à cause de lui que ça arrive. Tout être normal aurait pris ses jambes à son cou et serait parti sans demander son reste. Mais pas lui. Pas Cuu Long ! Lui, c'est un héros, il n'a peur de rien ni de personne. Il est au-dessus de toutes les mesquineries de la vie. Et tant pis s'il en meurt ! On ne fait pas d'omelette sans casser des œufs.

Non. Lui, monsieur, il a décidé de défier le monde entier : son *Cha lon,* toutes les *familles* de Saïgon, et *Gros Singe,* et tous les *bœufs jaunes* de la capitale ! Et d'envoyer bouler tout ça dans la stratosphère d'une simple pichenette.

C'est que, voyez-vous, monsieur Cuu Long a pris la décision de ne pas quitter Saïgon avant l'aube comme on le lui a si expressément demandé de le faire. Nous sommes sans argent, sans nourriture et il nous est impossible de nous montrer quelque part sans être à la merci de Tri. Mais qu'à cela ne tienne, Étienne ! Lui, il ne bougera pas !

Voilà, je me remets à respirer de travers. La colère me revient à gros bouillons.

Parce que notre magnifique petit *Cha-Cha* de mon cœur ne m'a pas demandé mon avis, à moi ! Que non ! Que non !

Et Lap ! Hein ? Notre beau et tout gentil petit Lap qu'il dit tant aimer, parlons-en de Lap. Qu'est-ce qu'il en fait de Lap ? Rien. Il s'en fout comme de l'an quarante. Qu'il crève ! Il s'est pourtant rendu responsable de cet enfant, non ? Personne ne l'a forcé que je sache. Ce n'est quand même pas l'enfant qui l'a suivi jusqu'ici. Il a bien fallu que quelqu'un l'y amène. Et ce quelqu'un, c'est Cuu Long. C'est lui qui a décidé de garder Lap avec lui. Alors, il s'est rendu responsable de l'enfant. Il doit voir à sa sécurité, non ou bien merde ! Et le minimum à faire dans les circonstances serait de ne pas mettre la vie de cet enfant en danger. Mais il s'en fout que l'enfant crève. Cuu Long sent bon, mais il n'a pas de cœur.

— Je ne sais pas ce que je vais faire avec Lap.

Quoi ? Qu'est-ce qu'il vient de dire là ?

Cuu Long a détourné son regard et ses grands yeux tristes me fixent sans bouger, comme s'il était mort. Mais il n'est pas mort, il respire.

— Qu'est-ce qu'il faut que je fasse de Lap ? Je peux pas lui imposer la vie qu'on se prépare. Il ne pourra jamais nous suivre. Et puis, ça risque d'être dangereux. Je me suis rendu responsable de lui. Le minimum que je puisse faire, c'est de pas mettre sa vie en danger... Tu ne penses pas ?

Qu'est-ce qu'il fait chier, ce gars-là ! Ça fait une journée que je le connais et j'ai l'impression que ça fait onze ans qu'il me pompe l'air. Qu'est-ce que j'en ai à foutre de Lap ? C'est son problème, qu'il se débrouille ! Y'a pas dix secondes, j'avais enfin trouvé une bonne raison de le détester, ce petit *Cha-Cha*, et voilà qu'il me la chipe cette raison, comme ça, méchamment, sans que je lui aie rien fait ! Fait chier des carrés de glace ! Un vrai suppositoire !

Tiens, il bouge encore. Je suis sûr qu'il va m'en sortir une autre.

— Je sais pas ce que je ferais si t'étais pas là, Thinh. T'es si calme. Si t'avais pas été là, tout à l'heure devant Tri, j'aurais sans doute foutu le camp. Je serais parti. J'aurais quitté Saïgon.

Qu'est-ce que je vous disais ?

— Quoi ?

— Sérieux. J'avais si peur ! J'étais tellement surpris. J'étais certain que Tri me viendrait en aide. Au lieu de ça...

Il jette un regard attendri vers Lap qui dort en confiance sur ses cuisses. Cuu Long ne bouge pas. Ses yeux sont immobiles, un peu rougis par la fatigue.

— Comment je vais faire pour le mettre à l'abri ? Y va se sentir abandonné.

— Y doit bien exister des orphelinats, dis-je un peu froidement.

— L'orphelinat ? Mais c'est une vraie prison, l'orphelinat ! Tu penses quand même pas qu'on va abandonner Lap sur les marches d'un orphelinat ? Ça va le rendre malade !

— Pis, si on le garde avec nous, il va crever. Tu sais aussi bien que moi que Lap n'a pas les ressources qu'il faut pour survivre dans la rue.

Cuu Long se raidit. Mes propos semblent l'agiter grandement. Je vois son visage se durcir et sa voix se faire lourde de reproches.

— Et toi ? Tu les as, les ressources ? Pourquoi tu t'abandonnerais pas aussi dans un orphelinat ? Qu'est-ce que tu connais à la vie d'un enfant de la rue, viet kieu ! T'es ici depuis seulement deux jours.

— Tu peux bien me traiter de ce que tu voudras si ça te soulage, mais j'en connais assez pour savoir que Lap n'a pas une chance sur mille de survivre plus d'un an dans la rue. Tu le sais aussi bien que moi. C'est pour ça que t'es tellement attaché à lui, que tu le protèges comme une vraie maman. Tu sais pourtant ce qui arrive à ceux qui n'ont pas les moyens de se défendre dans votre univers de merde : ils crèvent comme des chiens. La mort de ton frère ne t'a donc rien appris ?

Cuu Long s'est levé d'un bond. La tête de l'enfant frappe durement le sol. Lap se met à pleurer. J'ai bien cru un instant que Cuu Long allait me sauter dessus. Son regard est chargé d'une telle fureur que je n'ai pu faire mieux que de reculer de deux pas afin de mettre une distance prudente entre lui et moi. Au cas où...

Mais il ne se passe rien.

Cuu Long ne bouge pas. Il reste à sa place et respire avec précaution, question d'atténuer le feu qui couve en lui. Un moment, il s'est retourné si brusquement que j'ai esquissé un nouveau geste pour me protéger. Je le vois disparaître par l'échelle qui mène à la cour intérieure de l'hôtel. J'entends des coups légers sur une porte de métal, cinq étages plus bas. La porte s'ouvre. Un chuchotement me parvient depuis le jardin. Je reconnais la voix du vieux Chinois. Elle semble brisée par une étrange émotion. La porte se referme.

Il est tout près de minuit trente quand Cuu Long revient sur le toit, la culotte tout de travers. Il porte un gros thermos de soupe fumante, du pain et des beignets de crevettes.

Il étend un large carton qui sert de nappe. D'un sac de cuir, il tire trois bols, des cuillères et une chandelle qu'il plante dans un bougeoir de cuivre noirci. Il ouvre le thermos et verse la soupe dans les trois bols. Il attend que le fumet s'éparpille dans l'air ambiant.

Du coin de l'œil, je le regarde. Il est assis, les mains posées sur ses genoux. Les parfums de la soupe s'enroulent à présent autour de mes narines et me font saliver.

Cuu Long me tend un bol. Je ne sais comment réagir. Alors qu'une heure plus tôt je croyais qu'il allait me casser la gueule, voilà qu'il me sert de la soupe. Décidément, ce garçon n'est pas d'un modèle courant. Tout me déconcerte chez lui... et me fascine.

— Pardonne-moi, Cuu Long. Tantôt, je ne voulais pas te faire de la peine.

Il me fixe alors avec un regard chargé de tant de chagrin que des larmes me viennent aux yeux.

— Ne me parle jamais plus de Thuan... Thuan est mort. Mon frère maintenant, c'est toi. Prends ton bol et mange. On ne pourra pas dormir le ventre creux après toutes ces émotions.

— On réveille Lap ?

L'enfant émet alors un petit ronflement puis se détourne de nous en s'enroulant dans sa couverture.

— Vaut mieux le laisser dormir, opine Cuu Long. On lui réserve quand même une part de soupe et un beignet. Ça lui fera de quoi bouffer demain matin.

Ce fut le signal pour nous jeter sur la nourriture comme des mouches sur une crotte de chien. On bâfrait en gloussant d'aise et en se caressant du regard. La question me vint et je la posai sans réfléchir. C'est seulement une fois la dernière parole prononcée que le regret me vint de n'avoir pas réfléchi davantage avant de parler.

— Qu'est-ce qu'il te veut, le vieux Chinois ?

Cuu Long resta interdit, les baguettes en l'air, ne sachant pas quoi répondre. Mais contrairement à ce que je m'attendais, ma question ne sembla pas l'indisposer outre mesure. Au contraire, elle éveilla chez lui un large sourire.

— Un client, me répondit-il sans sourciller. Juste un client !

J'étais naïf, mais pas au point de me contenter de cette réponse sibylline. Je sais bien les raisons qui rendent les vieux bonshommes si généreux à l'égard d'un garçon de quatorze ans qui vient frapper à leur porte aux petites heures de la nuit Et je n'étais pas dupe des raisons qui faisaient que mon ami ressortait de chacune de ses visites chez ce vieil homme les culottes mal boutonnées et la chemise de travers. Mais je n'en fis rien voir. Insister eut été faire preuve de maladresse et d'un manque de savoir-vivre, savoir-vivre que je n'étais pas prêt à abandonner si tôt dans ma nouvelle carrière d'enfant de la rue. On a quand même ses principes.

Alors, nous reprîmes notre souper. La bonne humeur revint très vite. La nuit était redevenue belle et les soucis semblaient avoir migré vers un autre monde. Il y eut tout de même cette dernière question qui vint, de Cuu Long cette fois.

— Qu'est-ce que je ferais sans toi ? Qu'est-ce que je ferais ?

Il me regarda avec des yeux d'une douceur infinie d'où n'était pas exclue une grande tristesse. Plus tard, nous nous allongeâmes l'un près de l'autre. Cuu Long enfouit sa tête sous mon bras et s'endormit presque aussitôt.

Une lueur passa. Puis le monde peu à peu s'effaça. Dieu venait de fermer les yeux.

18

AU MATIN, JE ME RÉVEILLE DANS UN DRÔLE D'ÉTAT. J'AI PASSÉ UNE NUIT BIZARRE. ET PUIS J'AI LE SLIP TOUT TREMPÉ. ET JE SUIS dans une érection de général en chef. Remarquez que ce n'est pas la première fois que ça m'arrive, mais chaque fois ça me surprend. Et ce matin, ça me gêne. C'est que Cuu Long a bien vu mon malaise et il n'arrête pas de me zieuter en rigolant.

— T'as fait de beaux rêves, mon petit monsieur ? me demande-t-il d'un ton sarcastique.

— T'as fini de me regarder d'même ? C'est pas un spectacle du Cirque du Soleil !

— Ben, dans ce cas-là, va pisser. Ça va te soulager.

Il m'énerve ! Pendant qu'il détourne les yeux toujours en rigolant, je me suis réfugié dans un coin discret pour uriner.

— Viens manger ! me lance Cuu Long. Après une nuit pareille, t'as besoin de te refaire des forces.

Je n'ai pas relevé l'ironie. J'ai fait semblant de ne pas l'entendre. Je me suis approché de l'intendance autour de laquelle s'agite un Cuu Long en joyeuse forme. Je m'attendais à le trouver tendu, inquiet, voire mort de peur. Mais non. Il paraît d'un calme presque dérangeant.

Il est assis sur ses talons. Il fait bouillir de l'eau sur un réchaud qu'il a sorti de je ne sais où. Sur une nappe, il a placé trois couverts avec, au centre, du pain, du fromage, de la confiture de prunes, un pot de *Nescafé,* du lait et du sucre.

— Où que t'as pris tout ça ? fais-je d'un air innocent en cherchant à détourner la conversation vers un autre sujet que celui de ma puberté naissante.

— Chez la mère Bà Chàng Lua.

— La vieille qui tient une pâtisserie ?

— Exactement.

— Tu veux dire que t'es allé traîner autour du marché ?

— Comment tu penses que j'ai pu nous trouver à déjeuner ? Ici, on fait pas la livraison.

— C'est dangereux ! T'oublie ce que ton *Cha Lon* nous a dit hier soir. Tu peux être certain qu'il a dû faire surveiller tout Cholon afin de savoir si tu as bien foutu le camp de Saïgon comme il te l'a ordonné.

— Je sais. Et c'est ce qui va le perdre. Je veux qu'il sache qu'on est toujours ici. Je veux qu'il sache que j'ai pas l'intention de quitter Cholon ni Saïgon.

— Mais ça va le mettre dans tous ses états.

— Tant mieux !

— Il va nous tuer.

— Il va essayer. Désormais, c'est sa vie contre la nôtre.

— Ça promet ! Avec quoi on va se défendre ?

— Avec ça ! répond Cuu Long en pointant son index vers son cerveau.

— Ben, on n'est pas sortis du bois !

— Comme tu dis.

— Mais on doit ben pouvoir compter sur...

— Si t'as dans l'idée qu'on peut compter sur des alliés, détrompe-toi. Toutes les *familles* détestent Tri. Mais y'en n'a pas une qui va lever le petit doigt pour nous venir en aide.

— Pourquoi ?

— Tri est protégé.

— Par qui ?

— Je n'en suis pas certain.

— Mais t'as bien une idée de qui est derrière lui ?

— Bien sûr.

— Qui ?

— Quand j'en serai certain, je te le dirai.

— D'ici là, c'est nous qui risquons de nous retrouver six pieds sous terre.

— C'est un risque en effet. Mais dans deux jours, si nous survivons, toutes les *familles* nous apporteront leur secours sans que nous ayons à les solliciter.

— Pourquoi ? Qu'est-ce qui va se passer en deux jours pour que les *familles* changent d'avis ?

— Quarante-huit heures.

— Très drôle !

— Sur la rue, tout peut arriver en quarante-huit heures... Ou rien, s'empresse-t-il d'ajouter.

— C'est ça ! Pis nous autres, on sera peut-être morts, ou ben peut-être qu'on le sera pas.

— Tu vois, tu commences à comprendre.

— Ah ! pour comprendre, c'est pas compliqué. On n'a qu'à pas mourir avant quarante-huit heures pis peut-être qu'on a une chance de mourir un peu plus tard !

— Peut-être. Mais au moins on va mourir le ventre plein. Viens manger.

— Pas faim ... Non, mais t'as pensé à nous autres. T'as pensé à Lap ? Y'a seulement six ans !

— Je le sais que le gosse a seulement six ans. Je mettrai jamais la vie de Lap en danger. Mais chaque chose va venir en son temps.

— Quand il sera mort, il sera top tard !

— Moins fort, j'ai dit... Lap, je m'en occupe. Comme tu l'as si bien dit, *viet kieu*, Lap est sous ma responsabilité. Maintenant mange ! On a beaucoup à faire aujourd'hui.

— Oui, mourir, ça demande beaucoup d'énergie...

— Ta gueule ! me chuchote-t-il.

On se met à mastiquer nos croissants sans grand appétit.

— Il faut quitter Saïgon pendant qu'il en est encore temps, dis-je en marmonnant entre deux bouchées de pain.

— On n'a pas d'argent.

— L'argent, ça se trouve. On n'a qu'à faire les poches d'un ou deux marchands de Cholon.

— Tu disais que tu voulais pas qu'on se fasse voir dans le quartier. Faudrait savoir ce que tu veux.

— Fais pas l'innocent. Tu sais très bien ce que je veux dire.

— Non. À vrai dire, non ! Je le sais pas ce que tu veux..

— Je veux qu'on quitte Saïgon.

— J'ai d'abord une ou deux choses à vérifier. Après on verra.

— Après, il sera trop tard. Tu le sais très bien.

— SHHHHUT ! (Cuu Long jette un rapide coup d'œil vers Lap qui ne semble n'avoir rien entendu et qui s'amuse un peu plus loin avec trois bouts de bois et une ficelle). T'as peur. Admets-le qu'on en finisse.

— Oui j'ai peur. Et n'importe qui, qui a toute sa tête, aurait peur aussi.

— Eh bien, je ne suis pas n'importe qui.

— Ou ben t'as pas toute ta tête. Oh ! mais c'est vrai, j'oubliais. Tu es Cuu Long, le super héros ! Celui qui a peur de rien ; celui qui a déjà tué son *Cha.* Celui qu'on craint comme le diable dans tout Saïgon.

— Enfin, t'as tout compris !

— Oui, je comprends. Je comprends qu'on est dans la merde jusqu'au cou et qu'on est tout seuls !

— Erreur, *viet khieu* ! On est tous les deux. Et à nous deux, on va changer le monde.

— C'est ça, ouais ! Pis arrête de m'appeler viet kieu !

Je mords à pleines dents dans mon restant de croissant au fromage et je plonge dans la tasse de café chaud encore fumant. Je ne parle plus. Je n'ai plus rien à dire. Je suis déjà épuisé avant même que ne s'entame cette journée. À son tour, Cuu Long trempe les lèvres dans le café. Nous buvons à la même tasse puisque nous n'en avons qu'une seule, en carton, le bord effiloché, l'anse noircie. Il dépose la tasse et il me regarde intensément quelques secondes. Il reprend la tasse puis, avant d'y puiser une dernière gorgée, il me lance :

— Je n'ai jamais tué personne.

Il y a du dépit dans la voix de Cuu Long comme s'il regrettait ou de ne pas l'avoir fait ou d'avoir la faiblesse de s'en confesser à moi.

— Quoi ? Mais tu disais que tout Saïgon...

— Un des garçons de la *famille* m'a trouvé alors que j'étais encore penché sur le cadavre de Hung. Il était déjà raide, le gars, quand je l'ai découvert, un couteau rouillé planté entre les épaules. Il devait être mort depuis plusieurs heures déjà. Je venais de retirer le couteau de son corps quand le garçon m'a surpris. Et comme j'avais du sang partout et que j'aurais eu mille raisons de le tuer... En tout cas, le garçon m'a regardé avec un grand sourire comme s'il était tout heureux que son vœu soit enfin exaucé. Hung, on l'appelait aussi *le Balafré*, était détesté par tous ceux qui le connaissaient.

Cent personnes auraient eu mille raisons de vouloir le tuer, à commencer par les *Cha* des autres *familles* à qui Hung faisait mauvaise presse. Hung était un mauvais *Cha*, un des pires de Saïgon. Et ça nuisait à la réputation des autres. Beaucoup de *Cha* sont détestés par leur *famille*. Mais Hung l'était plus que tous les autres. Il était cruel et n'accordait aucune attention aux besoins de ses *enfants*. Alors le garçon, il s'appelait Minh, quand Minh a raconté son histoire un peu partout, il a brodé un peu, il a ajouté quelques détails croustillants de son cru. Et comme je n'ai rien démenti...

— Mais pourquoi t'as pas dit la vérité ? Pourquoi t'as laissé faire ?

Cuu Long me regarde avec des yeux un peu déçus, comme si la chose allait de soi, comme si la question ne se posait même pas, comme si j'aurais dû savoir.

— Parce que ça m'arrangeait.

Nous finissons notre repas en silence.

19

Il était perceptible, dès le départ, que cette journée serait exceptionnelle. Aussi, pourquoi ma surprise fut-elle si grande quand se produisit cette succession d'événements et que nous fûmes saisis par cette impitoyable envie de vengeance qui nous submergea au point de nous faire ressembler tous à des animaux ? Je n'en sais rien. La seule excuse que je puisse aujourd'hui invoquer est notre jeunesse. Nous n'avions pas l'expérience de pareils débordements. Aussi fîmes-nous, dans la plus totale improvisation, quand il nous fallut trouver à notre désespoir une issue qui ne nous soit pas fatale.

Nous marchons d'un pas rapide. Cuu Long regarde droit devant lui sans porter attention ni aux gens que nous croisons ni à la circulation démente que nous devons affronter à cette heure matinale. Il n'arrête même pas aux intersections pour voir venir. Il marche du pas sûr de celui qui sait où il va.

Comme d'habitude, j'ai du mal à le suivre, sans doute parce que je ne sais jamais quelle direction mon ami prendra. Il va à droite à un croisement, à gauche au suivant sans avertissement, donnant l'impression qu'il ne suit aucun itinéraire précis. Il marche sans ralentir, le corps droit comme un I, le visage fermé comme une huître. J'ai l'impression qu'il marche simplement pour qu'on le voie, pour qu'on sache qu'il est toujours là et qu'il n'a pas l'intention de quitter Saïgon.

Nous avons laissé Lap en sécurité sur le toit de l'hôtel de Cholon. Heureusement ! Il n'aurait jamais pu suivre le rythme de cette parade dans les rues de Saïgon. C'est d'ailleurs le prétexte que lui a servi Cuu Long quand il lui a ordonné de rester sur place. L'enfant s'est mis à pleurnicher parce que nous l'abandonnions. Mais Cuu Long n'a tenu aucun compte de ses récriminations et nous sommes partis.

Je me déplace avec inquiétude. J'observe le moindre détail suspect. J'essaie de deviner qui chuchote sur notre passage, qui nous suit, qui nous observe. Je surveille le moment inévitable où le danger s'abattra sur nous, par-derrière ou par-devant, sous les traits du *Cha Lon* ou de *Gros Singe* ou d'une armée de *bœufs jaunes* ou de *cravates.* Ou mes parents ou *ba gnaoi* ou la gendarmerie royale du Canada ou Charles. Tiens ! celui-là, je me demande ce qu'il est devenu...

Je dois bien me rendre compte finalement que mon inquiétude est sans objet. Aucun danger ne semble nous menacer. Rien ni personne. Pas même le commencement d'un début d'alarme. Quand enfin la paix allège mon âme, c'est le moment que choisit Cuu Long pour me prendre la main et m'entraîner dans une course folle dans les ruelles hôtelières du quartier Pham Ngu Lao que nous avons atteint sans que je sache trop comment.

J'ai peine à me rendre compte de ce qui se passe derrière nous. Pas le temps de regarder. Toute mon attention est concentrée à suivre Cuu Long dans le dédale de ruelles, de cours et de passages étroits que nous empruntons au gré des ouvertures qui se présentent et sans tenir compte des obstacles qui se dressent parfois. Des seuils de porte à éviter, des escaliers à monter ou à descendre, des gens qu'on bouscule ou qu'on évite quand on le peut.

J'entends des pas de course, des cris et des voix essoufflées qui s'agitent dans l'air chaud et humide de ce début d'avant-midi. À l'évidence, des hommes nous poursuivent ou des garçons. Cinq ou six ou dix. Plus que trois en tout cas. D'où sortent-ils ? Je n'en sais rien. Depuis quand nous suivent-ils ? Depuis le début sans doute. Pourquoi alors Cuu Long a-t-il choisi ce moment précis pour tenter d'échapper à leur surveillance ? Aucune idée !

On vient de tourner à gauche. On s'engouffre dans la porte grande ouverte d'un mini-hôtel, le *Thanh Thanh*. Comment ai-je pu lire le nom accroché en haut de la porte ? Sais pas. Un homme nous gueule après, pas sympa le patron ! Une femme nous poursuit à grands coups de casserole sur les murs. Ça ne nous empêche pas de sortir par l'arrière, de traverser la rue et de disparaître dans un mince espacement entre deux bâtiments tout juste assez large pour laisser passer un chat. Le passage va en s'élargissant. Une échelle est rivée au mur. Derrière, on n'entend plus rien. Les pas de course se sont éteints comme un feu sans combustible.

Nous venons d'atteindre le toit de l'édifice. En sueur, la bouche sèche, les poumons en feu. Nous nous assoyons à l'ombre d'un amoncellement de vieux cageots. Pendant un bon cinq minutes nous sommes incapables d'émettre le moindre son. Toute notre énergie est investie dans le fait qu'il nous faut retrouver notre souffle. Peu à peu, le calme revient et nous nous mettons à rire, ravis d'être encore en vie ou pas morts, avec tous nos morceaux intacts, à l'abri. Je vois dans les yeux du *Cha-Cha* combien il est fier de son exploit.

— Comment tu savais qu'on était suivis ?

Cuu Long pointe son nez.

— Mes yeux.

À nouveau, nous éclatons de rire.

— Une chance qu'on n'a pas traîné Lap avec nous.

— Lap est en sécurité là où il est, riposte Cuu Long en se raidissant. Pas question de mettre sa vie en danger.

Le ton tranche avec les sourires satisfaits qu'il m'adressait un instant plus tôt.

— Qu'est-ce qu'on fait ici ? Où on est ?

— C'est le toit de l'hôtel dont je te parlais.

— Quoi ? L'hôtel où tu veux amener tes premiers clients quand tu seras un prostitué ?

Il ne répond pas. Il me fusille d'un regard noir comme si je venais de l'insulter. Je ne comprends pas sa réaction. Après tout, je n'ai rien inventé. C'est lui-même qui m'a parlé de ce projet. Il n'en reste pas moins que ma référence à ce fait semble l'avoir grandement insulté. Rapidement, il se calme. Il sauve la face en esquissant un large sourire.

— C'est ça ! Le plus grand prostitué de tout Saïgon et le plus riche ! On va s'arracher mon petit cul à prix d'or. Dis-moi, j'ai de belles fesses ? Tu crois qu'ils vont aimer mes fesses ?

La question me prend complètement au dépourvu. Que voulez-vous répondre à ça ? Sans compter qu'il y a beaucoup de tristesse dans la voix de Cuu Long tout à coup. Manifestement, mon ami n'attend aucune réponse de ma part. Après un moment, il détourne le regard et fixe un oiseau qui piaille sur la branche d'un papayer.

— Il va falloir que je prenne plusieurs kilos et que je fasse des exercices pour me sculpter des muscles. Les Américains préfèrent les garçons un peu enveloppés, avec des beaux muscles, là, et là et surtout ici, criaille-t-il en s'empoignant l'entrejambe.

Il me plaque un regard insolent puis, voyant que je ne réagis pas, il ajoute d'une voix troublée comme une eau boueuse qu'on agite.

— Pour un garçon de la rue, faire le prostitué, c'est la position parfaite. Couché sur le dos, on voit toujours le ciel.

Voyant que je ne réagis toujours pas, Cuu Long s'est réfugié dans la contemplation passive de cette grande mer bleue qui s'étend au-dessus de nos têtes. Le silence est souvent bienfaisant, mais parfois il est lourd comme une pierre jetée sur le miroir des eaux. Il s'enfonce très creux et soulève en surface des rides qui se propagent indéfiniment. Et bien que les ondes peu à peu se dispersent avant de disparaître, au fond du cœur, comme au fond des eaux, la pierre demeure comme une preuve tangible que la paix est toujours fragile et jamais durable. C'est ce silence qui nous enveloppe, Cuu Long et moi, pendant de longues minutes. Ce n'est pas un silence souhaité ; c'est un silence imposé par les circonstances.

Après un moment qui m'apparaît interminable, Cuu Long bouge enfin. Il se lève et se dirige prudemment vers la balustrade de ciment qui ceinture le toit. Il soulève la tête au-dessus du muret et jette un regard circulaire sur les environs. Je le vois s'arrêter, les yeux rivés sur un point légèrement en retrait vers la gauche. De la main, il me fait signe d'approcher. Il a le visage tout chiffonné par un grand sourire. Du doigt, il désigne un attroupement de jeunes filles qui encombre la devanture d'une librairie. Certaines d'entre elles occupent les petits bancs d'une marchande de soupe qui a installé son intendance juste en face de l'immeuble où nous sommes cachés.

— Elles sont belles, n'est-ce pas ? me lance Cuu Long en clignant des yeux avec amusement.

En effet, les jeunes filles dégagent une beauté étrange avec leur corps mince, leurs longs cheveux noirs qui coulent en chute libre sur leur *ao daï* de soie blanche et vaporeuse. Aucune vulgarité n'émane de leurs rires discrets, de leurs gestes retenus comme des prières. Même la manière qu'elles ont d'occuper ces sièges inconfortables, l'élégance qu'elles mettent à manger leur soupe, à soulever le bol, à tenir leur cuiller témoignent d'un raffinement exquis qui confine à la grâce des anges. On leur mettrait des ailes qu'elles s'envoleraient.

— Elles sont... magnifiques ! dis-je en cherchant le mot qui décrirait le mieux ma pensée.

— C'est ça, oui, magnifiques. Elles sont magnifiques ! J'en ai connu une, de ces filles. Je veux dire pas de celles-là. C'était dans le quartier de Dong Khoi, près de la cathédrale. Elle s'appelait Mai. On s'était rencontrés par hasard à la sortie d'école. Nos premières rencontres se firent toujours au hasard. Puis, avec les semaines, on prit l'habitude de ces moments volés au temps. Je savais à quelle heure elle quittait son école, alors je l'attendais. J'aimais nos rencontres. J'avais l'impression de vivre deux vies en une seule. On se promenait ensemble. On s'arrêtait toujours à un bistrot sur la rue Thi

Buoi. On prenait une glace que je lui payais ou qu'elle me payait selon à qui la fortune souriait ce jour-là. Puis on se rendait à pied place de Me Linh où on admirait les bateaux sur la rivière Saïgon. Nos rencontres se sont poursuivies pendant plus de deux mois. J'étais amoureux fou et je crois bien qu'elle m'aimait aussi. On dit qu'à notre âge l'amour est sans réelle importance. Mais on a tort. Pour moi qui n'avais rien, Mai représentait tout. Puis, un jour, elle n'est pas venue au rendez-vous. Ni le lendemain ni les jours suivants. J'étais très inquiet. Je l'attendais, chaque soir, et chaque soir je repartais le cœur en charpie.

— Que lui est-il arrivé ?

— Un soir que je l'attendais, une fille qui disait être son amie est venue me voir. Le regard qu'elle avait, celle-là ! Elle me dit qu'il était inutile de l'attendre. Que Mai ne fréquentait plus cette école. Je m'obstinai tout de même. Et chaque soir de la semaine qui suivit, je l'attendis près de l'école. Jusqu'à ce que la jeune fille revienne. Elle me répéta que je perdais mon temps. Que je n'avais rien à faire là. Puis, voyant que je ne réagissais pas, elle avait ajouté que tout ce qui arrivait était de ma faute. Que si Mai n'était plus là, c'était en grande partie à cause de moi et qu'il valait mieux pour tout le monde que je disparaisse de sa vie. La fille était en colère. Je lui demandai ce qu'elle voulait dire par là. Elle me répondit avec un mépris manifeste qu'un garçon comme moi n'avait rien à faire avec une fille comme Mai. Que je l'avais salie ou quelque chose comme ça.

— Quelle garce !

— Elle me révéla que le père de Mai nous avait surpris un soir alors que nous étions enlacés et que, pour éviter que les choses dégénèrent, il avait décidé d'éloigner Mai de Saïgon. J'ai appris plus tard que Mai avait été placée dans un pensionnat de Dalat. J'étais anéanti.

— Et tu crois que c'est vrai ?

— Quoi ?

— Qu'elle a été placée dans un collège de Dalat ?

— Sans doute, je n'en sais rien. Chose certaine, je n'ai jamais revu Mai.

— Tu n'as jamais cherché à la revoir ?

— Que voulais-tu que je fasse ?

— Je ne sais pas. Te rendre chez elle. Exiger des explications.

— Je n'avais que douze ans. On ne prend pas au sérieux des amoureux de douze ans. Et puis je n'ai jamais su son adresse. Elle avait toujours refusé que je la reconduise chez elle. On se laissait Place Me Linh...

— Tu ne l'as jamais suivie ?

— J'ai toujours respecté son vœu. Je n'ai jamais su où elle habitait. Voilà !

À nouveau, Cuu Long s'abîma dans un profond silence. Le temps qu'il me raconte son histoire, il s'était effondré contre le muret et n'en bougeait plus. Un moment, j'ai cru qu'il pleurait. Il avait seulement les yeux rouges, et derrière ces yeux, il y avait une marée de larmes qu'un mur d'orgueil contenait. Un moment encore et il tendit son visage vers le soleil. Il ferma les yeux et parla à nouveau. Il y avait du plomb dans ses paroles, lourdes qu'elles étaient, toutes chargées d'une espérance *désespérante*.

— Un jour, dit-il, on sera riches, toi et moi. On ne sera plus obligés de faire le prostitué. On va sortir de la rue, tous les deux, la tête haute, les poches pleines, avec plein de bijoux et de dents en or. Et là, je me rendrai à Dalat. J'enlèverai Mai et nous nous marierons. Et toi, on te trouvera la plus belle fille du monde et tu te marieras aussi. Avec elle ou avec une autre, comme tu voudras. On aura chacun dix enfants et aucun d'entre eux n'aura jamais besoin d'être prostitué, car nous serons riches ; parce que nous, Thinh, nous leurs *pa,* on sera de plus en plus riches. Nous aurons une très, très grande maison, avec des voitures de riches, de beaux habits, un bateau à moteur. On nous appellera *MONSIEUR*. Nous aurons des serviteurs, une grande piscine bleue, des fleurs partout dans un grand jardin avec des statues. Et nous serons amis pour toujours, des frères, de vrais frères.

Il s'est tu. Il paraît si seul, mon *Cha-Cha !* Oui, si seul et si désespéré avec ses rêves insensés, avec cette vie de guimauve toute rose comme une grosse boule de barbe à papa collante, délicieuse au début, mais qui rend tellement malade si l'idée nous prend de la déguster jusqu'au bout.

Moi, je ne dis rien. Je n'ose pas lui avouer que je ne ferai jamais le prostitué. Je ne veux pas lui dire qu'on n'a jamais vu un enfant de la rue devenir millionnaire en faisant le prostitué. Bien sûr, me direz-vous, je n'ai pas, de la rue, l'expérience qu'il a. Mais je vois et je sais.

C'est à ce moment que j'ai entendu leurs pas derrière nous, des pas feutrés sur le ciment chaud. Ils sont là, debout, sans bouger. Ils sont face au soleil si bien qu'au début j'ai du mal à les reconnaître. Puis la dame tourne légèrement son visage dans ma direction et là, dans un délire d'incompréhension, la vérité m'éclate en plein cœur. Un nœud me serre le ventre. J'arrête de respirer. Ils sont là. Aussi incroyable que cela puisse paraître, ils sont là. Je me suis levé comme si une force incommensurable m'avait fait jaillir du toit. J'ai du mal à me concentrer. Tout est flou. Mes yeux ne parviennent pas à faire le point sur l'image qui se dresse devant moi. Ce sont pourtant bien eux ! Mes parents sont arrivés sans que je m'y attende. Ils sont là avec leur tête, avec leur corps. Ce n'est pas une apparition, ce n'est pas un de ces stupides mirages. Ils ne flottent pas. Ils sont là, bien droits. Maman me tend les bras, papa a de grosses larmes. Et puis maman s'élance et me saisit, m'étouffe de caresses et de baisers. Papa m'a soulevé de terre en répétant inlassablement mon nom.

Comment ont-ils pu arriver jusqu'ici sans que je les voie venir, sans que je sente leur présence de loin ? Comment ai-je pu oublier le parfum de ma mère et l'odeur d'eau de toilette qui accompagne papa aussitôt qu'il s'aventure à l'extérieur de la maison ? Qu'importe, ils sont là ! Ils sont revenus me chercher. Je ne serai jamais un enfant de la rue. Je ne ferai jamais le prostitué.

Cuu Long est debout. Près de moi. Il nous regarde sans rien dire. Il sourit. Et mon père lui sourit et ma mère ne cesse de poser sur lui des regards attendris. Et c'est là que je comprends. Je sais maintenant pourquoi Cuu Long ne voulait pas fuir Saïgon. Voilà ce qu'il avait tant à faire ce matin. IL AVAIT RETROUVÉ MES PARENTS. Il m'avait mené à eux en négligeant le danger que représentait pour lui le fait de se montrer ainsi dans les rues de Saïgon. Je le regarde, les yeux pleins de reconnaissance. « Nous serons toujours des frères ! » Je ne cesse de le lui répéter. Mes parents l'ont pris avec eux. Ils le bercent de caresses et le couvrent de baisers. Puis tous les trois me saluent en riant et ils quittent le toit en me laissant seul sans que je comprenne ce qui m'arrive. Je ne sens plus rien. Seulement quelqu'un qui me tire le rebord de mon pantalon pour que je me penche et me mette à l'abri.

— Reste pas debout, idiot ! Tu vas nous faire repérer.

Sans trop savoir ce qui m'arrive, je m'assois à côté de Cuu Long. Je ne bouge plus. Mes parents sont disparus comme des fantômes inaccessibles et la réalité s'est imposée à moi avec une singulière cruauté. Pendant quelques secondes, je n'ai pas été capable de dire quoi que ce soit. Mais le premier choc passé, je me suis mis à hurler.

— Mais qu'est-ce qu'on fait ici?

J'ai posé ma question au vent. Et comme il n'y a aucun vent, mes paroles me sont retombées en plein visage. J'ai parlé en français, si bien que Cuu Long n'a rien compris à ce que j'ai dit. Il me regarde avec des yeux ébouriffés comme si des cheveux lui sortaient des arcades sourcilières.

J'ai les poings si serrés, le visage si dur que tout mon corps est secoué de spasmes. Je ne dis rien. Les larmes qui coulent sur mes joues se sont vite asséchées. Mais la colère est toujours là, pareille à elle-même, violente, rétive, aussi corrosives à l'âme qu'un acide sur l'acier.

20

Cuu Long se fige. Ses yeux fixent droit devant lui. Il a mis un doigt sur ses lèvres. Il s'est remis sur ses pieds en se recroquevillant dans sa posture habituelle. Il reste comme ça, immobile, le visage tendu vers un point invisible, l'index droit tendu vers le ciel.

J'entends alors une voiture freiner brusquement. Une portière qu'on ouvre et qu'on referme en la faisant claquer comme si son propriétaire était en colère ou pressé ou inquiet. Des voix se font entendre. Je ne les reconnais pas. On parle vite. À l'éclat des voix qui nous parviennent, nous pouvons mesurer la gravité de l'affaire qui réunit ces hommes. Mais quelle affaire ? Rien de clair n'émane de leur conversation. Elle se passe trop loin de nous. Les voix émanent de la ruelle qui court derrière l'édifice.

On entend alors des cris. Des ordres qu'on lance. J'entends des bruits de course. Puis le silence. Cuu Long n'a pas attendu ma réaction. Il a couru vers l'échelle et descend le long du mur sans que son pas n'émette le moindre son. Il a atteint le sol. Il est presque invisible, noyé par l'ombre opaque de la minuscule ruelle qui longe, telle une blessure ouverte, tout le flanc droit de l'édifice, si étroite blessure, il est vrai qu'il faut marcher l'un derrière l'autre.

— Qu'est-ce qui se passe ?

Pour seule réponse, il me plaque sa main sur la bouche et, d'un regard sévère, il me fait comprendre que je dois garder silence. Nous nous avançons prudemment jusqu'à l'extrémité de la ruelle. Devant, il ne fait guère plus clair que derrière. La ruelle qui fait angle est plus large, bien assez pour y laisser passer une voiture, mais pas assez pour que la lumière du soleil réussisse à se faufiler plus bas que la mi-hauteur des immeubles qui la cernent. Le sol est jonché de débris, de cartons et de poubelles défoncées. Une odeur putride s'en dégage et remplit l'air d'un relent de pourriture si forte qu'il me picote les narines. Je lève mon chandail et m'en couvre la bouche et le nez pour échapper aux émanations d'urine.

Cuu Long étire le cou et jette un regard attentif à la ruelle. Précipitamment, il bat en retraite. Il s'appuie la tête sur le mur. Sa respiration est saccadée. Il paraît à la fois satisfait et inquiet. Chose certaine, ce qu'il vient d'apercevoir ne semble pas calmer son excitation. J'étire le cou à mon tour et j'entrevois une voiture de police, les portières grandes ouvertes. Un homme est appuyé sur le capot d'un air lugubre. Un homme plus mince, mal habillé, sale, mais beaucoup plus énergique discute avec lui. Je n'entends rien de ce qu'ils se disent. Ils sont pourtant à moins de dix mètres. J'étire davantage la tête de manière à mieux entendre.

C'est à ce moment que Cuu Long m'a attrapé par le bras et m'a ramené dans l'ombre discrète de notre venelle. On entend une portière se refermer. J'ai cru que la voiture allait démarrer, mais non. Les voix s'éloignent encore. Cette fois, une porte s'ouvre, se referme. Les voix disparaissent. Le calme revient aux alentours.

— Qu'est-ce que Gros Singe et ton *Cha Lon* font ensemble ?

— L'un protège l'autre.

Cuu Long me fait signe de le suivre. Il jette un regard à la ruelle d'en face. Il s'élance et rejoint un tas d'immondices qui fait saillie contre un mur derrière la voiture de police. Il est fou, me dis-je. Il va se faire prendre. Ces deux hommes ne sont pas seuls. Mais aucun bruit n'émerge de l'ombre. Cuu Long me fait signe de le rejoindre, ce que je fais promptement dans un silence impressionnant. Cuu Long, un doigt sur la bouche, pointe successivement vers les deux extrémités de la ruelle. On peut voir, sur les murs crasseux, l'ombre de quatre hommes adossés qui semblent faire le guet aux deux extrémités de la ruelle en grillant une cigarette. Cuu Long me prend la main et nous courons, accroupis, sur quelques mètres, pour nous réfugier dans un enfoncement de mur qui s'avère être un autre passage plus étroit encore que le premier. Sans le moindre bruit, comme des chats à l'affût, nous gagnons l'arrière d'un vieil édifice. Une petite cour s'est creusée une niche dans cette suite ininterrompue de bâtisses sombres.

Là, sur la gauche, une fenêtre au cadrage pourri et aux vitres inexistantes semble nous faire signe. Derrière un tas de poubelles, un chat dopé par la chaleur ambiante nous regarde avec de grands yeux indolents.

— Mon dieu, il est dégueulasse ! ne puis-je m'empêcher de marmonner en le fixant avec dégoût.

— Quoi dégueulasse ? C'est un chat de ruelle. Tu peux pas demander à un chat de ruelle de ressembler à un de ces minous grotesques de madame chic des beaux quartiers. Et puis, c'est toi qui es chez lui, alors un peu de respect.

Je ne sais pas si Cuu Long a voulu rire ou s'il est sérieux. Tout ce que je peux dire, c'est qu'il ne rit pas du tout. Il n'empêche que ce chat pouilleux est vraiment dégueulasse. Quand même ! Je ne sais pas pourquoi, mais j'ai l'intime conviction que ce n'était pas la chose à dire en ce moment. Cuu Long était peut-être un chat dans une autre vie ?

Il pointe la fenêtre au-dessus de nos têtes.

— Ils sont là-dedans.

Sans attendre ma réaction, il tend les bras et se hisse à la hauteur de la fenêtre qu'il franchit sans la moindre hésitation. J'entends le *ploc* de ses pieds qui viennent de heurter le plancher à l'intérieur. Avec plus d'hésitation et moins d'aisance que mon camarade, j'essaie de rejoindre à mon tour l'intérieur du bâtiment. Il faudra l'intervention énergique de Cuu Long pour que je puisse enfin le rejoindre. En tombant sur le plancher de ce qui semble être un entrepôt désaffecté, je me suis écorché un genou. J'ai un début de gémissement que Cuu Long a vite fait d'étouffer en me plaquant à nouveau sa main sur la bouche.

Lentement, mes yeux se sont habitués à l'obscurité des lieux, une obscurité trouble, à peine crevée par la raie de lumière faiblarde qui chute de la fenêtre. À tâtons et avec la plus grande précaution, Cuu Long s'avance vers le fond de cette salle immense qui, peu à peu, se révèle à nous. Il a pris ma main et me guide dans ce lieu informe qu'il semble connaître. Les murs sont noirs comme si on les avait badigeonnés de goudron. Tout le plancher est couvert d'une épaisse couche de matière gluante. Ici et là, des tas informes de débris de toutes sortes, un amoncellement de gros barils de métal, rouillés et tout cabossés. Contre le mur, à notre droite, des boîtes de cartons éventrées. Une vieille table de guingois, trois chaises sans pattes. Le fond de la salle est plus propre, disons plutôt moins sale. Il y a trois matelas étendus sur le sol qui a perdu ici son tapis gluant. Au-dessus de nos têtes, quelques tuyaux pendus à des fils de fer, pas d'ampoules aux plafonniers. Sur les murs qui m'apparaissaient tout noir, se devinent maintenant des coulées spongieuses aux couleurs verdâtres. Par terre, deux gros tas de ciment durci grouillant de vermine.

Des voix nous parviennent à présent sur la droite. Il y a là une porte entrebâillée, de la lumière derrière, de la lumière de plein jour. Cuu Long s'arrête, un doigt sur la bouche. J'ai horriblement chaud. L'humidité poisseuse de cet horrible endroit, les odeurs putrides qui s'en dégagent me soulèvent le cœur. Mais l'intérêt que porte Cuu Long à ce qui se discute derrière la porte affermit mon courage déclinant. Prêt à vomir un instant plus tôt, voilà que mon estomac se remet miraculeusement à l'endroit.

J'écoute. Mais les paroles me parviennent par bribes, et les mots eux-mêmes ne semblent qu'une suite hachée de syllabes sans liens entre elles. Je ne parviens pas à trouver un sens à tout ce que j'entends. Il me faut un long moment pour comprendre ce qui se passe et pour me rendre compte que nos vies sont en train de balancer inexorablement dans le vide intégral.

Un regard en biais vers Cuu Long me fait comprendre que le malaise qui m'enveloppe depuis quelques secondes l'a atteint avec bien plus de force. Il est là, immobile, le dos appuyé contre le mur. Les mots continuent d'affluer avec une cruauté paralysante. Mon *Cha-Cha* respire à peine. Il a un regard effondré, ses yeux ronds sont remplis de larmes qu'on dirait deux morceaux de glace. Et bien qu'ayant un teint bistré, voilà maintenant que sa peau se colore de blanc. Il tremble de la tête aux pieds. J'ai l'impression très nette qu'il est en train de mourir. Ce qu'il est venu chercher, il l'a trouvé, mais à quel prix.

Il faut partir. Il faut quitter ce lieu, là, maintenant, tout de suite si on veut éviter un malheur plus grand. Mais nous ne parvenons pas à bouger. Ni lui ni moi ne sommes capables de prendre la moindre décision. Les mots affluent à nos oreilles comme des coups de tonnerre dans un ciel de tempête. Puis, brutalement, la lumière se fait au travers des ténèbres. Tout ce que j'entends depuis à peine une minute, une minute qui m'est apparue aussi longue qu'un siècle entier, prend un sens cruel.

Deux hommes dont j'imagine l'identité – bien que je ne reconnaisse aucune des deux voix – parlent de Cuu Long. Ils ont appris qu'il rôdait encore aux alentours du marché de Cholon et s'en inquiètent.

— On l'a vu quitter Cholon vers huit heures. Avec son petit chien de poche qu'il appelle son frère.

— Et l'enfant ? demande la seconde voix.

— Il n'est pas avec eux, confirme la première.

— Ils l'ont donc abandonné dans Cholon. Quelque part, en sécurité et seul. Intéressant !

— Il ne prend même pas la peine de se cacher, crache la première voix avec une hargne bien proche de la haine.

— Il faut le retrouver au plus vite.

— Qui ?

— L'enfant ! répond la seconde voix. Un client attend un cœur depuis trois mois. J'ai réussi à faire monter les enchères. Mais on ne peut plus retarder la livraison. Leur jeune patient va bientôt atteindre le point de non-retour. Lap a justement l'âge requis. Il nous arrive tout fin prêt et tout chaud. Il ne faut pas rater l'occasion.

— Au diable cette livraison ! Elle attendra bien un jour ou deux. Il nous faut d'abord nous occuper de ce fumier de Cuu Long. Il me nargue. Cette face de rat se fout de ma gueule devant toutes les *familles* de Saïgon.

— Si ce n'était que ça, renchérit la seconde voix. Mais ce petit con est dangereux. Il sait des choses. Nous aurions dû nous en débarrasser quand c'était le temps.

— Tu sais très bien pourquoi nous l'avons épargné, répond la première voix d'un ton tranchant. Nous aurions eu des problèmes avec son frère.

— Nous en avons eu tout de même, des problèmes, rugit la deuxième voix. Avec le frère d'abord et avec Cuu Long maintenant. Je t'avais pourtant dit qu'on aurait des difficultés si on ne se débarrassait pas des deux frères.

— Ça aurait attiré l'attention !

— Eh bien ! en attendant, il court, notre problème ! Et s'il se décide à tout raconter à la police...

— Mais c'est toi la police, non ? Alors c'est à toi de veiller à ce que ça ne se produise pas.

— Facile à dire, grogne la seconde voix avec dépit cette fois. Pourquoi crois-tu que j'aie investi son campement hier soir ?

— Il t'a échappé, au cas où tu l'aurais oublié, rappelle la première voix avec amertume.

— Tu l'as eu dans ta mire, *Cha lon*. C'est pas chez toi qu'il est allé se planquer en voyant son camp envahi par mes gars ?

— J'ignorais alors ce qui s'était passé. Si tu avais pris le temps de m'informer de tes intentions, j'aurais agi autrement... J'ai été au plus pressé.

— Il ne nous narguera pas longtemps, je t'assure.

— Vaudrait mieux ! Et quand on l'aura, il ne faudra pas le louper.

— Ne crains rien. Je ne ferai pas la même erreur deux fois. On fera comme avec le grand frère. Quand j'en aurai fini avec lui, il ne lui restera plus un morceau intact. On a justement une grosse commande qui entre. Ton petit *Cha* est en bonne santé, c'est donc une pièce de choix qui rapportera ; cornée, reins, cœur, poumons, foie. Et pour le reste, je m'amuserai. Quand on le retrouvera, y'a personne qui pourra l'identifier. Il finira dans le Mékong, comme son imbécile de frère... On peut dire qu'il a couiné celui-là quand on l'a rattrapé. Mais il nous a rapporté une petite fortune. Et on n'a même pas eu besoin de le recoudre !

Les deux hommes éclatent d'un mauvais rire. Et la discussion dévie vers des détails d'approvisionnement pour un client allemand et deux cliniques clandestines américaines installées une en Bolivie et l'autre aux Bahamas. Je ne parviens pas à très bien saisir de quoi il retourne. Bien sûr, les mots me traversent la tête : trafic, enfants, délais, livraison, organes, courrier, marchandise, et je ne sais quoi d'autre. Mais la réalité que ces mots décrivent m'est si insupportable que je ne peux pas l'enregistrer, l'emmagasiner au-dedans de moi si bien que tous ces mots semblent se mouvoir seuls dans un univers irréel.

Puis ils émergent d'un coup comme l'éperon de glace échappé d'une banquise qui, après s'être enfoncé dans la mer, surgit ensuite dans un mugissement foudroyant. Et l'idée que ces mots véhiculent est à ce point terrifiante que la nausée s'empare de moi. Au Québec, j'avais vaguement entendu parler d'un trafic d'organes humains aux nouvelles, dans les journaux, à l'école. J'avais entendu mes professeurs dénoncer avec écœurement ce trafic abject. J'avais vu papa rager contre de telles pratiques aussi barbares qu'inhumaines. J'avais entendu ma mère manifester son indignation. Mais je ne m'étais jamais arrêté à la réalité de la chose et n'avais même pas eu l'idée de la contester. Ça me paraissait si loin de nous, si invraisemblable, que je préférais croire que ce n'était que des fabulations de journalistes en mal de copie. Mais là, maintenant, dans cette cave sale et délabrée, il me faut bien admettre que c'est de ça qu'il est question ici, à dix pas de moi. Le trafic d'organes d'enfants.

Je me serais mis à vomir n'eût été de ce regard que je posai alors sur Cuu Long. Il est dans un tel état de délabrement que je dois prendre sur moi pour nous éviter le pire.

Ce qu'il advint par la suite, je l'ignore. Ce que je fis pour échapper à ces deux monstres est loin d'être précis. Tout ce dont je me souviens c'est qu'on entendit, venant de l'extérieur, des miaulements à vous faire dresser les cheveux sur la tête suivis de crachotements. Puis on entendit des voix qui criaient dans notre direction : « Il y a quelqu'un. On nous espionne ! Qui est là ? Sortez ! » Il y eut ensuite des bruits de chaises qu'on renversait et des pas qui venaient dans notre direction. Et puis cette horrible face de chat surgissant dans la fenêtre comme un diable ébouriffé pendant que j'aidais Cuu Long à franchir cette même fenêtre. Je passai la fenêtre à mon tour au moment où les deux hommes émergeaient dans l'entrepôt. Puis tout se passa très vite. Le chat disparut à l'intérieur de l'immeuble. Sans doute venait-il de sauter au visage d'un des deux hommes, Gros Singe, sans doute, car tout ce que j'entendis au milieu des cris et des lamentations, ce fut ce hurlement de douleur qu'émit une voix de baryton.

— Cette sale bête vient de me mordre la joue ! Saloperie de sac à merde. Tu ne perds rien pour ...

Puis il y eut deux ou trois détonations.

En me retournant, je vis le chat jaillir de la fenêtre en miaulant. À l'intérieur, on entendait les mêmes hurlements.

— C'est un chat ! répétait une première voix, comme soulagée. C'était juste un chat. Et je l'ai raté !

— Oui mais moi je saigne ! criait la deuxième voix. Cette sale bête m'a défiguré...

Je m'étais arrêté en tenant le corps défait de mon ami. En passant près de nous, la bête s'arrêta. Elle me regarda avec indifférence en se pourléchant les babines. Elle cligna ensuite des yeux et reprit sa course nonchalamment, presque indifférente à tout ce qui se passait autour d'elle.

Une heure plus tard, nous nous retrouvons, Cuu Long et moi, accroupis sur un pilier de ciment sous le pont qui enjambe le canal de Ben Nge à la hauteur de la rue Chau Van Liem. C'est à plus de trois kilomètres du lieu où nous nous trouvions une heure plus tôt. Comment ai-je fait pour me rendre jusque-là en traînant Cuu Long sur mes épaules ? Je n'en sais rien.

À présent, il pleure. Il pleure sans arrêt depuis notre départ de la ruelle du quartier Pham Ngu Lao. Il tousse, il crache sa douleur puis il se remet à pleurer sans que je cherche en rien à le calmer si ce n'est en le prenant dans mes bras et en le serrant très fort contre moi.

Sans cesse, il répète : « Mon frère, ils ont tué mon frère... Pardonne-moi, Thuanh, pardonne-moi, mon frère ! Je ne savais pas, Thuanh ! »

Et il pleure au-delà de tout mal, de toute souffrance, effondré, détruit. Et je pleure aussi. Pour d'autres raisons et pour les mêmes aussi. Pour ma propre douleur et pour toute cette misère qui nous ensevelit, nous, les enfants de la rue, sans que nous n'y puissions rien. Lui particulièrement et moi avec lui. Pleurer la mort d'un frère, pleurer la douleur d'un ami. Pleurer pour toute cette vie qui ne veut plus rien dire, pleurer contre la cruauté des hommes, pleurer contre notre impuissance. Pleurer pour tout, pleurer pour rien. Pleurer en oubliant tout, pleurer en n'oubliant rien.

Puis les larmes ont cessé d'elles-mêmes, ce qui me laisse croire que nous n'en possédons qu'une certaine quantité. C'est bien ainsi. Ça nous évite de sombrer dans un éternel désespoir. Car l'homme, fût-il un enfant, a d'autres destins que de pleurer. La vengeance, quand il n'y a rien d'autre, en est un qui vaut bien tous les autres.

Quand nous quittons finalement notre refuge sous le pont du canal Ben Nge, Cuu Long n'en mène pas large. Il marche lentement, le visage fermé. Ses yeux se sont enfoncés dans son crâne comme s'ils regardaient l'intérieur de son âme. Sa démarche est raide, ses poings fermés, les jointures de ses doigts blanchies par la tension extrême qui s'exerce en lui. Je suis plus calme bien que n'ayant pas les idées plus claires. Néanmoins, je sens qu'un poids vient de nous être enlevé des épaules. Bien que lourdement atteint par la vérité qui lui est tombée dessus comme une tonne de briques, je sens Cuu Long moins dépourvu que je ne l'ai d'abord cru. Il marche le dos droit, jetant ici et là des regards sur le monde prouvant qu'il n'a pas déserté la réalité, mais qu'il se l'approprie lentement comme d'une arme dont il saura se servir le moment venu. Et ce moment viendra plus tôt que je ne l'ai prévu et d'une manière foudroyante.

— Mon Dieu ! s'écrie Cuu Long d'une voix défaite par une terreur soudaine. Lap ! On a laissé Lap tout seul. Ils vont le trouver.

21

QUAND NOUS ARRIVONS AUX ABORDS DU MARCHÉ DE CHOLON, LE SOLEIL EST À SON ZÉNITH. CUU LONG, QUI REPREND PEU À peu le contrôle de ses émotions, semble renifler l'air à la recherche d'indices.

— On n'aurait jamais dû abandonner Lap si longtemps. Nous aurions dû l'amener avec nous.

Je sens, dans sa voix, l'anxiété reprendre ses droits. Il accélère le pas. Les gens déambulent nonchalamment sur les trottoirs surchauffés. Même la circulation semble prise d'engourdissement. C'est comme si, tout à coup, le monde s'était mis à rouler très lentement autour de nous alors que nous sommes pris par une envie immodérée d'aller, à toute vitesse, rejoindre un enfant abandonné sur le toit d'un hôtel miteux. Cette opposition entre notre hâte et la lenteur du monde me verse dans le corps un déluge de désarroi. J'accélère le pas sans trop savoir ce que je fais et, bientôt, je cours comme un cheval paniqué, conscient d'un danger imperceptible au milieu de ce monde au ralenti.

Cuu Long s'est mis à courir lui aussi. La conscience du mal l'a pris avec un peu de retard qu'il rattrape maintenant à travers ces cris qui jaillissent de ses poumons :

— Lap ! Lap ! Mon Dieu, Lap !

Nous arrivons dans la cour de l'hôtel. Rien ne bouge et, malgré nos appels incessants, l'enfant ne se montre ni ne nous répond. Nous appréhendons le pire. Nous le sentons, nous le savons.

Aussi, quand la porte s'ouvre nous laissant voir le vieux Chinois, le visage ravagé par la peur et meurtri de larges ecchymoses sur tout le côté droit, nous comprenons que le pire s'est produit.

Respirant par saccades, sans attendre les explications du vieil homme, Cuu long grimpe l'échelle qui mène au toit. Quand je le rejoins, il est prostré sur le lit de cartons, la couverture de l'enfant entre les mains. J'ai craint un instant que ce coup ne lui soit fatal et que l'idée lui vienne de se jeter dans le vide ou bien que je le retrouve détruit, en proie au plus grand désespoir. Il n'en est rien. Cuu Long fixe la couverture d'un regard empli d'une fureur sans borne. Tout son corps s'est mis à trembler. Mais cette fois, ce n'est ni de peur ni d'impuissance. Il tremble d'une ferveur qui lui colore tout le corps de rouge et de jaune. Je sens en lui une volonté, une force, une détermination que je ne lui ai jamais connues auparavant.

Il se lève en jetant la couverture. Il agrippe les barreaux de l'échelle, descend en se laissant glisser. Il n'a aucune question à poser au vieux Chinois. Le vieil homme s'empresse pourtant de nous révéler les détails de l'affaire et de nous débiter un message qu'on l'a manifestement chargé de nous transmettre.

— Je n'ai pas pu rien faire, monsieur Khang, pleurniche-t-il. Je n'ai pu rien faire. Ils ont menacé de tuer l'enfant si vous ne leur téléphonez pas avant ce soir. Ils ont dit que vous comprendriez. Je n'ai pu rien faire. Je le jure. Ils étaient une dizaine de policiers. Ils sont montés sur le toit, ils ont pris l'enfant et ils sont partis. Quand je suis sorti pour voir ce qui se passait, un gros policier m'a battu avec deux de ses hommes. Il m'a sommé de ne raconter à personne ce qui venait de se passer sinon ils reviendraient et cette fois ils seraient moins gentils. Et puis ils m'ont dit de vous transmettre ce message, de les appeler. Que vous comprendriez. C'est ce qu'il a dit : que vous comprendriez... Je n'ai pu rien faire, monsieur Khang. Je suis désolé.

— Est-ce que l'enfant était encore vivant quand ils l'ont transporté ? s'empresse de demander Cuu Long d'une voix étonnamment calme.

Le visage du Chinois s'illumine d'un large sourire.

— Oh oui, monsieur Khang ! Il était bien vivant. Et vigoureux en plus. Il leur en a fait voir de toutes les couleurs. Certains n'en sont pas sortis indemnes. Coups de pied dans les parties de l'un, profondes égratignures qui ont presque arraché l'œil d'un autre et des morsures pour tout ce qui avait le malheur de traîner à portée de ses dents. Je crois même qu'un policier y a laissé un bout d'oreille... C'était merveilleux à voir, monsieur Khang. Votre fils est un vrai diable tout droit sorti des enfers. Oh oui, monsieur Khang, un vrai diable ! Ou devrais-je plutôt dire un ange, un ange descendu du ciel pour venger tous les pauvres gens comme vous et moi, monsieur Khang.

Nous quittons les lieux en abandonnant le vieux Chinois à ses courbettes et nous gagnons un restaurant minable de la rue Thap Muoi qui longe la façade sud du marché de Cholon. Nous ne nous disons rien, mais je n'en pense pas moins. À quoi, me demandez-vous ? Je ne sais pas. À rien ! Je ne pense à rien, mais il y a des riens auxquels on pense qui sont davantage pleins que des touts.

Cuu Long m'abandonne à l'entrée du restaurant. L'homme, derrière la caisse, s'est avancé vers lui avec de grands gestes de protestation.

— Fous le camp d'ici ! Je ne veux pas de problèmes dans mon établissement.

— Un établissement, ça ? lui lance Cuu Long avec mépris en montrant la salle où s'attardent trois ou quatre clients. C'est tout juste bon pour en faire une porcherie.

— N'essaie pas de faire le fanfaron ! éructe l'homme du comptoir d'une voix sifflante tout en brandissant un doigt menaçant vers Cuu Long. Tu ne fais plus peur à personne dans le quartier. Je n'ai qu'un téléphone à faire et...

— Tu me pointes du doigt encore une fois et t'auras pas à les attendre longtemps, les problèmes... Et en parlant de téléphone, je t'emprunte le tien.

— Il n'en est pas question, répond l'homme en bras de chemise qui a reculé d'un pas. Je ne t'avertirai pas deux fois, Cuu Long. Disparais de mon établissement et n'y remets jamais plus les pieds.

Cuu Long a fait voler trois tables et, dans un cri sauvage, s'est emparé d'un couteau avant de se jeter brutalement sur l'homme qui a boulé en hurlant derrière son comptoir. Les quelques clients que se trouvaient là n'ont pas attendu leur reste. Ils ont déguerpi sans payer, abandonnant les reliefs d'un repas à peine entamé.

Je m'approche pour voir ce qui se passe. Cuu Long est étendu sur l'homme. Il tient la lame du couteau à quelques centimètres du visage du restaurateur qui couine comme un rat pris au piège.

— Je n'ai pas de temps à perdre à discuter avec toi, Khoi Minh. Pas avec un chien de ton espèce. Tu m'adresses encore la parole, tu laisses échapper un seul mot de ta bouche de sale macaque et je te jure sur les trois bouddhas que je t'arrache les deux yeux avec le bout arrondi de ce couteau de table... Maintenant, tu ne bouges pas et tu me dis où est ton téléphone.

D'une main tremblante de peur, l'homme lui indique le fond d'une tablette, sous le comptoir. Cuu Long se redresse. Toujours assis à cheval sur la poitrine du petit homme, il allonge le bras et saisit le combiné. Il compose un numéro, attend.

— Qu'est-ce que tu fais ? dis-je en jetant un regard inquiet sur le restaurateur qui semble avoir de plus en plus de mal à respirer.

C'est comme si j'avais parlé au vent. Cuu Long n'a même pas semblé remarquer ma présence.

— Ce soir à vingt-deux heures, pont du canal derrière le jardin zoologique, articule-t-il les dents serrées. Une voix semble hurler à l'autre bout du fil, du moins si j'en juge par les bribes désordonnées qui jaillissent de l'écouteur. Mais tout comme pour ma question, Cuu Long n'en tient pas compte. Ne soyez pas en retard, ajoute-t-il avant de raccrocher brutalement.

Il se relève sans prendre la peine de jeter le moindre regard sur l'homme qui, mis à mal par le poids qui lui écrasait la cage thoracique, a toutes les peines du monde à reprendre son souffle. Cuu Long dépose le couteau sur le comptoir et il se détourne. L'homme a cru le moment venu de réagir. C'est à peine si j'ai eu le temps de le voir venir. Il fonce sur Cuu Long comme un enragé. Mais ce dernier avait pressenti l'attaque. La précision et la rapidité de son geste me laissent croire qu'il l'avait sans doute ardemment souhaité. En se cabrant, Cuu Long évite la charge. De la main gauche, il saisit le couteau qu'il avait abandonné sur le comptoir. Presque sans bouger, il plante la lame émoussée au travers la main de son assaillant. Il y a un énorme cri de douleur au moment où le couteau creuse la chair.

Puis nous quittons le restaurant en abandonnant l'homme accroupi sur le plancher de son bouiboui le bras droit retenu au mur par sa main crucifiée.

Cuu Long est étonnamment calme comme s'il ne s'était rien passé ou plutôt comme s'il avait prévu tout ce qui vient de se passer. D'un pas rapide, le regard posé droit devant lui, il est retourné sur le toit de l'hôtel. Je l'ai suivi en trottinant derrière lui, les yeux se balançant d'un coin à l'autre, certain de voir surgir de-ci des coupe-gorge, de-là des assassins ou, pire encore, des flics. Mais il n'y a personne, sinon ces milliers de badauds qui arpentent comme d'habitude les alentours du grand marché. Je n'ai de cesse de poser à Cuu Long les mêmes questions auxquelles il continue de ne pas vouloir répondre.

Sur le toit, il s'est dirigé vers un enfoncement du mur. Moi, je ne suis pas loin derrière avec mon lot de questions. C'est qui l'homme du resto ? Pourquoi le vieux Chinois t'a-t-il appelé monsieur Khang ? Qu'est-ce qu'on fait maintenant ? Où on va ? C'est quoi ton nom, finalement ? À qui as-tu téléphoné ? Où est Lap ? Qui l'a enlevé ? Pourquoi on va au zoo ? On va rencontrer qui ?

Mais pour chacune de mes questions, j'obtiens toujours la même réponse : le silence.

Cuu Long a bougé une vieille planche et dégagé un trou dans le mur. Il y a plongé la main et en a tiré un couteau dont la lame aussi brillante qu'un miroir semble aiguisée comme un rasoir. Il l'a saisi, de même que l'étui, et a enfilé le tout dans le ceinturon de son pantalon. Il a voulu se relever. D'un geste brusque, je l'ai bousculé cherchant à obtenir de lui une réponse à mes questions. Une seule réponse à mes dix questions. Ce n'est pas trop demandé. Simplement pour savoir si j'existe encore.

C'était manifestement une imprudence à ne pas commettre. Alors que je le croyais rangé, à l'abri dans son étui, voilà que j'ai le couteau sous la gorge et la main libre de Cuu Long plantée dans ma chevelure. Il me regarde avec les mêmes yeux fous que ceux avec lesquels il dévisageait son assaillant à l'intérieur du restaurant. Un visage ravagé par une hargne à peine retenue. Ses narines se sont arrondies sous l'effet de la colère. Sa bouche s'est crispée dans une grimace défigurante. Entre ses dents scellées, j'entends le grésillement d'une voix de chat en colère, ses commissures libèrent une petite bave mousseuse. Un animal aux abois, un enfant terrorisé, un homme en état de vengeance !

— C'est moi, Cuu Long ! C'est Thinh ! C'est juste moi ! dis-je d'une voix étouffée par la peur.

Il me faudra lui répéter cinq fois mon nom pour qu'il accepte enfin, bien que lentement, de desserrer son emprise. Sa grimace migrera à l'intérieur de sa tête, et son couteau à l'intérieur du fourreau. Longtemps il me fixera sans rien dire. Je vois la déraison dans ce regard vide. Je sais que quelque chose s'est brisé en lui. Et je sais que, tant que ce maillon ne se sera pas ressoudé, son âme ira en morceaux sur la mer déchaînée de la vengeance, sans égard pour les règles de la plus élémentaire prudence.

Cuu Long s'est relevé. Il m'a tourné le dos et il a quitté le toit sans avoir prononcé la moindre parole. Bien sûr, je l'ai suivi. Encore. Non pas tant pour moi que pour lui. Je suis inquiet maintenant.

Alors que je croyais que nous irions vers l'est, vers le quartier de Pham Ngu Lao, je vois mon ami bifurquer vers le fleuve. Nous marchons longuement sur la rue Ben Chuong. Nous nous arrêtons à la hauteur du dernier pont marquant la jonction du canal Ben Nge avec le fleuve Saïgon.

Cette longue marche sous un soleil de plomb a désamorcé la colère de Cuu Long. Mais il demeure silencieux et ne porte aucun intérêt à ma présence. Moi, je me tais et je laisse faire le vent. Les heures passent dans le silence le plus complet.

Cuu Long reste immobile, le regard tourné vers la rivière. Parfois, il suit des yeux deux goélands qui se chicanent un crabe égaré, puis il reprend son immobilité. C'est à peine si je vois sa poitrine se soulever quand il respire.

Je me suis levé et je suis parti vers l'intérieur de la ville. J'en reviens une heure plus tard les poches remplies de victuailles : pain, brioches et cochonnailles accompagnés de deux colas tout froids. Je lui tends sa part.

— Je n'ai rien payé, lui dis-je en lui tendant le pain garni de porc grillé. Tu peux manger sans crainte.

Par ce trait d'humour, j'espérais éveiller chez lui un sourire, un glissement de paupières, un petit signe d'approbation qui le distrairaient de sa torpeur mélancolique. Mais il ne bouge pas sinon la main pour se saisir du seul croissant que je ramène de mes rapines au marché de Ben Thanh, une dizaine de rues plus au nord. Il mange sans appétit et nous regardons ensuite l'éclat du soleil couchant se briser sur les flots terreux de la rivière.

En face, les herbes hautes noircissent déjà les berges de Tu Thiem, sur la rive est du fleuve Saïgon, un lieu presque sauvage, si loin et à la fois si près de la ville. Quelques barques tardives s'en échappent, regagnant leurs attaches pendant que lentement tombent les derniers rayons mauves d'un soleil endormi. Ces longues heures de silence ont fini par épuiser ma patience. Je me retiens encore un instant, mais bientôt ce n'est plus possible.

— Cuu Long, tu dois me parler. Je sais que tu es triste. Je comprends combien la mort de ton frère...

Il ne me laisse pas le loisir de finir ma phrase. Sans me regarder, il agite la main et je vois une roche s'en échapper et faire trois ricochets sur l'eau calme du fleuve.

— Je me fous de Thuanh. Je me fous de mon frère. Il est mort. Il n'a eu que ce qu'il méritait. Il était faible. Les faibles ne méritent pas de vivre. Dans ce monde, il n'y a de place que pour les forts... Je m'intéresse à Lap. Lui, il est vivant.

Sa voix a claqué dans le vent du soir, aussi surprenante qu'un éclair au milieu d'un ciel sans nuages. Ce n'est pas tant la froideur des mots que leur poids sur l'air qui me désarme, et la détermination qui les soutient.

À nouveau, Cuu Long laisse son esprit vagabonder. Mais cela ne dure pas. Il me regarde un court moment, puis se lève et s'approche de l'eau. Je crois qu'il va y plonger tête première. Il tend la main vers moi. Je le rejoins et lui tends la main à mon tour. Il la serre très fort dans la sienne. Il respire doucement en regardant l'eau couler à nos pieds. Bientôt, il enroule son bras autour de ma taille. Je fais de même. Nous regardons à nouveau le fleuve, enlacés l'un à l'autre.

C'est ce soir-là qu'il me raconta la légende des neuf dragons. Qu'il m'en narra chaque épisode d'une voix douce et respectueuse comme s'il me dévoilait les arcanes d'un obscur secret. C'est ce soir-là, qu'il me fit voir combien la force et le courage pouvaient venir à bout des pires obstacles. Je l'écoutai sans bouger. J'étais à nouveau très bien dans les bras de Cuu Long, je m'y sentais encore en sécurité, comme à l'abri de tout danger alors même que nous étions au cœur du péril le plus grand. Il me fit le conte de ces dragons mythiques plongeant vers la bouche du fleuve pour en contrarier le cours dévastateur et réguler ses crues. Ces étranges oiseaux, je les voyais, colorés, nobles et majestueux, s'échapper du soleil et ployer vers la terre leurs ailes chatoyantes.

Il m'expliqua aussi comment ce nom de Cuu Long lui était venu. De son lieu de naissance, ici dans le nord du delta, à Chau Doc, là où le Mékong se divise en neuf bras. De sa mère qui avait toujours considéré ce fils comme un être à part, capable du meilleur comme du pire, à l'image de ces dragons qui furent ici pour le meilleur et ailleurs pour le pire. Et ce nom lui était resté, allant même, chez les autres, jusqu'à leur faire oublier son véritable nom.

Quand, bien plus tard, il fut abandonné dans les rues de Saïgon, Cuu Long comprit vite ce que son nom inspirait du respect chez les autres. Et il ne se priva pas de l'ascendance que lui octroyait le titre de Cuu Long, nom aux racines légendaires. Il le fit valoir et se fit connaître à travers lui. Ceux qui, hier, le narguaient en raison de son âge, le respectaient aujourd'hui en raison de son nom.

Quand il eut terminé de me raconter la légende des Neuf Dragons et l'origine de son nom, il sombra à nouveau dans cet état de léthargie qui le maintenait encordé à je ne sais quelle désespérance. Mais cette fois, je ne lui laissai guère le choix d'en sortir. Cette fois, contre toute attente, il ne se fit pas prier pour répondre à mes questions.

— Pourquoi le vieux Chinois t'appelait-il, monsieur Khang ?

Cuu Long soupira avant de me répondre et il le fit sans me regarder.

— Khang est le nom de son fils.

Cette révélation me laissa pantois.

— Tu veux dire que ce vieux lubrique t'affuble du prénom de son fils pendant que toi et lui... Enfin, je veux dire que lui et toi, vous vous... Bon, il t'appelle Khang pendant les petits services que tu lui rends. Il est complètement givré, ton bonhomme. Comment peut-il t'appeler du nom de son propre fils ? Mais quelle relation cet homme avait-il donc avec son garçon ? Et puis comment peux-tu accepter une telle chose ? C'est complètement... Je veux dire c'est contre nature qu'un père...

— Mais je ne suis pas son garçon, rétorque Cuu Long, un brin soupçonneux.

— Non, mais tu te fais quand même... Je veux dire, tu acceptes d'entrer dans le délire de cet obsédé sexuel en jouant le rôle de son propre fils... C'est dégoûtant !

— Mais de quoi parles-tu ?

— Je parle de toi et... et... et de, de ton client... de ce que vous faites ensemble.

— Et qu'est-ce qu'on est supposé faire ensemble ? me demande Cuu Long, d'une voix désinvolte.

— Ce que vous faites ?

Je reste sans voix.

Le toupet qu'il a, ce gars, quand même ! Cette manière qu'il a de me regarder en se prenant des airs supérieurs. Il sait parfaitement de quoi je parle. Il essaie tout simplement de se départir de sa part de responsabilité en me faisant sentir coupable alors que c'est quand même lui qui s'envoie le client...

— Ce que je veux dire, c'est que de baiser un vieux bonhomme en faisant semblant d'être son fils, c'est complètement taré.

— Taré ? ironise Cuu Long.

— Je ne vois rien de drôle dans ça ! lui dis-je d'un ton exacerbé. Tu peux faire le prostitué avec qui tu veux...

— Alors de quoi tu te mêles ?

— De rien. T'as parfaitement raison. Rien de tout ça ne me regarde.

Je me suis arraché de ses bras. Y'en a marre à la fin ! C'est vrai quoi ! Il fait ce qu'il veut, le Cuu Long à sa maman. Mais moi, je ne suis pas obligé d'endurer ça. Depuis que je suis avec lui, y'a que des problèmes, et pas que des petits. J'en ai ma claque ! Qu'il se débrouille ! Moi, je pars. Avec un peu de chance, je retrouverai mes parents à un coin de rue. Ou bien je les retrouverai pas pis je me dégotterai une autre *famille* ou ben je me rendrai à la police. Y doit bien y avoir un flic honnête dans cette ville de merde ! Après tout, j'étais pas venu ici pour voir ça. J'étais venu ici avec mon père pis ma mère pour me trouver une petite sœur. Pour l'instant, tout ce que je trouve, c'est des ennuis, des ennuis pis encore des ennuis.

J'ai ramassé le sac de plastique. J'ai foutu dedans les retailles de sandwiches, de croissant et pis tout le reste. Et je fous le camp. Ce ne sera certainement pas pire ailleurs. De toute façon, au rythme où vont les choses, si je suis encore vivant demain matin, c'est que je serai mort demain soir.

Je m'envoie le sac en plastique sur l'épaule d'un geste brusque. J'esquisse le premier pas.

— Pars pas, Thinh ! J'ai besoin de toi ! Je t'en prie, ne pars pas !

Les paroles de mon ami m'ont tellement pris par surprise que j'ai bien failli piquer une tête dans les eaux glauques du fleuve. Il m'a rattrapé juste à temps. Puis il a gardé ma main dans la sienne. Chaude sa main, tellement chaude.

— Je ne suis pas celui que tu penses. Et je ne fais pas les choses que tu imagines. Il est vrai que ce Chinois est mon client. Mon premier client. Mais les services que je lui rends n'ont rien à voir avec ce que tu crois. Il avait un seul fils, du nom de Khang. Il est mort il y a très longtemps, au début de la guerre contre les Américains. Il avait mon âge. Cet homme ne s'est jamais remis de la mort de son fils... Il y a deux ans, j'ai voulu me trouver un endroit discret où me réfugier en cas de coup dur ou simplement pour avoir la paix. Il m'a accueilli. Comme je ne voulais pas partager son intimité, il m'a permis d'occuper le toit. Il m'appelait Khang. Et, même si je lui répétais cent fois mon nom, il a continué à m'appeler Khang. Alors j'ai laissé faire. Au début, je ne savais pas pourquoi il s'obstinait à m'appeler Khang. Et je m'en foutais un peu si c'était le seul prix à payer pour occuper son toit.

« Ce n'est que plus tard qu'il m'a raconté son histoire. Un soir, il est monté sur le toit. Nous avons partagé un repas et c'est là qu'il s'est raconté sans aucune pudeur. Je me rendais bien compte que le vieil homme ne s'adressait pas à moi, mais à un étranger qu'il appelait *monsieur*. Parfois, il levait les yeux vers moi sans trop savoir où il en était et reprenait trop loin son histoire ou répétait un long bout avant de se perdre à nouveau et de lever vers moi un autre regard ahuri. C'est ce soir-là aussi qu'il est devenu mon premier client officiel. J'étais chargé de le fournir en opium. C'est une affaire délicate que de trouver de l'opium dans Saïgon. C'est un milieu très fermé. Les fournisseurs ne font confiance en personne. Même pas en leurs clients les plus réguliers. Il faut se fier à ses contacts sans jamais leur faire totalement confiance. Les autorités ne rigolent pas avec le trafic d'opium. Alors faut faire gaffe.

— Mais t'as quand même accepté ?

— Le vieux avait besoin de moi et j'avais besoin de son toit. Alors j'ai accepté le marché qu'il me proposait. Au début, ça n'a pas été facile de pénétrer le milieu de l'opium, mais maintenant ça va. La ristourne est bonne. Et pis, avec les semaines, sans que je m'en rende compte, je suis entré dans l'univers du vieux Mhing. Lentement, j'ai accepté d'être son fils de rechange. Il m'a appris comment fondre l'opium, comment le tourner et le mettre en cône, déposer les *larmes de l'oubli* sur la pipe. C'est comme ça qu'il appelle son opium : ses *larmes de l'oubli*. Un jour, il m'a montré la chambre où il s'étend pour fumer et une photo de son fils. La ressemblance entre son fils et moi était troublante. Le vieux a longuement pleuré. Ce soir-là, j'ai accepté de jouer le jeu pour la première fois. J'ai accepté de lui servir son opium comme le faisait son fils autrefois. Je l'ai laissé m'habiller à l'exacte réplique de ce fils : culotte bouffante et boléro sur un torse nu. Il me caressait la tête doucement pendant que je préparais les cônes, m'appelant Khang avec une affection qui n'était pas une simple fiction. Depuis, cette mascarade se répète plusieurs fois par semaine. Nous jouons nos rôles, et l'histoire est vraie. Et je crois que je suis heureux, par un si doux mensonge, de contribuer à préserver les illusions d'un homme accablé par la vie. Je suis un fils sans père qui a pour un temps un père sans fils. Et ce commerce, je te l'avoue, Thinh, m'émeut toujours et me console aussi. »

Au fil du récit les images me reviennent où j'ai vu Cuu Long sortir de la maison du vieil homme tout déculotté, la chemise de travers. Combien il est facile de condamner quelqu'un sur la foi de nos seuls préjugés sans jamais prendre la peine de questionner son propre jugement. Je crois que Cuu Long a vu mon malaise et le geste qu'il pose alors restera pour moi le geste le plus beau et le plus doux qui m'ait été donné de voir durant toute ma longue existence. Il a tendu les lèvres et m'a embrassé.

— Merci, Thinh. Merci de t'inquiéter pour moi.

Ce baiser, le seul que je ne reçus jamais d'un homme, effaça toute culpabilité. Le silence revint ensuite. Nous nous rassîmes et le temps passa encore un peu.

22

ATTAQUE D'UN POSTE DE POLICE ET INCENDIE D'UNE CLINIQUE

article paru dans l'*Étoile de Saïgon*, journal d'État, 28 juillet

La police de Ho Chi Minh Ville déplore l'attaque survenue au poste 18, dans Cholon sur la rue Lao Tu. Parallèlement à cette affaire, les forces policières et les pompiers ont dû combattre jusqu'au petit matin les flammes qui ont complètement ravagé la réputée clinique Pam Phu Tuc. Il faut déplorer un mort, un policier sauvagement poignardé et trois blessés graves. Deux personnes manquent toujours à l'appel.

La destruction de la clinique Pham Phu Tuc est une perte colossale pour notre cité bien-aimée et pour tout le Vietnam. On y procédait à des chirurgies à la fine pointe des nouvelles technologies. On y effectuait entre autres des transplantations d'organes dont purent bénéficier, depuis une dizaine d'années, nombre d'enfants issus des couches les plus actives de notre société.

Les circonstances entourant ces événements permettent de croire qu'ils sont reliés. Ces deux affaires seraient le résultat d'une action concertée menée par un gang de jeunes criminels très bien organisé et très actif dans le milieu

du trafic de drogue et d'autres affaires louches, notamment l'horrible et terrifiant trafic d'organes humains qui concourent avec tant de cynisme à ternir la réputation de notre chère et belle cité.

Ceci démontre la justesse des prises de position adoptées par la dernière assemblée du Conseil Populaire d'Ho Chi Minh-Ville tenue en juin dernier et qui...

J'ai conservé cet article de journal qui parut au lendemain des faits que je m'apprête à vous narrer. Je vous en restitue l'essentiel afin que vous jugiez par vous-mêmes des faits tels qu'ils se produisirent et tels qu'ils furent rapportés par des journalistes peu soucieux de questionner une police aux pouvoirs démesurés. À leur décharge, sachant qui se cachait derrière tout ça, disons qu'il leur en eut sans doute coûté fort cher de chercher ailleurs des réponses plus éclairantes : leur emploi certainement, leur vie peut-être.

Nous traversons la rue Hai Thuong Lan Ong qui fait un arc de cercle régulier depuis le fleuve jusqu'au marché de Cholon. De cette façon, nous pouvons déambuler sans être une cible visible des kilomètres à l'avance. Les trottoirs étant presque vides dans Cholon, le soir, essayer de s'y déplacer sans être vu n'est donc pas une chose simple. Mais la connaissance du terrain que possède Cuu Long nous servira.

Il a simplement dit : « Il faut y aller ! » Je me suis levé et nous sommes partis. Bien sûr, je lui ai demandé où nous allions. Mais pas dès le départ. Au départ, je l'ai suivi comme je l'ai toujours fait jusque-là. Chemin faisant, feignant que la chose ne m'intéresse qu'à moitié, je lui ai demandé si nous nous dirigions bien vers le pont derrière le zoo comme je le lui avais entendu dire au téléphone cet après-midi-là. Sans me regarder, il a dit non, ajoutant même que nous allions dans la direction opposée.

Encouragé par cette première réponse et intrigué par le fait que nous n'allions pas à l'endroit prévu, je me suis risqué à lui demander quelle était notre véritable destination. Il m'a répondu : « Tu verras bien. » Constatant que je n'arriverais à rien en empruntant cette piste, je me suis résolu à en explorer une nouvelle.

— Quelles sont les personnes que nous allons rencontrer ?

— La *famille !* a été sa seule réponse, comme si la chose allait de soi.

Mais pour moi, rien ne va de soi. Je me contentai pourtant de cette réponse. J'ai donc suivi mon frère jusqu'à ce que nous ayons atteint l'endroit où nous nous tenons à présent.

On peut renifler, venant de la cour intérieure d'une pagode, les odeurs âcres des serpentins d'encens que les fidèles ont allumés tout au long de la journée. Ça vaut quand même mieux que de respirer les effluves putrides des montagnes de déchets dont le marché de Cholon se déleste, chaque soir, afin que les célèbres éboueurs de la cité les ramassent au petit matin.

Cuu Long, après un moment de repos, me montre un point indistinct sur le ciel noir.

— Il faut passer par là.

Je lève les yeux vers l'endroit que son doigt désigne.

— Le toit de la pagode ? T'es pas un peu fou ?

Sans considération pour mes hésitations, il ajoute, tout en escaladant un premier muret menant à une échelle :

— C'est la seule façon que nous ayons de rejoindre l'édifice de l'autre côté sans nous faire remarquer. Tu me suis sans faire de bruit. Et regarde où tu mets les pieds, le toit est en pente raide. Les tuiles sont très glissantes et certaines sont mal fixées.

— Mais on va faire un boucan de tous les diables, ne puis-je m'empêcher de souligner en regardant d'un air ahuri le toit aux pointes retroussées. Les moines, en dessous, vont nous entendre.

— Les moines ne couchent pas dans la pagode.

— On risque de se casser la gueule.

— T'as absolument raison. Mais c'est le seul danger qui nous guette. Maintenant, suis-moi. Essaie de marcher sur la pointe des pieds. Les moines ne dorment pas ici, mais il y en a peut-être qui sont en méditation. C'est leur sport national, aux moines, la méditation.

J'escalade à mon tour le muret et j'enfile prudemment les premiers barreaux de l'échelle.

« Sur la pointe des pieds ! ne puis-je m'empêcher de marmonner tout en continuant à grimper. Sur la pointe des pieds ! J'suis pas un danseur de ballet ! Un tutu avec ça ? Et pis quoi après ? Faut se transformer en trapézistes ? Cuu Long n'a vraiment pas une idée réaliste du monde dans lequel nous vivons... »

Je viens d'apercevoir la poutre centrale qui sert à joindre les deux tenants du toit. « Oh non ! On va pas marcher là-dessus. Il est fou, ma parole ! »

Hé oui ! c'est bien là-dessus qu'il faut marcher. C'est pas plus large que la semelle de mes souliers. Au beau milieu, il y a des sculptures de dragons et de belles fioritures toutes en acier noirci qui nous barrent le chemin. Va falloir les contourner.

« Mais comment on fait ça ? On se jette en bas ? Pis si je glisse ? Hein ? Si je glisse ? Je meurs, c'est certain ! Je vais mourir sans savoir où on va ni qui on va rencontrer ! »

Cuu Long n'a pas hésité une seconde. Il s'est engagé sur la poutre et il a traversé la distance qui le sépare de l'autre extrémité en courant presque. Pour moi, c'est pas tout à fait aussi simple.

Je jette un coup d'œil sur ce qui m'entoure : deux pentes plus raides que les glissades d'eau de Saint-Sauveur ! Tiens, ça me revient, ça ! Je m'étais justement cassé la gueule dans les glissades d'eau de Saint-Sauveur ! Mon Dieu, priez pour nous ! J'avance à tâtons, les bras en croix. Cette image de moi en petit Jésus crucifié ne me rassure pas du tout, du tout, du tout... Mais ça me console. Ça me console de savoir qu'en mourant j'irai *drette* au ciel pour être mort pour le bien de mon prochain. Remarquez, j'aimerais mieux rester vivant pour mon propre bien, mais comme je suis certain de mourir, aussi bien que ce soit avec des pensées pieuses plein la tête. Tiens, un signe de croix, ça peut pas faire de tort. Une prière non plus. *Notre Père qui êtes aux cieux...*

J'avance lentement. Parvenu à l'endroit où se dresse le dragon, je m'arrête. J'hésite un peu au début, beaucoup ensuite. Et là, les *quételles* me pognent. Plus capable de faire un geste ! Je suis *djammé ben dur* comme un *Jell'O* qui aurait passé trois semaines dans le frigo. Il fait noir. La peur me remplit les yeux de pluie chaude. Mes jambes tremblent. Des ailes ! Je voudrais des ailes !

— Ne regarde pas en bas ! me lance Cuu Long d'une voix étouffée pour ne pas ameuter tout le quartier. Continue tout droit. Regarde-moi. Ne regarde pas en bas ! Respire ! Regarde-moi ! Thinh, regarde-moi ! Il faut marcher. Faut pas rester là. Tu vas perdre l'équilibre. Mets un pied devant l'autre.

« Y'en a de bonnes, lui ! J'sais même plus où y sont, mes pieds. Et pis quel pied ? Le gauche ou le droit, il veut que je bouge ? J'ai l'impression de n'avoir qu'une jambe. Où c'est qu'est passée l'autre ? Maudit ! Le vent, asteure ! Y manquait plus rien que ça ! Des ailes, s'il vous plaît ! Y' a jamais de moineaux quand on a besoin d'eux. Mais quand c'est pour nous chier sur la tête, ah ! là, par exemple ! AAAAAAAhhhhhhh ! Ça y'est, merde, chu mort ! »

Je viens de glisser en enjambant le corps du dragon. Me voilà suspendu sur les tuiles froides, la main gauche accrochée au gros orteil de l'animal. J'ai perdu un soulier dans ma chute, j'ai déchiré ma culotte et j'ai lâché un cri de mort.

J'essaie de rétablir ma posture en étirant mon bras droit afin qu'il s'agrippe aussi au corps du dragon. Peine perdue. Trois tentatives n'y suffiront pas. J'essaie alors de remonter en appuyant mes pieds sur les rebords arrondis des bouts de tuiles, là encore, ce sera en pure perte.

Les poumons écrasés contre la paroi du toit, j'ai du mal à respirer. Des crampes durcissent douloureusement les muscles de mon bras dont la main est toujours soudée – mais pour combien de temps encore – à la patte du dragon. Des gouttes de sueur glissent sur les ailes de mon nez et à la lisière de mes cheveux. Pour améliorer le tout, ça me pique de partout.

Je ne tiendrai plus longtemps. Déjà l'étreinte de mes doigts autour du gros orteil de la bête s'est desserrée. Désormais, la poigne est lâche et mes doigts s'amollissent.

— Je vais tomber, Cuu ! Je peux plus tenir.

— Il faut que tu tiennes encore ! Tu ne peux pas tomber ! En dessous, il y a une haute clôture avec des barreaux d'acier pointus. Tu t'y empalerais !

Mon Dieu ! Mourir empalé comme un vulgaire vampire sur des pointes pointues ! Ça doit faire très mal. On dit que les empalés ne meurent pas tout de suite, qu'ils gigotent sur leurs piquets pendant de longues minutes avant de crever.

J'ai voulu faire une nouvelle tentative, mais la voix de Cuu Long m'a retenu.

— Ne bouge plus. J'arrive !

Il s'avance d'un pas rapide sur la poutre. Il attrape la queue du dragon, glisse vers le centre en ceinturant le corps du monstre de ses bras puis s'arrête au-dessus de moi. J'ai lâché un nouveau cri de douleur.

— Ne lâche pas, Thinh ! Ne lâche pas !

— C'est pas ça, épais ! Tu m'écrases les doigts.

Il lève aussitôt la semelle.

— Oh pardon ! Il fait noir.

Il s'agrippe aux moustaches de l'animal, puis se penche en étirant sa jambe gauche dans ma direction. Je réussis à agripper ma main droite à la bordure de son pantalon. Cuu Long essaie de me remorquer vers le haut, mais il n'y parvient pas.

— Il faut que tu lâches mon pantalon ou je vais le perdre, murmure-t-il en riant nerveusement. Prends ma cheville. Tiens-toi bien, je redresse ma jambe. Je te tire... Là, maintenant prends ma main... Prends ma main... Pas avec cette main-là, l'autre... C'est ça.

Finalement, dans un ultime effort, nos doigts se rejoignent, sa poigne se referme autour de mon poignet. Lentement, il me hisse à sa hauteur et nous parvenons, tout haletants, à l'autre extrémité du toit, vivants, mais morts de peur tous les deux.

Nous nous sommes effondrés dans les bras l'un de l'autre. En fait, c'est plutôt moi qui me suis lancé dans les bras de Cuu Long en pleurant, le corps tremblant sans que je sois capable d'en contrôler le moindre soubresaut. Je suis vidé et transi par tous ces efforts. Je me serais sans doute endormi dans les bras de mon frère, si des bruits de voix ne s'étaient pas fait entendre à ce moment précis où je m'abandonnais enfin au repos.

— Qu'est-ce...

Je n'ai pas le loisir de terminer ma question. Cuu Long referme sur ma bouche une main implacable. Je n'ai pas d'autre choix que de me taire et d'écouter. Les voix sont toutes proches. Un moment, j'ai cru que c'étaient les voix des moines que mes derniers cris auraient éveillés en ce milieu de soirée. Mais il ne me faut pas longtemps pour constater qu'il n'en est rien. Bien que très fortes, comme si elles étaient lancées à très courte distance de nous, les voix ne semblent pas se rapprocher, mais au contraire s'éloigner. Bien que nos noms ne soient jamais évoqués, il est clair qu'il est question de nous. Pas de *nous* ici, mais de *nous* ailleurs : au pont derrière le zoo. Je lève un regard incrédule vers Cuu Long, il sourit.

Nous levons la tête au-dessus du muret qui ceinture le balcon d'où part un escalier de ciment qui mène à la rue. Depuis l'entrée de l'édifice qui nous est cachée, une troupe d'hommes, une vingtaine en tout, émerge dans la rue. Des ordres épars les incitent à s'engouffrer pêle-mêle dans cinq voitures de police qui attendent tous phares allumés. Et puis, Gros Singe apparaît aux côtés de deux gringalets. Il est là, au milieu de la rue, lançant ses ordres à tue-tête.

Je sens la main de Cuu Long se refermer sur ma cuisse en me tordant les chairs comme s'il s'agissait de simples chiffons. Il me faut tout mon petit change pour ne par hurler à nouveau.

— Bien compris, vous deux ? vocifère le gros chef de police à ses deux subalternes si maigrichons qu'ils semblent flotter dans leur costume jaune kaki-caca. Vous me barricadez les portes, vous ne répondez à personne, même pas au téléphone ! Les urgences attendront. Pas de risques à prendre ! Tant que leur Cha n'est pas éliminé, cette bande de pouilleux, qui croupit dans nos cellules, reste une menace... Ce Cha de merde et son lieutenant de mes fesses, j'en fais mon affaire. Vous attendez mes ordres. Ils vous parviendront par le cellulaire. Laissez votre appareil ouvert en permanence. Aussitôt que nous aurons solutionné notre problème, nous reprendrons les livraisons. Entre-temps, pas d'initiatives ou je vous dévisse la tête à mon retour.

— Vous êtes persuadé, chef, qu'il sera au pont ? demande le premier des deux gringalets.

— Ce ne serait pas la première fois qu'il nous ferait faux bond, intervient le deuxième, plus maigre encore que le premier, si maigre, en fait, qu'il ne jette aucune ombre, à peine une fine ligne noire qui se confond avec les zébrures de la chaussée.

Bien qu'il soit à bonne distance et malgré la nuit qui nous cache les traits de son visage, Cuu long et moi pouvons voir la colère sourdre de tous les pores de la peau de Gros Singe, comme un coke qui déborde en moussant partout. Les remarques de ses deux subalternes l'ont littéralement fait péter de rage. Il a l'air d'une grosse montgolfière en panne de kérogène, *lâché lousse* dans un ciel d'orage. Et la colère est d'autant plus palpable que l'homme ne prononce pas un seul mot. Ces deux nigauds ne doivent leur survie qu'au fait que leur chef est pressé de partir.

Les cinq voitures quittent la rue dans un vrombissement de pneus. À travers le crissement du caoutchouc sur le pavé, la voix du maître se fait entendre une dernière fois : « Vous ne perdez rien pour attendre, bougre d'idiots. Et priez pour que, cette fois, il y soit à son rendez-vous, cet imbécile de Cha, sinon c'est vous que j'écorche, vifs, à mon retour. »

Les voitures s'éloignent dans un dernier vrombissement. Il est dix-neuf heures trente. Le silence est revenu sur tout le quartier. La nuit est maintenant tombée sur la ville. Tout ce que j'entends, ce sont ces paroles émises par la bouche souriante de mon ami : « Voilà ! C'est fait ! »

Je comprends que le rendez-vous fixé par Cuu Long, en après-midi, au pont du zoo, n'était qu'une diversion pour éloigner Gros Singe et sa bande de pourris du lieu où doit se dérouler l'action. C'est un piège dans lequel le flic a foncé tête baissée.

L'orgueil ! Telle sera toujours la faiblesse des petits esprits se prenant pour de grands stratèges. Ce gros minable ne peut s'imaginer, tout féru qu'il est de sa supériorité d'adulte sur les pensées d'un enfant, qu'il peut être roulé par un si lamentable fretin de quatorze ans à peine, le nombril encore humide. Ce qu'il a oublié, ce primate prétentieux, c'est que les nombrils sèchent vite dans les rues de Saïgon.

Ainsi, nous sommes là où Cuu Long voulait être et très précisément à l'heure où il avait décidé que nous serions. Nous sommes à côté d'un poste de gendarmerie. Et pas n'importe quel poste de gendarmerie. Nous sommes à côté du seul poste de gendarmerie de tout Saïgon déserté par ses gendarmes sur la seule foi d'un coup de téléphone lancé à ses bureaux par un gosse de quatorze ans à peine. Un poste de gendarmes gardé par deux nigauds. Un poste de gendarmes dans les cellules duquel se trouvent les membres de la *famille* arrêtés la vieille dans une rafle effectuée par les services policiers de la ville sous le commandement de l'ineffable Gros Singe.

Du coup, je comprends : là où se trouve la *famille,* là doit inévitablement se trouver Lap, pour la libération de qui toutes ces manœuvres ont été entreprises. On n'est quand même pas sortis de l'auberge. Libérer Lap et toute la *famille* ne sera pas un jeu de tic-tac.

23

LE POSTE DE POLICE SE TROUVAIT À NOTRE DROITE. C'ÉTAIT UN LARGE BÂTIMENT DE CINQ ÉTAGES, BLANC COMME LE SONT CERtains des bâtiments de Saïgon. Le poste occupait le rez-de-chaussée et le premier étage. Les cellules étaient au sous-sol, si on peut appeler sous-sol cette cave en terre battue sans électricité, ni toilettes, ni portes, ni barreaux, aux odeurs putrides d'excréments de rats et d'urine humaine.

Si on s'en tient à la façon avec laquelle nous investîmes la place, le mot *attaque* fait un brin mélodramatique. Notre seule fait d'armes, en la circonstance, se résuma à forcer la porte du deuxième étage, à descendre sans faire de bruit (on avait enlevé nos souliers par prudence, dans mon cas c'était presque une nécessité n'en ayant plus qu'un) un escalier de ciment pour se retrouver au milieu d'une cave puante.

S'il y eut *attaque*, elle ne vint pas de nous, mais fut le fait de ces deux grandes asperges qui ne firent rien de ce qu'on attendait d'elles et qui s'octroyèrent, au mauvais moment, le rôle de héros.

Les problèmes qui surgirent, nous ne les avions pas prévus. Et puis peut-être que si. Peut-être que Cuu Long les avait prévus, lui !

Et sans doute est-ce la raison pour laquelle il était retourné chercher ce long poignard qui pendait à l'intérieur de son pantalon et que j'avais fini par oublier. Si j'avais su... si seulement j'avais su ! Aurais-je agi différemment ? J'en doute. Car là où nous allâmes, nous fûmes menés par une suite d'événements... imprévus. Mais prenons les faits un à la fois et par le début. Il nous fallut d'abord pénétrer à l'intérieur de l'édifice. Le bas nous étant interdit, Cuu Long et moi prîmes la décision de nous introduire par le haut.

Il nous fallut près de vingt minutes pour atteindre le toit. L'échelle, qui aurait pu nous y conduire directement, s'est avérée inutilisable. Il faut nous rabattre sur l'immeuble voisin, grimper sur le toit puis redescendre deux étages en s'accrochant aux gouttières qui courent le long du mur pour finalement aboutir sur le toit de l'édifice qui abrite les bureaux de la gendarmerie.

Les trois derniers étages sont occupés par des logements insalubres pas plus grands que des armoires à balais dans lesquels s'entassent des familles entières. Des odeurs de friture passent au travers les murs avec les cris d'enfants et les hurlements d'hommes ivres. Paradoxalement, ce sont ces bruits qui nous aideront à atteindre sans encombre les étages inférieurs.

Les locaux de la police et les étages supérieurs sont isolés par une solide porte de métal fermée par un cadenas aussi gros que ma main.

Qu'à cela ne tienne, un coup de batte nous en débarrasse sans alarmer le moins du monde les deux vigies ni aucun des locataires qui continuent à s'engueuler de logement en logement.

— C'est encore la folle du 202 qui fout le bordel avec ses coups de marteaux sur la tête de ses trois sales cabots, hurle une voix d'homme irrité du bout de l'étage en entendant le vacarme que le coup de masse a produit en faisant sauter le cadenas.

— Vous savez ce qu'elle vous dit, la folle du 202? lui répond une voix criarde à l'autre extrémité du corridor.

— Qu'elle nous emmerde !

— Parfaitement ! Et elle vous envoie tous au diable !

— Vos gueules ! s'insurge une troisième voix, aigrelette celle-là, sortie tout droit d'une des armoires à balais. Pas moyen de dormir en paix !

— Ah vous, le vieux décati, coucouche panier ! Bientôt vous aurez tout votre temps pour dormir. Pis ce ne sera pas dans un lit, mais dans le fond d'un corbillard.

— Toi, le jeune pouilleux, je reconnais ta voix ! Tu ferais mieux de surveiller tes fesses. Je pourrais faire une plainte aux autorités que tes yeux te sortiront des orbites. Tu vas te retrouver dans un camp de rééducation avant même de savoir épeler le mot, espèce d'illettré !

— Hé, grand-père ! rétorque la voix précédente. Ça fait dix ans qu'ils existent plus, tes camps à la con !

Nous avons laissé les bruits de voix derrière nous et nous avons descendu l'escalier qui mène au rez-de-chaussée occupé par les bureaux de la gendarmerie.

Nous progressons sans encombre jusqu'à la cave. Nous passons devant la salle où nos deux gringalets, les pieds bien installés sur le bureau et leur petit derrière bien calé dans des fauteuils défraîchis, regardent la joute de soccer télédiffusée. Ils ont mis le volume de l'appareil au maximum. On les entend quand même s'engueuler depuis le corridor du fond. Ils discutent le dernier but marqué et la faiblesse de l'arbitrage tout en ingurgitant une *Ba Ba** .

La porte qui mène au sous-sol est verrouillée. Qu'à cela ne tienne, Étienne ! La clé est sur le crochet devant la porte. Pas plus compliqué que ça. Une marque de la simplicité, s'il en fallait une, qui anime les manières policières de tous nos bons gouvernements ! La simplicité dans l'efficacité ! Bref, on ne s'est pas cassé la tête, nous non plus. On a pris la clé, on a ouvert la porte et on est descendu.

J'ai pris les devants. Cuu Long referme la porte derrière lui. Je m'arrête. Peux pas continuer, trop noir. Je ne vois pas où je vais. Combien de marches ? Sais pas ! Faut tourner,

* BaBa : appellation commerciale d'une marque de bière très appréciée dans tout le Vietnam.

faut continuer ? Sais pas non plus ! Des cellules à barreaux, ou bien des murs avec des portes ? Sont fermées, coincées, barricadées, les portes ? Et si elles sont coincées, scellées, fermées, barricadées, comment on les force, ces satanées portes ? Enchaînés, menottés qu'ils sont, les garçons ? Et si les garçons sont menottés ou enchaînés, où va-t-on trouver les clés pour les démemotter ou les désenchaîner ? Sais pas. Et surtout, ils y sont encore ou ils y sont pas ? Parce que là, là, j'entends absolument rien. Ah oui ! Tiens, on dirait un rat qui gratte !

Cuu long a déposé ses mains sur mes épaules. Je sursaute.

— On continue. Avance ! m'intime-t-il de sa voix feutrée.

Il me guide dans le noir. Je me tasse et je le laisse finalement passer devant moi. Je vois des ombres se mouvoir autour de nous. Des bruits de respiration. Un petit claquement. Une lueur toute pâle. Cuu Long a cliqué son briquet et le tient devant lui en tournant sur place. Les ombres que j'avais devinées ont arrêté de bouger. Elles ne semblent pas nous reconnaître. Elles reprennent lentement leur mouvement, presque apeurées, ne sachant trop si elles doivent faire confiance à la vision qui se matérialise devant leurs yeux rougis.

C'est Sony qui, le premier, murmurera le nom de son *Cha*.

— Cuu Long ? demande-t-il, la voix presque éteinte. C'est toi ? C'est bien toi ?

Cuu Long a avancé sa main et lui caresse la joue. L'autre ne semble pas remarquer le geste de son *Cha*.

— Qu'est-ce que tu fais ici ? On se demandait...

Cuu Long met un doigt sur sa bouche en invitant le garçon à se taire. Tous les autres se sont approchés. L'odeur qu'ils dégagent est infecte. Ils sont sales et les marques qu'ils portent au visage témoignent qu'ils ont été battus. C'est Hoa qui semble le plus amoché, un enfant d'à peine neuf ans, tout délicat et maigre. On ne voit plus son œil droit, complètement bouché par les chairs boursouflées et noircies. Pourtant, c'est celui qui a le plus grand sourire. Il a pris les mains de Cuu long et il les frotte comme s'il s'agissait de reliques sacrées.

— J'ai rien dit, *Cha !* J'ai rien dit ! Ils m'ont battu, mais j'ai rien dit.

— Je suis fier de toi, Hoa ! Très fier de toi, murmure Cuu long avec une émotion non dissimulée. J'ai toujours su que tu étais un *fils* très courageux. Mais tu aurais parlé, *trai tôï,* tu aurais parlé...

La main de Cuu Long s'approche du visage affreusement tuméfié de l'enfant et le caresse à son tour avec affection.

— Tu aurais parlé, *trai toï,* que je t'aurais pardonné.

Cuu long allonge l'autre bras et la flamme vacillante de son briquet éclaire un après l'autre le visage de chacun de ses *fils.*

— C'est terrible ce qu'ils vous ont fait, c'est terrible ! Mais c'est terminé maintenant. Thinh et moi, on est venu vous libérer. Personne ne vous fera plus le moindre mal. Je ne vois pas Lap. Ils l'ont arrêté ce matin ? Il n'est pas avec vous ?

Tous les garçons se regardent en se demandant à qui revient la tâche d'instruire leur maître des derniers événements.

— Lap était bien avec nous cet après-midi, explique Hoang, celui qu'on considère comme le premier lieutenant de Cuu Long. C'est un garçon à l'allure costaude et au regard énergique. Il n'est pas le plus âgé, mais certainement le plus sagace. Lap est le seul à qui on a donné à manger, reprend-il d'une voix éteinte. Non, c'est faux ! Ils ont aussi donné de la nourriture à Khan et à Duc... Mais ces derniers ont refusé de toucher aux plats. Ils prétendaient qu'ils étaient empoisonnés. Ils avaient raison. Après avoir mangé, Lap s'est tout de suite endormi. On a compris qu'il avait été drogué. Ils sont venus chercher Lap, Khan et Duc un peu avant que le soleil se couche.

— Vous savez où ils les ont transportés ? Vous savez où est Lap ?

À nouveau, malgré l'obscurité, je sens une longue hésitation paralyser les garçons. Certains regardent le sol n'osant pas affronter le regard de leur *Cha*. D'autres, au contraire, le dévisagent avec un tel désespoir qu'ils n'auront pas à prononcer le moindre mot pour que Cuu Long comprenne clairement leur silence.

— La clinique... Mon dieu ! Ils les ont transportés à la clinique ! marmonne-t-il d'une voix si rude, si chargée de rage et de haine que j'aurais dû comprendre, là encore, que le malheur nous suivait à la trace et qu'il ne nous lâcherait plus.

— Je ne vois pas Liem non plus, demande Cuu Long après un long silence. Où est Liem ? Qu'est-il arrivé à votre frère ? Parlez !

— Il a voulu s'opposer aux *bœufs jaunes* quand ils ont emmené Lap et les deux autres, se contraint à répondre Hoang avec un sanglot retenu dans la voix.

— Oui, alors ils l'ont battu, précise Luu avec tout autant d'émotion.

— À coups de barres de fer ! Tellement de coups ! reprend Hoang.

— Mais il n'a jamais lâché prise, continue Si, le gringalet de la troupe aux longs membres effilés et aux muscles fins, mais durs comme de l'acier. De l'admiration festonne sa voix, de la dévotion et un immense respect. Il a fait ce qu'aucun de nous n'a osé faire. On se moquait de lui, on a toujours ridiculisé Liem. C'est vrai que c'était pas le plus intelligent de la *famille*. Mais je sais maintenant qu'il était le plus brave d'entre nous. Je l'aimais. Liem était mon frère. Un peu dur de la caboche, mais pas idiot pour autant, juste un peu lent et avec un cœur gros comme ça ! Il va me manquer tellement, tellement.

— Il a mordu un flic à la jambe, intervient Than, un garçon de huit ans, pas plus, en s'essuyant le nez et les yeux d'un grand geste de la main. Je crois qu'il a dû lui arracher un morceau de peau grand comme ça, dit-il, en montrant avec ses doigts un cercle grand comme une assiette. L'autre hurlait de douleur.

— Alors ils se sont acharnés sur Liem, conclut Hoang. Il a subi tous les coups sans émettre le moindre cri, la moindre plainte. Il... Il est mort, je crois.

Les garçons ont ouvert les rangs. Cuu Long s'avance vers un corps étendu sur le sol, près du mur. On devine tout autour de celui-ci une grande mare de sang. En effet, le garçon a cessé de vivre. Le corps est inerte et déjà froid. C'est ce que je constate en me penchant vers mon ami et en déposant ma main sur la sienne qui repose elle-même sur le front de Liem.

Là encore, j'aurais dû comprendre combien le cœur de Cuu Long était alors ravagé par un désir irrépressible de vengeance. Mais je ne voyais rien. Sans doute étais-je moi-même aveuglé par la même rage, par le même désir d'imposer un châtiment cruel à tous ces bourreaux. Il n'est pas difficile de s'imaginer la haine qui s'empare du cœur de l'homme quand il est mis en présence de telles atrocités. Alors imaginez-la, cette haine, car elle habita nos cœurs dès cet instant. Et dès cet instant, je vis ces agneaux se transformer en loups et j'en ressentis un plaisir féroce. À force d'être traités comme des bêtes, ils agiraient désormais comme des bêtes. Tel était leur présent engagement.

Ce qui allait suivre était inévitable.

24

Cuu Long ne prononça aucune parole. Malgré l'obscurité qui régnait dans cette cave puante, je vis ses yeux briller et son corps se durcir. Sa poitrine se souleva une fois puis il dit : « Venez ! » La file des garçons se forma aussitôt derrière lui.

Cuu Long prit la tête. Il gravit les marches du petit escalier avec prudence mais sans hésitation. Il ouvrit la porte du rez-de-chaussée. Il fit avancer sa troupe devant lui. Les garçons passèrent le long corridor puis s'engagèrent dans l'escalier de ciment qui menait aux étages supérieurs.

Nous avions décidé, Cuu et moi, qu'au retour nous emprunterions l'escalier de secours attaché au mur arrière de l'édifice et dont l'accès nous avait été interdit à l'aller du fait que la dernière volée de marches était relevée à la hauteur du premier étage. C'était risqué, car nous ne savions pas dans quel état était cet escalier rouillé qui n'avait pas dû être utilisé depuis des lustres. Si la dernière volée de marches refusait de s'abaisser, il nous faudrait sauter depuis le palier du premier étage. Or, ça ne se ferait pas sans risques. Cinq ou six mètres plus bas, le sol était occupé par une montagne de déchets qui rendrait l'atterrissage périlleux.

Mais avions-nous vraiment le choix ? Nous ne pouvions quand même pas espérer grimper par les gouttières de l'édifice voisin.

Je suis le dernier à passer devant Cuu Long. Nous fermons la marche. Il aurait été plus sage que Cuu Long se trouve en début de file pour guider la troupe dans sa fuite, mais on ne peut pas penser à tout. Donc, Cuu et moi sommes les deux derniers à passer devant le grand local où tantôt les deux asperges étaient occupées par le match de soccer. On ne fait pas l'effort de vérifier leur présence, persuadés qu'ils s'y trouvent encore et plus absorbés que jamais. Ce fut notre mortelle erreur.

Il y a un bruit de chasse-d'eau derrière la porte, au fond du couloir, près de l'escalier de ciment. Une porte que nous n'avions pas remarquée, ni Cuu Long ni moi. Un grand raclement de gorge se fait entendre suivi d'un crachat. Un nouveau bruit de manette qu'on actionne. L'eau qui roule dans un gargouillement d'égout. La poignée tourne. La porte s'ouvre. L'homme s'abandonne à un grand bâillement sonore en portant le poing devant sa bouche.

Ce bâillement l'oblige à fermer les yeux au moment où il surgit devant nous. Avant qu'il n'ait le temps de les rouvrir, la lame du couteau de Cuu Long se plante dans la gorge de l'homme qui vacille et se retrouve à quatre pattes, les yeux exorbités par l'étonnement d'abord, par la peur ensuite.

La chose s'est passée si vite que je n'ai pas eu le temps de réagir. Pétrifié ! Voilà le mot. Je suis pétrifié ! Jamais je n'aurais imaginé que nous en viendrions à tuer un homme. C'est pourtant bien ce qui vient de se produire devant mes yeux. J'ai un mal fou à respirer et je ne parviens pas à quitter la lame qui traîne encore au travers la gorge de l'individu. Il râle en silence. Ses mains balayent l'espace en implorant la pitié des trois bouddhas.

D'une main leste, je vois Cuu Long saisir l'homme au collet avec une agressivité sauvage. Tous les garçons dans l'escalier observent la scène d'un air jouissif. J'ai un certain malaise à les voir se réjouir ainsi de la mort d'un homme, tout vilain soit-il.

La victime regarde son assassin sans dire un mot. Et je vois, chose étrange, sa grimace apeurée se transformer en pâle et insignifiant sourire. Il lui manque trois dents, dont une canine, ce qui lui donne un air à la fois risible et pitoyable. Ses mains ont cessé de gesticuler et reposent à présent sur ses cuisses.

Cuu Long lui fait le signe discret de se relever et retire lentement son couteau de la gorge de sa victime sans que ne s'en échappe une seule goutte de sang. Mon ami fixe son prisonnier sans relâcher son attention une seule fraction de seconde.

L'homme se relève. Il n'est donc pas mort, le bougre ! Cuu Long ne l'a pas assassiné. Son couteau n'a fait qu'effleurer la jugulaire du policier. Je reçois cette vérité à la fois avec soulagement et avec une certaine déception, je dois l'admettre.

L'homme se relève donc. Il a les bras si haut levés que ça lui donne l'allure d'une carcasse de bœuf suspendue à un crochet de boucher. Et il a toujours le même sourire figé, un peu niais.

Cuu Long fait un nouveau signe de la main et la *famille* reprend son ascension. Il agite à nouveau son couteau sous le nez de son prisonnier lui intimant l'ordre de se mettre à la file derrière les garçons. Il est manifeste que le *Cha* a décidé que l'homme nous accompagnait.

Tout aurait bien pu se terminer comme ça si seulement l'équipe de HCMV* n'avait pas choisi ce moment précis pour marquer le point de la victoire.

On entend, venant de la salle où se trouve le téléviseur, un hurlement qu'on croirait celui d'un éléphant pris au milieu d'un magasin de porcelaine. Cuu long détourne les yeux en direction de l'endroit d'où nous provient ce cri de mort.

C'est suffisant. L'homme, profitant de ce moment de distraction, bondit sur Cuu Long. L'autre se tasse juste assez pour éviter le coup que l'homme lui destinait. Ce faisant, il plante son couteau dans le ventre de son assaillant.

* HCMV: Ho Chi Minh-Ville, nom donné par les communistes à la ville de Saïgon au lendemain de la réunification du Vietnam en 1975.

L'homme ne fait qu'un pas en regardant, hébété, le manche de l'arme saillir de son ventre. Sa grimace mauvaise se transforme en un rictus convulsé par la douleur.

Le bruit étouffé du corps glissant lentement sur le plancher est suffisant pour mettre en alerte les sens atrophiés de son camarade.

— *Cuong ? Co khoe khong ? Con may cung khoe ?* (Cuong ? Ça va ? Tu te sens bien ?)

Observant qu'il n'obtient pas de réponse, sa voix se fait plus pressante.

— *Cuong ? ... Cuong ? ... Du me ! Chuyên gì xay ra ?* (Merde ! Qu'est-ce qui se passe par là ?)

On entend une chaise se renverser et des pas courir dans notre direction. Quand il tourne, le coin du couloir, le deuxième échalas, plus maigre et plus petit encore que le premier, s'arrête net en voyant le corps étendu de son ami. La vue du sang le paralyse. Il respire avec difficulté. Il veut battre en retraite vers le bureau. Mais, en se retournant, il reçoit le couteau de Cuu Long en plein visage, à quelques centimètres de ses yeux. L'homme est blême. Il se met à trembler en voyant le propriétaire de la main qui tient le couteau. Les garçons font cercle autour de lui.

— C'est toi, celui qu'on appelle Cuu Long ! murmure-t-il péniblement. Justement, on te cherche partout. Mon chef, il veut te pa...

— Ta gueule ! lui commande Cuu Long d'une voix menaçante. Tu vas nous accompagner. On va tous sortir par la grande porte. Tu nous amènes très vite à la clinique. T'as quinze minutes pour t'exécuter ; après ce délai, je te crève. Je crois que j'ai pas à te convaincre de ce que je suis capable de faire si on m'y pousse. Alors, t'avise pas de nous mener en bateau. J'ai ma petite idée sur l'endroit où se trouve cette maudite clinique.

Il accompagne ses dernières paroles d'un geste qui met son prisonnier fort mal à l'aise. Il relève son chandail et baisse légèrement son pantalon, dégageant ainsi, dans son dos, une large cicatrice menant du bas des côtes à la raie des fesses. Je ne comprends pas, à ce moment précis, ce que signifie la cicatrice et pourquoi elle produit un tel effet à la fois sur les garçons et sur le flic. Tout ce que je sais, c'est que nous arrivons à destination en moins de dix minutes. Le flic est bâillonné puis abandonné sans vêtements, aussi nu qu'un ver, dans une cour sombre, attaché à un poteau de clôture.

Le reste se joue très vite. La troupe en désordre investit la salle d'attente d'une clinique médicale ultra-chic. Tout est mis sens dessus dessous dans les cris et les lamentations de la clientèle en attente et des employés qui courent dans toutes les directions pour se mettre à l'abri. Un médecin surgit d'un cabinet, stéthoscope au cou, mains gantées. Il s'immobilise. Le couteau de Cuu Long se fera à nouveau très persuasif. Après avoir abandonné huit de ses garçons au saccage de la salle d'attente et de ses annexes, Cuu Long ainsi que six autres garçons dont Hoang et moi-même, nous laissons guider par le médecin dans une aile bien discrètement située.

Il y a, dans ce lieu étrange, une enfilade de salles, des entassements de draps souillés et une odeur très forte de formol, de camphre et d'autres effluves entêtants. Le regard de Cuu Long est terrifiant. Ses gestes sont devenus brutaux. Il ouvre chaque porte à grands coups de pied.

Deux hommes surgissent d'une salle. Ils sont vêtus, masqués et gantés de blanc. La salle, de laquelle ils émergent, baigne dans une lumière très vive. L'un des hommes tient un scalpel dans sa main. À la vue de la troupe, les deux hommes deviennent menaçants. L'homme au scalpel s'avance, l'arme levée, vers Cuu Long. Le médecin-guide en profite pour tenter une vaine rébellion. Mal lui en prend ainsi qu'à ses deux confrères. Trois coups de bûches arrachées d'un des murs de la salle d'attente les ont mis K.-O.

— Hoang ! ordonne Cuu Long à son lieutenant. Ils bougent et tu les achèves.

Sur ce, il lui remet son couteau que le garçon attrape avec un sourire cruel.

Dans la salle adjacente, sur trois tables, on trouve, harnachés et endormis, Lap, Khan et Duc. Heureusement, on n'a procédé sur aucun des trois à la moindre incision. On les a juste endormis.

À grandes giclées d'eau froide, on réussit couci-couça à réveiller Duc et Khan. Mais Lap, aussitôt libéré de ses entraves, sentant la prise caressante qu'exercent sur lui les bras de son *père*, se rendort aussitôt.

Là encore, tout aurait pu se terminer comme ça et le mal eût été moindre. Mais c'est alors que surgissent, d'une porte dérobée, Gros Singe, Tri le *Grand Cha* et un homme aux allures suspectes tenant une grosse liasse de papier-monnaie. Hoang ne leur donne pas le temps de réagir. Il se rue sur les trois hommes, couteau au poing. Il ne fera pas dans la demi-mesure !

Il désarticule le bras droit du *Grand Cha* en lui sectionnant les tendons du coude, puis sa lame s'enfonce brutalement dans l'épaule de l'inconnu qui n'a pas le temps d'esquiver le coup. Il s'effondre en abandonnant sa prise sur sa liasse de dongs.

Gros Singe n'a pas mis de temps à réagir non plus. Dans un hurlement sauvage, il jette sa masse dolente sur Cuu Long. Il lui arrache Lap des bras et martèle le *Cha* à grands coups de pied qui laissent mon ami le souffle coupé.

Je m'élance alors. Jusque-là je n'ai été que spectateur dans tout ce qui se passe. Je ne parvenais pas à rassembler en moi l'énergie nécessaire pour agir. Mais là, devant mon ami qu'on cherche à tuer à coups de bottes, je perds tout contrôle. Outre le mal qu'on inflige sous mes yeux à Cuu Long, toute l'horreur du lieu où nous sommes et les crimes immondes qu'on y commet m'apparaissent alors sous leur plus terrifiant visage : celui de Gros Singe.

Je ramasse au passage le scalpel abandonné par l'homme en blanc que les garçons ont assommé à coups de gourdin et je bondis sur le gros policier. D'un geste large, tout chargé de haine et de rage, je l'atteins à la joue droite. Le coup lui arrache un cri de douleur. Il laisse tomber l'enfant. Puis voyant toute la troupe se dresser contre lui, il préfère déguerpir par la porte dérobée suivi par le *Grand Cha* qui continue à se lamenter, son bras ensanglanté pendouillant comme un bout de guenille sur son flanc droit.

J'aide Cuu Long à se relever. Il titube et il a du mal à reprendre son souffle. Khan et Duc, bien qu'encore groggy par les inhalations d'anesthésiant dont ils viennent à peine d'être sevrés, peuvent néanmoins se déplacer sur leurs jambes avec l'aide de leurs camarades.

— On met le feu ! dira simplement le *Cha*.

On aurait dit que la *famille* n'attendait que cet ordre pour agir. Elle s'exécute dans la plus folle exubérance. On allume trois foyers d'incendie dans lesquels on jette, pêle-mêle, tous les dossiers qui leur tombent sous la main, des chaises, des tables, des ordinateurs qu'on fracasse à grands coups de battes. Une fumée noirâtre s'échappe bientôt des brasiers.

Le coup de grâce est donné quand Hoang et son commando reviennent deux minutes plus tard avec des bonbonnes d'oxygène.

— On fout le camp ! hurle Cuu Long en voyant ce que s'apprête à faire son lieutenant.

Ce sera le plus beau sauve-qui-peut général que n'enregistra jamais Saïgon depuis la chute de la ville aux mains du vietcong en 1975.

Les bouteilles sont ouvertes puis lancées au milieu des flammes. Trois minutes plus tard, une formidable conflagration se fait entendre suivie de crépitements. La clinique n'est plus qu'un immense brasier. Dans la confusion qui règne ensuite dans tout le quartier, la troupe peut se disperser sans attirer l'attention. Le matin du jour suivant, la *famille* dort à l'abri, sur les rives du Mékong, quelque part entre Can Tho et Vinh Long.

25

VOILÀ DEUX SEMAINES QUE NOUS SOMMES ICI. L'ENDROIT EST D'UN CALME REPOSANT ET LE DÉCOR SOMPTUEUX. L'ARROYO, PRÈS duquel le campement est établi, serpente au milieu d'une végétation luxuriante. Çà et là, percent les sommets inclinés des cocotiers et des majestueux aréquiers où craquettent des colonies de cigales. Une petite communauté de gibbons, en campagne pas très loin, chapardent quotidiennement dans nos réserves qu'il nous faut protéger à grands cris et à grands coups de fouet.

Les trois premiers jours sur les bords du Mékong ont été difficiles. La *famille* est nerveuse et épuisée. Les derniers événements ont gravement marqué les imaginations. La douleur de la perte de Liem a obligé Cuu Long à organiser des funérailles symboliques. On a construit un autel et on y a brûlé encens et offrandes. Les garçons ont revêtu le costume de deuil rituel (une tunique de cotonnade blanche et froissée, sans manches, attachée à la taille par une cordelette de crin et un bandeau blanc). En sautant les étapes et sans se préoccuper des dates prescriptibles, on a fabriqué de petits bateaux en feuilles d'aréquier auxquels on a attaché une chandelle. Ensuite on les a abandonnés, à la nuit tombée, sur les eaux sombres du fleuve.

Tout ça a suffisamment accaparé les esprits pour que je n'attire pas trop l'attention. Je vais un peu comme chacun : au gré de ma tristesse.

Durant ces trois jours qu'ont duré ces funérailles, Cuu et moi avons passé de longs moments à discuter de tout et de rien. Nous avons parlé de nos vies, de nos espoirs et de nos désillusions. Il m'a questionné sur Montréal, sur la neige, sur l'école, sur les grands centres commerciaux qu'il ne parvient pas à imaginer tellement la chose lui paraît extravagante.

Nous nous sommes gavés d'un torrent de mots afin d'endormir un trop-plein de douleurs qui nous broient l'âme et le corps. Mais malgré les milliers de mots, malgré les phrases interminables et les histoires sans suite, nous n'arrivons pas à faire taire ce sentiment de culpabilité qui nous envahit, cette honte inavouable que nous cherchons, en silence, à transformer en légitime défense, en accident ; honte pour lui de l'avoir fait, honte pour moi de l'avoir laissé faire. Car maintenant que nous voilà au repos, le poids des gestes posés a tout le temps de nous accaparer.

Avec les heures, puis les jours, comme le sable au sablier, les mots se sont épuisés. Le silence est revenu et avec lui, le seul mot qui nous soit resté dans la gorge, c'est *giet !* Tuer !

Il se dresse devant moi, ce mot, chaque nuit, sous la forme d'un corps sans visage au milieu d'une mare de sang. J'ai eu le temps, même si je refuse d'y penser et sans doute parce que je refuse d'y penser, d'en circonscrire tout le sens : tuer veut dire mourir. Le flic est mort, et quelque chose en Cuu Long et en moi est mort avec lui. Quand quelqu'un meurt près de nous, une part de notre humanité part avec lui. Quand on le tue, c'est la moitié qui fout le camp. Et il nous faut des jours, des mois, des années, parfois toute une vie, et même au-delà, pour la retrouver, cette moitié perdue.

Après ces trois jours de deuil, la vie s'est peu à peu organisée. Et c'est là que mes problèmes ont commencé.

Les tâches ont été réparties selon les besoins. Chacun cuisine, consolide les petites huttes qui nous servent d'abris, cueille, chasse ou pêche selon la nécessité du moment. Il faut admettre que les récoltes ne sont pas très opulentes. Les enfants de la rue n'ont rien en commun avec ceux de la campagne et aucun n'est vraiment doué pour la vie dans cette nature, aussi riche soit-elle. Aucun ne connaît l'art de la pêche à la perche, ou de la chasse aux rats de rizière ou à la capture d'un cochon sauvage. De toute manière, ils en auraient capturé un qu'ils n'auraient pas su quoi faire avec.

Aussi, très vite, la nécessité s'est-elle imposée de réactiver les équipes de chapardeurs afin d'aller écumer les allées du marché de Can Tho, à huit kilomètres d'ici. Aux emplettes, s'est ajouté bien sûr le vol à la tire, question de ne pas perdre la main. Le trésor familial s'est enrichi de quelques montres, de cinq ou six bracelets en or, d'une dizaine de portefeuilles. Mais la cueillette doit être interrompue, car Cuu Long craint que ces rapines n'attirent trop l'attention sur la *famille*.

— Les gens ont remarqué notre présence. Ils nous surveillent. Et ne vous faites aucune illusion, ils ne nous aiment pas davantage que les habitants de Saïgon. Ils nous tolèrent plus qu'ils nous acceptent. S'ils se mettent à se poser des questions sur la multiplication des vols autour du marché de Can Tho, pas de doute qu'ils ne tarderont pas à faire le lien avec nous. Et alors les flics vont nous tomber dessus comme une nuée de mouches.

Pendant quelques jours, les incursions au marché de Can Tho furent donc annulées et ne reprirent que sous la stricte supervision de Hoang.

J'espérais secrètement qu'il en irait autrement, mais il me faut admettre que mes relations avec les membres de la *famille* sont toujours aussi difficiles pour ne pas dire pires qu'elles n'ont jamais été. Et je dois avouer que j'en suis très meurtri. Ayant contribué à leur libération, j'avais espéré qu'ils m'accueilleraient parmi eux. Il n'en est rien.

Nos liens baignent au mieux dans l'indifférence, au pire, dans une méfiance réciproque.

Quelques-uns, dont Hoang – qui a de plus en plus de mal à accepter ma relation privilégiée avec Cuu Long – ont laissé entendre que je n'étais peut-être pas innocent dans toute cette série de malheurs qui s'est abattue sur la *famille.*

— Après tout, s'est exclamé Hoang, un soir où toute la troupe est réunie pour souper, tous nos problèmes ont commencé le lendemain de son arrivée. Je ne dis pas que le viet khieu est un traître – son expression laissait cependant entendre le contraire – mais je dis qu'il est un *xui xeo.*

Au prononcé de ce mot, un long frisson parcourt la troupe. Puis Hoang ajoute d'une voix lugubre : « La *famille* sera en danger tant qu'il restera parmi nous. »

Dans la société vietnamienne, percluse de traditions séculaires et de légendes de toutes sortes où interfèrent sans cesse des dieux tutélaires et des démons de toute nature, être un *xui xeo* est vu comme une tare considérable, prétexte à toutes les exactions et, aux pires moments, à la mort elle-même. *Xui Xeo* pourrait se traduire par *porteur de malheur ;* celui sur qui s'est posé *l'œil noir du destin.*

Il aura fallu toute l'autorité de Cuu long pour que, ce soir-là, quelques-uns d'entre eux ne fassent accepter aux autres la nécessité de se débarrasser de moi. La discussion s'est arrêtée là et personne n'a osé s'opposer à son *Cha* que chacun perçoit comme un véritable héros, dans le sens mythologique du terme : un sauveur, un brave parmi les braves.

Il n'empêche que, depuis ce temps, personne ne tolère ma présence à ses côtés. Hoang me fixe en permanence d'un regard sombre. Bref, aucun ne me reconnaît comme un des leurs. Je dois admettre que je ne me reconnais pas non plus en eux, ni dans leurs valeurs, ni dans leurs manières, ni dans leur langage. Ils partagent en effet une langue bien à eux, faite d'expressions et de mots atrophiés ou vulgaires dont l'usage leur a livré le sens. Et parfois, ensemble, quand ils s'y mettent, je ne pige pas un traître mot à tout ce qui se baragouine autour de moi.

Chaque jour qui passe voit ma situation se précariser davantage. Chacun me considère comme une bouche inutile à nourrir. Et là-dessus, je ne peux guère leur donner tort. Mais à qui a faute ? Comme aucun n'accepte ma présence près de lui, je ne partage aucune des tâches domestiques et je reste dans mon coin sans rien faire sauf compter les brins d'herbe le jour et les étoiles, le soir.

J'ai constaté aussi que l'attitude de Cuu Long à mon endroit a changé, elle aussi. Plus distant au début, il est devenu avec les jours de plus en plus lointain, de moins en moins loquace. Ces deux derniers jours, il ne m'a adressé la parole que pour le strict nécessaire et toujours en présence des autres garçons.

Aussi, quand je l'ai vu arriver, le visage sombre et le regard fuyant, j'ai su que quelque chose de grave se préparait. Quelque chose qui devait ressembler à mon renvoi définitif et sans appel de la *famille*. Et je n'avais pas tort. Ce que j'ignorais c'est ce que cela signifiait pour lui. Et en vérité, je ne m'attendais vraiment pas à entendre ce que mon ami s'apprêtait à me dire.

C'est la fin du jour. Le soleil resplendit encore sur les rizières inondées qui ceinturent l'arrière de notre campement. Il fait encore très chaud. La journée a été très humide et propice au farniente. Je suis adossé, seul comme d'habitude, au tronc d'un aréquier.

— Ça va ? me demande Cuu Long en guise de bonjour.

Je ne lui réponds pas. Je trouve un peu insignifiant qu'il me pose une pareille question en un pareil moment. Je lance la pierre que je tenais entre mes doigts. Quand elle quitte ma main, je prends soudainement conscience que ce caillou porte mon nom : pierre. À cet instant, j'ai la désagréable impression de m'être moi-même jeté à la rivière sans veste de sauvetage. Or, comme toutes les pierres, je ne sais pas nager. Comment une telle idée a-t-elle pu me passer par la tête ? Je n'en sais rien. Et pourquoi me suis-je rappelé à cet instant mon nom français ? Je l'ignore aussi.

J'avais l'impression de l'avoir oublié quelque part dans mes bagages, ce nom étranger qui m'allait pourtant comme un gant quand j'étais à Montréal. Mais tout ça me semble si loin, si loin ! Depuis que je suis au Vietnam, on ne m'a jamais appelé par ce nom. On m'appelle Thinh. Comme si je m'étais toujours appelé comme ça, alors que je ne me souviens pas m'être jamais fait appeler autrement que par Pierre.

Ici, en ce pays étranger, j'ai presque fini par croire que le prénom de Thinh est mon seul véritable nom. Comme si Pierre n'avait jamais existé. J'ai oublié qu'ailleurs on ne me connaît que sous ce nom. J'ai oublié combien mes parents ont insisté pour imposer mon prénom francophone... Ailleurs, je m'appelle Pierre et ailleurs c'est mille fois mieux qu'ici avec plein de centres commerciaux incroyables. Ailleurs, j'avais des parents. Ailleurs, les parents n'abandonnent pas leurs enfants comme ça. Ailleurs, les enfants ne sont pas obligés de tuer pour rester vivants. Et on n'a pas besoin de jeter une pierre à l'eau pour se rappeler comment on s'appelle.

— À quoi tu penses ? me demande Cuu Long encore.

— À ce que je sais que tu vas me dire et que tu ne m'as pas encore dit, lui lancé-je sans prendre la peine de le regarder.

Il se penche et s'assoit à son tour, près de moi, le dos appuyé sur l'aréquier. Il se met à fixer le ciel sans rien dire. Je ne vais certainement pas lui faciliter la tâche en lui mettant les premiers mots dans la bouche. Alors je le laisse faire. Le silence s'est étiré de très longues minutes. J'ai même cru, à un certain moment, qu'il dormait. Il a les yeux fermés et son ventre se soulève à intervalles réguliers. C'est d'autant plus facile à voir qu'il est presque nu. Il est allé se baigner dans les eaux du fleuve et il n'a que sa culotte sur lui. Sa peau luisante éclate sous les rayons du soleil. Ses cheveux tracent de longues raies noires sur la peau brune de ses épaules.

Il est très beau. C'est la première fois que je m'arrête pour admirer la beauté de Cuu Long. Des jambes fermes, musclées, un torse déjà presque formé avec des pectoraux bien ronds et des hanches élancées.

Mais il ne dit rien et ce que je sais qu'il s'apprête à me dire le rend infiniment moins beau.

— Tu crois aux légendes ?

Je ne lui réponds pas. Manifestement il ne s'attendait pas à ce que je le fasse.

— Moi, j'aime à imaginer que les légendes existent. Que les princesses dont il est question dans les contes nous sont destinées à condition de croire fermement à leur existence. Tu connais la légende de *La perle de nacre* ? Non ! Bien sûr, tu ne la connais pas ! C'est pourtant une très belle histoire d'amour...

Il fait silence. Je m'attends à ce qu'il me la raconte, il n'en fait rien. Il s'en retourne à son sommeil et il ne se réveille que lorsque la nuit s'est penchée sur le monde. Je suis toujours à ses côtés. Personne n'est venu nous déranger. Le souper s'est pris sans que nous y soyons invités. Je vois bien que les garçons nous regardent et Hoang plus que les autres. Mais aucun ne bouge pour venir nous apporter un plat. Ils nous regardent à la dérobée, détournant les yeux aussitôt qu'ils sentent que je les observe.

— J'ai mené Lap dans une famille...

Il a seulement dit ça puis il a rouvert les yeux : *J'ai mené Lap dans une famille.*

Il se lève. Il a les jambes ankylosées et le dos lui fait mal. Il s'étire. Il a contourné l'attroupement des garçons qui s'empressent de retourner à leur soupe. Il n'a aucun regard pour eux. Il a saisi deux morceaux de pain sur la table et il est revenu vers moi. En passant, il a arraché son chandail qu'il avait mis à sécher sur une branche en forme de fourche. Il s'en revêt. Il me lance un des quignons puis s'éloigne seul dans la direction du chemin qui mène au village. Il s'arrête. Il s'assoit sur une vieille souche écorcée. Il mange son pain. Il regarde devant lui, les bras croisés. Il les décroise simplement pour prendre une bouchée puis les recroise aussitôt.

Il m'a fallu un peu de temps pour digérer l'information que vient de me livrer Cuu Long. *Lap, adopté, famille*... Tout a pris son sens d'un seul coup sans que j'aie à me creuser les méninges. Je ne peux pas croire qu'il l'ait fait. Je ne peux pas croire qu'il ait accepté de se séparer de cet enfant qu'il chérit plus que tout au monde, qu'il ait accepté de libérer Lap de l'enfer de la rue... de lui donner sa chance.

Je regarde Cuu Long là-bas. Seul, si seul ! Si infiniment et terriblement seul dans ce bout du monde enveloppé par la nuit. Il me fait pitié. Je suis fier de lui, mais il me fait pitié. Pas pour le plaindre, mais pour vouloir le consoler. Mais comment console-t-on un ami qui a tout perdu, qui n'a plus rien qu'une chemise sur le dos et une culotte, mais plus de rêves, plus d'espoirs ?

Je m'approche. Je ne parle pas. Je croyais qu'il pleurait. Mais non ! Les enfants de la rue ne pleurent jamais. Je ne bouge pas. Je m'assois à ses côtés. Je regarde comme lui, devant. Il n'y a rien. Seulement le vide sombre de la nuit.

— Lap est bien. Il a beaucoup pleuré. Mais je sais qu'il est bien.

Il me regarde. Ses yeux sont aussi vides qu'une nuit sans étoiles, avec le désespoir en prime.

— Nous partons demain à l'aube.

Il s'est levé et il s'est dirigé vers sa cabane.

26

NOUS SOMMES PARTIS AU LEVER DU JOUR. NOUS AVONS MARCHÉ JUSQU'À CAN THO ET DE LÀ NOUS AVONS PRIS L'AUTOBUS POUR SAÏGON.

Les adieux n'ont pas été très longs. Hoang et les garçons se tenaient sur deux rangées pour saluer une dernière fois leur *Cha* bien-aimé.

Cuu Long avait cédé tous ses droits sur la *famille* à Hoang. Les deux garçons s'étaient longuement entretenus la nuit précédente. Et quand Cuu Long était sorti de sa rencontre avec son lieutenant, il était venu me réveiller. « Il sera un bon *Cha* ! » s'était-il borné à dire en guise d'explication.

Nous avons quitté le campement une heure plus tard. Je ne savais plus quoi penser de tout ce qui se produisait d'étrange ou d'incompréhensible autour de moi. J'avais du mal à m'imaginer que mon ami abandonnait sa *famille* aussi simplement sans que ça fasse plus d'éclats.

Il pleuvait à boire debout. Les deux dernières semaines nous avaient habitués à des journées ensoleillées si bien que nous avions fini par oublier la mousson qui ne traîne jamais très loin, fin juillet. L'autobus se déplaçait à pas de tortue. Le trajet s'était effectué en quatre longues heures en raison des routes défoncées et des rideaux de pluie qui rendaient les déplacements pour le moins périlleux.

— C'est le meilleur temps pour rentrer à Saïgon, avait conclu Cuu Long avant de s'endormir.

C'est sous des trombes d'eau que nous avons abouti au milieu d'un enchevêtrement de rues et de venelles malodorantes où s'élèvent des tas de maisons toutes de guingois. Une population désœuvrée se traîne, malgré l'orage, à la recherche d'un abri de fortune. Les rues sans doute déjà lugubres par beau temps prennent sous l'averse une teinte morbide. Les rats longent les murs fuyant les montées d'eau dans les canalisations mal entretenues. Des hommes au regard farouche, assis à l'intérieur d'un café crasseux nous observent en riant.

Il est vrai que nous avons l'air de deux chats mal léchés, abandonnés dans un environnement peu fréquentable. Dans l'autobus, avant l'arrivée sur Saïgon, Cuu Long m'a un peu mis au courant de ce qui m'attendrait à la descente. Mais même averti, le choc a été terrible.

Le Quartier Quatre de Saïgon a toujours eu la réputation d'être un lieu malfamé où se trament les pires mauvais coups et où se retrouvent tous les déviants sociaux de la ville : voleurs, tueurs, mendiants, trafiquants de toutes sortes, prostituées syphilitiques et tous les maquereaux de la province à la recherche de chair fraîche pour garnir leur écurie. C'est le lieu le plus déprimant du monde pour qui n'y a pas ses entrées. Pour les autres, c'est l'endroit où s'assouvissent tous les vices à moindres frais bien qu'il arrive souvent que quelqu'un y laisse sa vie par distraction. Car on y trouve aussi le plus haut taux de débiles, de débauchés, de psychopathes et de tarés congénitaux au mètre carré de tout le Vietnam.

Malgré la pluie, Cuu Long avance sans regarder personne. Il va droit devant lui. Il cherche une adresse. Quand il la trouve, il se tourne vers moi et passe sa main dans mes cheveux question de refaire le pli dans une tignasse en épouvante.

— Tu ne dis rien. Tu ne salues personne. Si quelqu'un crache dans ta direction tu craches dans la sienne. Tu m'entends. Tu craches aussi... Thinh ? Tu m'entends ? Tu m'entends, Thinh ? Si quelqu'un crache, tu craches aussi dans sa direction. T'as compris ?

Un peu étourdi par tout ce que j'ai vu jusqu'ici, étonné de me retrouver dans un pareil endroit en compagnie de Cuu Long, il a fallu qu'il me secoue à plusieurs reprises pour que je parvienne à articuler une réponse qui le satisfasse.

Ensuite, il a cogné à la porte en me lançant un clin d'œil. Question sans doute de me rassurer. C'est la première fois depuis les deux dernières semaines que Cuu Long est vraiment gentil avec moi. Mais ça n'a pas grand effet.

Tout me gargouille en dedans et j'ai juste le goût de vomir.

Un homme est venu ouvrir. Il est grand et costaud. Une longue balafre s'étire depuis la pommette de la joue gauche jusqu'à la lisière des lèvres. Ça lui confère une affreuse tronche de molosse enragé.

— Qu'est-ce que vous voulez ? demande-t-il.

— Voir Mama Dolly, répond Cuu Long d'une voix sans complexe.

L'homme esquisse un mauvais sourire qui dévoile une dentition jaunâtre où brillent deux fausses dents en or.

— Mama Dolly est occupée. Mama Dolly ne reçoit pas.

— Elle me recevra, insiste Cuu Long. Je suis Tran Quân, son fils.

— Mama Dolly n'a pas de fils

— Hé bien ! elle en a un maintenant.

— Et mon pied ? Tu le veux où, mon pied ? Il n'a pas eu de petit cul à botter depuis longtemps. Ça le démange.

— S'il te démange, ton pied, gratte-le, Face de Porc. Puis annonce-moi à ta maîtresse.

J'ai failli m'évanouir en entendant Cuu Long s'adresser à l'homme avec autant d'arrogance. J'ai cru un moment qu'il allait nous tuer. À mon grand étonnement, il n'en fait rien. Il nous dévisage quelques secondes, puis il referme la porte derrière lui sans dire un seul mot.

— Face de Porc, c'est son nom, m'explique Cuu Long quand nous nous retrouvons sous l'averse, seuls, devant la porte close. Paraîtrait même que c'est son vrai nom. En tout cas, c'est comme ça qu'on l'appelle depuis toujours.

— T'as l'air de bien le connaître.

— Oh ! Face de Porc me connaît bien aussi. C'est pas la première fois que je viens ici. Mais il fait comme si...

— Pourquoi ?

— Pour se donner de grands airs méchants. Question de faire croire que c'est lui le patron. Il a l'air d'un monstre, mais c'est un poltron. N'importe qui n'a qu'à lever le ton devant lui pour qu'il s'aplatisse. Ça interfère un peu sur son rôle de gardien de la place. Mais la vieille Dolly l'a pris en affection. Alors...

La porte s'ouvre au moment où Cuu Long allait terminer sa phrase. Face de Porc nous regarde d'un œil mauvais.

— Mama Dolly va vous recevoir.

Il se tasse, jette un coup d'œil aux alentours pour s'assurer que nous sommes vraiment seuls puis il nous laisse passer.

— Dans le fond, le petit escalier à droite, nous indique-t-il d'une voix bourrue.

Cuu Long n'a pas attendu ses indications pour s'avancer dans ce qui semble être une grande salle. Il fait si sombre à l'intérieur qu'en trois pas mon ami a disparu.

Moi, je reste là devant la porte, paralysé, sous la pluie, les pieds bien ancrés dans mon carré d'eau sale, les orteils saillant de ma sandale dessanglée. Cuu Long est revenu, il m'a pris par la main et il m'a tiré de force à l'intérieur.

— Y faut pas rester seul dans la rue comme ça. Pas ici ! Tout le monde surveille tout le monde... Et pis souviens-toi : faut cracher. T'as compris ?

Je fais signe de la tête sans pourtant savoir à quoi j'ai dit oui. Cuu Long me lâche la main et nous avançons dans cette rebutante demi-obscurité à laquelle néanmoins mon regard finit par se faire. J'aurais mieux fait de ne jamais m'en accommoder.

L'endroit est pire que ce à quoi je m'attendais ; sombre, les murs recouverts de papier peint sale à grosses fleurs de velours qui ressemblent à autant de grosses taches de graisse. Ça sent la vieille bière et l'urine. On a bloqué les fenêtres avec de grands contreplaqués peinturlurés de rouge au travers desquels on a étalé de veilles affiches annonçant des films datant des années soixante, du temps de la belle époque, prétend la grosse madame Dolly, propriétaire du lupanar le plus célèbre et le plus sale de la ville. C'est ce que m'apprendra Cuu Long plus tard. Pour l'instant, tout ce que je vois ce sont tous ces regards sans vergogne qui nous observent comme si nous étions le plat de résistance d'un banquet de chair fraîche.

— Alors, les gamins, fait un homme laid au sourire édenté, on vient s'amuser avec tonton ?

La question soulève une pétarade de rires gras dans la salle. Il y a une dizaine de tables bancales autour desquelles sont assis des hommes au visage tanné comme une vieille ceinture rongée par les années. Il y a aussi des femmes courtement vêtues, plus ou moins jeunes, à la peau très blanche, presque verte, avec des maquillages leur donnant des airs de clown. Ils boivent, ils rotent et ils rient sans savoir de quoi, sans savoir de qui ni pourquoi. Ils rient parce que c'est tout ce qu'il semble y avoir à faire dans cette nuit artificielle et permanente.

J'ai sursauté. Une main vient de me caresser le dos. J'ai cru que c'était les tentacules d'une pieuvre. Ici, tout est possible. C'est l'homme au sourire édenté qui vient de me saisir la taille en ricanant pendant que sa compagne le minaude de caresses molles. Je ne m'en suis pas aperçu, mais je suis immobile au milieu de la salle. Depuis que je suis entré sans doute. Incapable de bouger. Pétrifié par l'étrangeté des lieux et la tronche des clients qui me cernent de partout. Je ne respire plus. Je cherche Cuu Long. Il a disparu. J'ai les yeux plein d'eau. Tout ce que je suis capable de ressentir c'est ma peur, une peur qui se nourrit d'elle-même et qui m'étouffe. Et puis ces doigts comme des aiguilles chauffées à blanc, ces doigts qui viennent de s'introduire dans mon pantalon et qui me tripotent le sexe.

L'homme a craché devant moi. Il a craché deux fois. Et je n'ai rien fait. Je ne peux rien faire. J'ai la bouche trop sèche. Alors les doigts insistent. J'essaie de m'arracher à l'étreinte, mais c'est peine perdue. Cuu long est revenu. L'homme a craché aussi dans sa direction. Cuu Long s'est arrêté. Mais, plus habitué que moi à ce lieu, il a craché à son tour.

L'homme a retiré ses mains de mon pantalon. Il me retient contre lui comme si j'étais sa chose. Il crache encore aux pieds de Cuu Long. Celui-ci s'arrête à nouveau. L'homme a perdu son sourire.

— Cracher deux fois, grogne Cuu Long en soutenant le regard de l'homme, y'a que les macaques qui font ça.

Il m'a arraché des bras du client et il m'oblige à le suivre. On entend alors un rugissement, suivi du bruit d'une chaise qu'on lance contre un mur, puis des pas. L'homme à moitié saoul s'est jeté sur Cuu Long cherchant à l'atteindre avec sa machette. Mais mon ami, qui avait sans doute prévu sa réaction, s'est jeté de côté en me poussant contre les tables. L'homme pris au dépourvu s'est affalé sur le plancher. Son arme lui échappe des mains et glisse contre les marches du petit escalier. Cuu Long, d'un mouvement vif, s'est jeté à son tour sur l'ivrogne, la lame de son couteau scintillant sur la gorge du salopard.

— J'ai déjà tué une fois. La deuxième sera plus facile.

Le regard de mon ami est dément. Une rage folle défait tout son corps dressé tout entier comme une arme et ses yeux saillent de leurs orbites, empourprés par la colère et par la haine.

— Tran Quân, suffit ! tonne une voix autoritaire depuis le haut de l'escalier. Tu sais que je ne veux pas de ça ici. Face de Porc, débarrasse-moi de ce tas de merde. Quant à toi, Tran Quân, amène ton frère et suis-moi.

Cuu Long a mis quelques secondes à relâcher sa prise. Et avant de se relever, marmonnant entre ses dents comme une menace, il sert ces dernières paroles au soûlard toujours étendu par terre.

— Je m'appelle Cuu Long. Souviens-toi de mon nom. Et je te conseille de ne plus jamais te retrouver sur mon chemin !

Il s'est relevé presque en tremblant. Il m'a pris par la main et il m'a obligé à le suivre. Comme un somnambule, j'obtempère sans être capable pour autant de découdre mon regard de cette larve d'homme qui se meut de honte sur le plancher crasseux.

Sur les murs du salon de la grosse femme, éclairé par de larges fenêtres drapées de voiles blancs vaporeux, il y a au moins une dizaine d'affiches différentes du film *Hello Dolly* et une multitude de photos illustrant la carrière de la grande Barbra Streisand, certaines dédicacées par la célèbre chanteuse. Voilà pour l'anecdote concernant le surnom dont s'est affublée la grosse femme.

Elle nous a fait servir à dîner. Une jeune fille tout effarouchée s'est activée à dresser le couvert et à servir les plats comme si nous étions de grands invités. Ensuite, elle s'est éclipsée sans aucun regard pour Cuu Long et pour moi.

— Elle s'appelle Diem, explique la maquerelle. Il faut l'excuser. Les visages étrangers la terrifient. Elle a été abusée et battue par son père, ses frères et la moitié de ses oncles avant d'être vendue dans un bordel de Nha Trang. Elle s'en est enfuie. Et je l'ai trouvée en larmes, sale et affamée sur les quais du port. Je l'ai recueillie et soignée. Elle ne parle pas. C'est la propriétaire du bordel de Nha Trang, une amie, qui m'a raconté son histoire. La pauvre enfant est terrorisée. Elle est à mon service depuis un mois à peine. Mais ça, tu ne peux pas le savoir, Tran Quân, ajoute-t-elle d'un ton insidieux ! Tu peux pas le savoir puisque t'as pas donné de nouvelles depuis plus de six mois.

Elle avance le bras et soulève une théière où finissent de macérer les feuilles fanées d'un thé au lotus odorant. Elle verse le liquide vaguement jaunâtre dans trois tasses puis repose la théière avec des gestes souples et mesurés.

— La pauvre enfant panique à la seule idée de devoir travailler dans la salle, reprend la dame en soulevant délicatement sa tasse de thé chaud. Je l'ai assurée qu'elle n'aurait jamais à le faire si tel était son désir. Mama Dolly ne force personne. J'aime beaucoup Diem. Elle a un cœur pur ce qui est très rare en ce monde.

J'en ferai peut-être ma fille avant de quitter cette vie. Si les dieux y consentent bien sûr ! Mais les dieux n'ont pas toujours une façon de regarder les choses qui soit en accord avec les vœux d'une vieille femme.

Elle a un gros rire qui s'éteint dans une quinte de toux creuse.

— Vous ne faites pas assez attention à vous, Mama ! intervient Cuu Long d'une voix pontifiante.

— Ne te sens pas obligé de t'inquiéter pour moi, répond la grosse femme. Inquiète-toi plutôt pour tes fesses. Elles en ont bien besoin. Ici, elles sont mises à prix. On ne parle que de ça. Le meurtre du flic...

— C'était un accident, rectifie Cuu Long en ayant l'air de bouder.

— ... et l'incendie de la clinique, termine la grosse femme sans prendre la peine de relever l'objection soulevée par son jeune invité.

— Ça ! j'avoue qu'on s'est bien amusés.

— Eh bien ! cette belle récréation pourrait te coûter la peau des fesses, vilipende la grosse dame. On te recherche partout. Avec l'histoire qu'en a fait Gros Singe à la télévision l'autre soir, m'est d'avis que t'es pas sorti de l'auberge. La bonne société de Saïgon te voit déjà pendu par les couilles.

— C'était une clinique qui faisait dans le trafic d'organes...

— T'as pas à me raconter ce qu'on trafiquait dans ce lieu maudit, rétorque sévèrement la dame en posant sa tasse de thé. Je le sais très bien. J'ai perdu trois filles à cause de ces monstres. Elles me rapportaient beaucoup. J'ai pas encore réussi à m'en remettre. Et là, tu m'annonces que t'as même plus de *famille*. T'es tombé sur la tête ou quoi ? Quelle mouche t'a piqué pour t'en prendre à Gros Singe et à Tri ?

— Ah ! ce cher Tri ! Comment va mon beau *Cha lon* d'amour ?

— Il s'est fait amputer, ricane la grosse femme. M'est d'avis qu'il ne sera plus *Cha lon* bien longtemps. Elle serait mieux de commencer à se chercher un coin où mendier, cette merde-là !

À nouveau, elle éclate de son gros rire féroce qui s'achève, comme le précédent, dans une toux rugueuse. La conversation se poursuit néanmoins pendant près d'une heure, passant des sujets des plus légers aux plus sérieux sans se démettre d'une certaine bonhomie. Finalement, la grosse dame bondit, furieuse à nouveau, pointant sur Cuu Long un regard ulcéré.

— T'avais pas encore répondu à la question que je t'ai posée au début de notre discussion, mais par cette demande tu y réponds avec éloquence : t'es vraiment tombé sur la tête !

— Mais c'est pas obligé que ce soit ici...

— Ici ou ailleurs, il n'en est pas question. J'ai peu de principes, mais ceux que j'ai, j'y tiens. Et je ne donnerai pas mon fils à manger aux cochons.

— Allons, Mama Dolly, c'est pas comme si vous étiez vraiment ma mère...

Cuu Long n'a pas le loisir de s'étendre plus longtemps sur le sujet. Une violente gifle vient mettre un terme à toute discussion.

— Petit impertinent ! Si je n'avais pas été là pour prendre soin de toi les semaines lorsque tu t'es retrouvé tout seul, tu ne serais pas de ce monde aujourd'hui pour m'insulter.

— Je m'excuse, Mama, maugrée Cuu Long en frottant sa joue endolorie. Je ne voulais pas vous manquer de respect. Mais je veux me sortir de la rue avant qu'il ne soit trop tard.

— Et tu crois que la prostitution est la solution ? C'est la mort assurée avant l'âge de vingt ans. Si c'est pas le sida ou une de ces saloperies de maladies qui t'emportent, alors ce sera un de tes clients qui te fera la peau et qui t'abandonnera tout nu dans le fond d'une ruelle. Et personne ne s'occupera de ton joli petit corps jusqu'à ce qu'il pourrisse et empeste au point de ne plus permettre aux bonnes gens de respirer à leur aise. Alors, elles appelleront la voirie qui te flanquera au fond d'une benne à déchets. Et tu l'auras bien cherché, sale mioche !

— Pas si vous me protégez, Mama ! Personne ne touche aux enfants de Mama !

— Mais tu ne comprends donc pas. Ils m'ont pris trois filles depuis un an. Tu crois qu'ils se gêneront pour un garçon, un garçon recherché pour meurtre de surcroît ? Ils ne respectent rien.

— Mais je pourrais aller à Nha Trang. Les affaires y sont bonnes, dit on.

— Je n'ai pas les moyens de te protéger. Ni la santé, ni les relations, ni l'argent. J'ai à peine ce qu'il faut pour garder cette gargote ouverte. Et puis je ne fais pas les garçons. C'est pas mon rayon. Je suis une maquerelle pas une agence d'aide à l'enfance en danger.

Elle était debout devant sa fenêtre. Elle regardait dehors. Son gros visage rond était immobile, rouge encore de toute la tension qu'on y lisait. Ses cheveux blancs étaient bien coiffés. Ses grands yeux bruns débridés resplendissaient toujours. Le mascara larmoyait bien un peu au bout des cils, mais cela ne suffisait pas à gâter une beauté profonde que même l'âge ne semblait atteindre. La dame était belle. Elle paraissait vieille cependant et fatiguée. De profil, comme ça, sous l'éclairage d'un jour gris, ses rides trahissaient un mal de vivre dont elle semblait consumer les dernières ressources. Il m'apparut évident, ce jour-là, que Mama Dolly se préparait à mourir.

Le silence dura un long moment sans que la grosse dame fasse aucun geste. Puis, venue de nulle part, sa voix enveloppa toute la pièce d'une émotion profonde.

— Mon beau Tran Quân, tu n'as pas compris encore que tu n'es pas un *fils* ordinaire pour moi... Tu es *mon* fils. Mon seul et unique fils. Autant que si je t'avais porté en moi durant neuf mois. Et je refuse que tu t'aventures sur cette voie sans issue. Tu m'as regardée ? Je n'ai pas soixante ans et je suis usée, grosse et malade. Je n'ai personne dans ma vie. Aux anniversaires de ma mort, mon nom ne sera sur aucun autel des ancêtres.

— Si, Mama, il sera sur le mien. Je ne vous oublierai jamais. Et je prierai pour vous à chacun de vos anniversaires.

— Tu es gentil, mon garçon. Et c'est une raison de plus pour que je ne te laisse pas gâcher ta vie. Tu veux vraiment suivre mes traces sur ce chemin de la désolation ? Tu voudrais que moi je t'y entraîne ? Non ! Il y a d'autres solutions. Il y a toujours d'autres solutions. Suffit de trouver.

Elle termina son thé devant la fenêtre sans plus ajouter un seul mot. La cause était entendue.

27

— Alors comme ça, c'est ton vrai nom : Tran Quân !

— Je te l'ai déjà dit, non?

— Oui, mais j'avais oublié.

— Ben continue à l'oublier. Je m'appelle Cuu Long.

Le sujet s'est clos sur ces sages paroles.

Mama Dolly a fait préparer la chambre d'invités. La pièce est vaste, décorée avec goût et parfaitement insonorisée, chose très rare à Saïgon et plus encore dans le Quartier Quatre. Ici, on ne voit que des rangées de taudis si mal imbriqués les uns dans les autres qu'on se demande comment ils font pour ne pas s'écrouler. On tire orgueil de ce miracle, comme quoi, il faut parfois très peu de choses pour faire le bonheur des gens simples.

Je suis couché dans un bon lit entouré d'une moustiquaire. Cuu long est étendu à mes côtés, la tête appuyée sur mon ventre. Il regarde le plafond en faisant des nœuds avec ses doigts. Un simple drap nous couvre le bas du corps. Il fait une chaleur écrasante mais, étrangement, on la sent très peu.

Le silence qui s'est abattu sur nous ne nous pèse pas. Comme nous en avons pris l'habitude depuis quelque temps, nous préférons nous taire. Nous savons, lui et moi, qu'une seule parole peut parfois mettre un poids de trop sur ces bonheurs tout légers. Alors on préfère ne rien dire.

Et puis, nous sommes si à l'aise dans ce grand lit !

Néanmoins, il flotte dans un coin de la pièce, tassé sous un meuble pour qu'on ne le voie pas, un malaise qui n'attend que le bon moment pour sortir de son trou. Et après un certain temps, en effet, il se montre le bout du museau.

— Merci, Cuu !

— Merci ? Pourquoi, merci ?

— Pour avoir demandé à madame Dolly qu'on retrouve mes parents.

— Pas de quoi ! C'est normal, lance-t-il tout en continuant à faire des nœuds avec ses doigts.

— Et tu crois qu'on va les retrouver ?

— Si ça se trouve, Mama les a déjà retrouvés.

— Mais pourquoi ...?

J'hésite. Je ne sais trop comment aborder ce sujet délicat sans blesser mon ami à qui je dois tant.

— Pourquoi ? Pourquoi tu m'as jamais dit que mes parents étaient au marché de Cholon ce matin-là ?

Cuu Long ne bouge pas. Je m'attendais à ce qu'il réagisse, mais non. Il continue à faire des nœuds avec ses doigts comme si ma question s'adressait à quelqu'un d'autre.

— Hein, pourquoi ?

Cuu Long pousse un grand soupir comme c'est son habitude quand il n'a pas le goût de répondre à une question. Il se tourne sur le ventre et me fixe d'un regard froid comme s'il cherchait à débusquer le reproche qui love sous mes paroles. Manifestement, il ne trouve pas. Il laisse retomber sa tête sur son oreiller et relève le drap jusque sous ses aisselles. Il fixe toujours le plafond, mais il a cessé de jouer avec ses doigts.

— Quand je les ai vus, on cherchait à échapper à la poursuite de Gros Singe, si tu te souviens bien. Je pouvais pas m'arrêter. Si Gros Singe m'avait mis la main dessus, ce matin-là, je ne serais pas ici aujourd'hui. On se serait débarrassé de moi très vite. Et pis y avait Lap...

— Mais après ? Quand on a été sur le toit de l'hôtel, tu aurais pu me le dire, non ?

— Au début, je voulais pas que t'aies de la peine. Ensuite, y'a eu les événements que tu connais. Tout s'est enchaîné tellement vite que j'ai pas vraiment eu le temps de penser à tes parents.

Il y a une pointe d'agressivité dans les paroles de mon ami. Manifestement, il veut ajouter autre chose. Mais il se tait, laissant en suspens dans l'air le reste de sa pensée. Je ne dis rien non plus. Je sais que mon ami ne me dit pas tout. Et c'est précisément ce qu'il ne dit pas que je voudrais entendre. Mais on ne peut pas obliger une personne à dire ce qu'elle ne veut pas dire. Et pis je ne crois pas que ce soit le bon moment d'indisposer Cuu Long. Nous sommes tous les deux épuisés. Alors, je laisse filer en respectant le silence qui s'est imposé à nous. Mais il ne dure pas longtemps, le silence. Les bras croisés derrière sa tête, bien calé dans ses oreillers, Cuu Long s'est remis à parler.

— Je voulais pas te créer de faux espoirs, réveiller des vieux démons... Tu sais, j'étais pas très sûr non plus que c'était vraiment tes parents. Je ne les connais pas... Enfin, j'avais entendu crier ton nom, mais j'étais pas vraiment certain que c'étaient tes parents qui criaient. Tu sais, t'es pas le seul Thinh de Saïgon. Ça aurait pu être n'importe qui. Y avait tellement de monde...

— C'est vraiment juste pour ça que tu m'as rien dit ?

Cuu Long s'est tourné vers moi ; il me regarde un peu inquiet puis son regard migre à nouveau vers le plafond.

— Non.

Il hésite. Un ange est passé entre nous. En fait, c'est toute une légion d'anges qui a passé, parce que le silence s'est prolongé un certain temps.

— J'avais besoin de toi, m'avoue finalement Cuu Long d'une voix embarrassée. Je voulais pas te perdre. C'était la première fois que je rencontrais quelqu'un qui ne me demandait rien, avec qui je pouvais parler sans me sentir menacé. Tu peux pas t'imaginer combien c'était important pour moi. J'ai fini par croire que t'étais un cadeau du ciel. Que tu resterais tout le temps. Qu'avec toi, il ne m'arriverait jamais rien de mauvais. Que toi et moi, on ferait des choses extraordinaires... Pour tout ça... C'est pour tout ça que je t'ai rien dit.

— Pis pourquoi maintenant ?

— Qu'est-ce que tu veux dire ?

— Oui, pourquoi tu t'es décidé à me le dire aujourd'hui ?

— Quoi, t'aurais préféré que je te dise rien ?

Encore un morceau d'agressivité qui s'est déplacé dans l'air. J'ai laissé faire.

— Parce que ça peut plus durer, admet-il après avoir laissé s'échapper un autre long soupir. C'est rendu trop dangereux. Parce que toi, t'as la chance d'avoir des parents qui t'aiment et qui te cherchent. J'ai mis Lap en sécurité. Je vais aussi te mettre en sécurité. C'est ma manière de te montrer que je t'aime. Que t'es le seul ami que j'aie jamais eu, le seul frère qui me reste.

Je me rappelle avoir senti, à cet instant, tout le poids des mots qui me tombaient sur la tête comme une chape de plomb. C'était trop ou pas assez, je ne sais pas. Je ne m'étais pas préparé à entendre ça. C'était inattendu. Des aveux aussi candides de la part de Cuu Long m'émouvaient plus que je m'y attendais. Tout de suite mes yeux se sont remplis de larmes. Des larmes très chaudes, presque caressantes. J'ai essayé de faire que ça ne paraisse pas. Mais je n'ai pas pu. Les larmes coulaient et je ne savais plus quoi faire.

La confusion me brassait le cœur en tous sens. J'avais hâte de revoir mes parents. Hâte de mettre toute cette misère derrière moi, de l'oublier, de faire comme si elle n'avait jamais existé. Mais en même temps je ne voulais pas quitter Cuu Long. Je ne voulais pas l'abandonner. Lui, je ne voulais pas l'oublier. Il faisait partie intégrante de ma vie. Il disait n'avoir jamais eu d'amis comme moi, j'aurais pu dire la même chose le concernant. Il était le seul ami que j'aie jamais eu. Il était le frère dont j'avais toujours rêvé. Il était plus qu'un frère, plus qu'un ami. Il était la vie elle-même qui coulait en moi ! Je lui devais tout. Sans lui, que me serait-il arrivé ? Je préfère ne pas y penser.

Aussi, je ne pouvais imaginer ce qui aurait pu arriver à Cuu Long si je l'avais abandonné dans ce monde cruel. Je savais qu'il n'en serait jamais sorti indemne. J'étais certain qu'il mourrait s'il restait derrière, sans moi, tout seul. Et ça, je ne pouvais m'y résoudre.

Une chose s'est alors produite que je n'aurais jamais crue possible : j'ai vu Cuu Long pleurer. Sans que je m'y attende, il s'était jeté dans mes bras. Il tremblait. Il avait mis sa tête sous mon bras pour que je ne voie pas son visage. Il avait blotti tout son corps contre moi et il s'était abandonné à sa souffrance. Je n'aurais pu imaginer que quelqu'un puisse souffrir autant. C'était terrifiant et troublant à la fois. Il dit simplement une fois, une seule fois, et encore fallut-il que j'aie l'oreille très près de sa bouche pour l'entendre, il dit : « J'ai peur ! »

Alors je me suis senti pousser des ailes qui se sont refermées doucement sur lui. Je venais de grandir d'un seul coup. Une force insoupçonnée se manifestait en moi, comme une deuxième peau qui s'ajustait à la première et qui faisait de moi une autre personne.

J'ai pris Cuu Long dans mes bras et je l'ai consolé comme un grand frère console un petit frère. Les rôles étaient inversés. Mais il m'allait si bien. J'étais si heureux de pouvoir rendre à mon ami un peu de tout ce qu'il m'avait donné. C'était à mon tour d'être fort, et je l'étais. C'était à mon tour de trouver une solution, et je la trouverais. Mama Dolly l'avait dit. Il y a toujours une solution. Il suffisait de la trouver. Si elle avait dit ça, c'est qu'elle présumait que cette solution n'était pas très loin. Et c'est moi qui allais la trouver.

C'est à ce moment précis que l'idée s'est imposée à moi. D'elle-même, tout bonnement, comme si elle allait de soi. Une idée qui réglerait tout. Une idée si lumineuse, si incroyablement simple que je me demandai, sur le coup, comment elle ne m'était pas venue auparavant.

Ça marcherait. Ça devait marcher. Je trouverais les mots pour les convaincre. Il le fallait. Je n'abandonnerais jamais mon frère à cette existence de désespéré. J'en crèverais.

Je n'en parlai pas à Cuu Long, cette nuit-là. Je préférai conserver ces heures à l'abri de toute exaltation de manière à laisser mûrir mon plan dans le calme et le silence. Je passai donc une bonne partie de la nuit à ruminer l'affaire, réfléchissant à la manière avec laquelle j'annoncerais la chose à Mama Dolly. Elle aurait très certainement pensé, de son côté, à une solution satisfaisante. Aussi, il me faudrait être convaincant pour qu'elle accepte mon idée au détriment de ses propres espérances. Car nul doute que la vieille dame chercherait à conserver Cuu Long auprès d'elle. Elle l'aimait comme son propre fils, elle l'avait dit très clairement. Et certainement qu'elle avait des ambitions tout autres le concernant.

Mais le plus difficile serait de faire accepter l'idée à mes parents. C'était pas gagné d'avance ! Surtout que la première rencontre entre mon père et Cuu Long n'avait pas été des plus, disons, harmonieuses. Mon père avait vertement bousculé mon ami qui le lui avait bien rendu en lui faisant perdre la face en pleine rue. Dès lors, comment faire comprendre à ces deux-là qu'ils étaient faits pour vivre ensemble ?

Et puis Cuu Long n'était pas un bébé. Adopter un garçon de treize ou quatorze ans posait de graves difficultés légales. Sans compter les problèmes d'adaptation à un monde extrêmement différent et bien plus contraignant que la vie dans la rue qui, quoique très dangereuse, se ménageait une bonne part de liberté et d'insoumission. Convaincre Cuu Long ne serait peut-être pas aussi facile que je l'imaginais. Accepterait-il tout de go de troquer son indépendance pour la sécurité ? Connaissant Cuu Long comme je le connaissais, rien n'était moins sûr.

Et puis il y avait le fait qu'il était recherché par la police pour meurtre. Et moi aussi ! Comment allions-nous sortir de toute cette histoire sans que ni l'un ni l'autre n'y laisse des plumes et peut-être la vie ? En ce qui me concernait, la situation était moins problématique du fait qu'on me considérait toujours comme une victime d'enlèvement. Mais pour Cu Long, il n'en allait pas ainsi. C'était un coupable en fuite, coupable d'enlèvement d'abord et de meurtre ensuite. Et la justice, ici, ne faisait pas grand cas de la présomption d'innocence ni de l'âge de ceux qu'elle traînait devant les tribunaux. Il faudrait un miracle pour qu'éclate au grand jour l'innocence de Cuu Long et pour que soient levés tous les obstacles à son adoption par mes parents. C'était quasiment impossible. Et pourtant, je ne voyais aucune autre solution.

Je dormis donc très peu cette nuit-là, passant et repassant dans ma tête chacun de mes arguments, les alimentant de mes réflexions et de mes délires, car plus la nuit avançait et plus mon esprit s'embrouillait. Au petit matin, quand enfin je succombai malgré moi à la fatigue et au sommeil, j'avais complètement perdu le fil de ma pensée et la situation était devenue inextricable.

Heureusement, Mama Dolly nous laissa dormir très tard ce matin-là. Il était plus de dix heures quand elle entra dans la chambre en coup de vent. Le soleil était très haut dans le ciel.

— J'ai des nouvelles, claironne la vieille dame en tirant les longues draperies de la fenêtre. Levez-vous. Prenez une bonne douche et venez me rejoindre sur la terrasse. Nous y prendrons le petit déjeuner. Nous avons à discuter.

La lumière crue de ce milieu d'avant-midi nous aveugle, Cuu Long et moi. Et c'est de peine et de misère que nous nous extirpons de nos draps froissés. La douche d'eau froide qui suit nous remet les esprits à peu près à l'endroit.

Au sortir de la douche, nous cherchons nos vêtements. Ils ont disparu. On ne va quand même pas se présenter sur la terrasse aussi nus que des vers. Mama entre à nouveau sans cogner et nous surprend à poil, le derrière en l'air. Nous sommes penchés en train d'explorer le dessous du lit à la recherche de nos sous-vêtements.

— Si ce sont vos guenilles que vous cherchez, c'est inutile, clame-t-elle avec autorité. Diem est en train de les laver et de les désinfecter avec le reste de votre bagage. Elles vous seront remises dans une heure ou deux. Voilà des trucs tout neufs. J'espère qu'ils vous iront. Je les ai achetés ce matin. J'ai pas l'habitude d'habiller des enfants.

— On n'est pas des enfants, riposte Cuu Long offusqué par la remarque de la dame.

— Dans ce cas, mon beau monsieur, ces choses vous iront. Et bougez-vous le train ! Le café est prêt.

Elle n'a pas acheté de la camelote, la Mama ! Ce sont des vêtements de très bonne qualité, presque trop beaux, avec bas et souliers de cuir du meilleur faiseur de la ville : la boutique Bân Giây Trung sur le boulevard Nguyen Hué. C'est du moins ce que prétend Cuu Long. Si c'est le cas, alors la mère Dolly ne se mouche pas avec des pelures d'oignons !

Quinze minutes plus tard, nous nous présentons sur la terrasse où nous attend notre hôtesse, occupée à lire son journal du matin. Je suis tout engoncé dans mes habits neufs. Mais les souliers sont confortables, faits de cuir souple aux rebords rembourrés.

La dame nous accueille avec son plus charmant sourire. Son inquiétude de la veille a laissé place à une bonne humeur. Elle replie son journal de manière qu'on puisse bien distinguer la photo d'un homme qui ne m'est pas inconnu. C'est un homme d'un certain âge, aux tempes grises et au regard bourru. Nos chemins se sont croisés à deux reprises depuis mon arrivée à Saïgon. Chaque fois d'une manière impromptue. Et chaque fois, cet homme avait eu cette manière de me fixer du regard qui me laissait croire que je ne lui étais pas tout à fait inconnu. Je me rappelle : un regard bref, profond, qui me faisait presque peur, avec cette balafre qui le défigurait.

Sous la photo on peut lire : *Le capitaine Lê Giang, responsable de l'enquête sur le trafic d'organes humains sévissant depuis plusieurs années à Saïgon, dit avoir fait une percée significative dans son combat contre le crime organisé. Ses services auraient découvert de nouvelles preuves impliquant cette fois certains officiers de police. Des arrestations seraient sur le point d'être effectuées.*

— Il est beau, n'est-ce pas ? intervient Mama Dolly en constatant mon intérêt pour la photo du journal. Même sa cicatrice ne parvient pas à l'enlaidir. Et encore, il n'est pas photographié dans son uniforme. C'est une charpente d'homme que l'uniforme grandit et embellit. C'est certainement le seul flic honnête de tout Saïgon. Je l'appelle Gigi. Il déteste quand je l'appelle comme ça. Il a un charme fou. C'est mon plus fidèle client. Mon dernier à vrai dire, grogne la dame en se remettant à tousser. Un ami très cher et très utile dans le commerce que j'exerce.

— J'ai déjà vu cet homme, ne puis-je m'empêcher de lui révéler sachant très bien que cette révélation pourrait lui paraître farfelue. Étrangement, il n'en est rien. Elle me répond simplement : *Je sais !* et nous passons au petit déjeuner que nous prenons dans une bonne humeur relative. Dans mon cas tout au moins. Je suis anxieux d'avoir enfin des nouvelles de mes parents. Qu'on me dise où ils sont, ce qu'ils font, quand ils vont venir me chercher.

Et puis j'attends le bon moment pour présenter mon plan à Cuu Long et à Mama Dolly. Je ne sais pas encore comment je vais m'y prendre. L'affaire s'annonce corsée. Je sens l'affection de la vieille dame à l'endroit de Cuu Long grandir à chaque regard qu'elle pose sur lui.

28

MAMA A ATTENDU QUE CUU LONG QUITTE LA CHAMBRE POUR S'APPROCHER. ELLE S'EST ASSISE SUR LE LIT. ELLE M'AIDE À plier nos vêtements et à les placer dans les deux sacs à dos qu'elle nous a fait acheter par Diem en fin de matinée. Ses mains tremblent en pliant la dernière chemise.

— Quand vous serez au Canada, finit-elle par articuler d'une voix aussi tremblante que ses mains, prends bien soin de Tran Quân. C'est un enfant plus fragile qu'il n'y paraît. Et il a mangé son pain noir plus que son dû. Il mérite une meilleure vie que celle que lui ont donnée les dieux jusqu'ici.

Elle s'arrête un instant et fixe ses doigts qu'elle masse doucement. Je remarque les jointures défaites et l'arrondi des paumes qui ne mentent pas sur la nature du mal qui la tourmente.

— J'ai les mains pleines d'arthrose. L'humidité de ce pays est terrible pour les vieilles dames indignes. Elle ricane de bon cœur et son rire, comme tous les autres, sombre au milieu d'une toux creuse. Si je n'avais pas été si près de la mort, je me serais certainement opposée à ton plan. Adopter un enfant et l'emmener si loin de son pays est une chose terrible qu'il ne faut pas prendre à la légère. Surtout à l'âge de Tran Quân. Je continue à penser qu'extraire un enfant de son pays est un crime, un odieux trafic dont on mesure mal les conséquences. Vivre aussi loin de ses racines n'est pas bon pour l'âme. Elle dépérit. Mais Cuu Long sera entouré de ses semblables. Il vivra avec des gens qui sauront, je l'espère, maintenir vivace le souvenir de son pays. Alors je considère que c'est un heureux compromis. L'âme de Tran Quân aspire à la paix. Et ce n'est pas ici qu'il la trouvera. Les dieux ont d'autres projets pour lui. Moi, je n'ai plus la force ni la santé pour le protéger des dangers qui pourraient le guetter dans cette ville qui se souvient de tout. À Saïgon, il n'est pas possible de se refaire une existence honnête. Le passé s'attache à vous comme une pelure moisie.

À nouveau, Mama Dolly s'arrête. Elle pose sur moi un regard rempli d'une tristesse infinie. Sans qu'une seule larme soit versée, il est facile de voir qu'elle pleure, comme ont pleuré avant elle tant de mères du Vietnam qui ont vu leurs fils partir pour ne plus revenir. Des pleurs silencieux dont on mesure si mal la grandeur et l'intensité. Des pleurs d'où coule une douleur sans nom. Et quand les pleurs se tarissent, la douleur s'installe à jamais, et tous les autres gestes du reste de leur vie n'en sont qu'un témoignage sans fin. Une douleur de plus à chaque geste posé. Survivre dans ces conditions est un mal terrible. Et pourtant, elles ont survécu, ces femmes meurtries. Elles l'ont fait avec le secret espoir de revoir un jour ces fils disparus, espérance chaque jour renouvelée et chaque jour déçue un peu plus.

— Thinh ! Tu permets que je t'appelle Thinh ?

Elle prend mes mains dans les siennes et elle les serre délicatement.

— Je vois beaucoup de bonté en toi. Je remercie Bouddha de t'avoir placé sur le chemin de mon fils. Tran Quân ne pouvait tomber sur une meilleure âme. Il t'aime beaucoup et je sais que tu l'aimes beaucoup aussi. C'est ce qui me console de son départ. Puis-je à mon tour solliciter un service de ta part ?

— Bien sûr, Mama Dolly. Tout ce que vous voudrez.

— Oh ! ne crains rien. Il ne s'agit pas d'une bien grande chose. Tran Quân ne sait ni lire ni écrire.

— Il apprendra. Je l'aiderai, répliqué-je aussitôt cherchant à rassurer la vieille dame.

— Je le sais, répond-elle. Mais en attendant qu'il puisse le faire, promets-moi de me donner de ses nouvelles aussitôt que vous serez rentrés. Et puis de me tenir au courant de ses progrès, tout au moins au début.

— Je n'y manquerai pas. Je vous le promets. Mais vous savez, ce ne sera pas facile de convaincre mes parents. Et puis il y a tout le problème concernant le fait que Cuu Long et moi sommes recherchés par la police.

— Ne t'inquiète pas avec ça. J'ai tout réglé avec un vieil ami. Il est au courant de la situation. Il sait très bien à quoi s'en tenir à votre sujet et il a une grande influence. Vous n'aurez aucun problème de ce côté. Quant à tes parents, s'ils ont réussi à mettre au monde un enfant aussi gentil et généreux que toi, ils sauront être sensibles à la détresse du meilleur ami de leur fils. Je n'ai aucun doute à ce sujet.

Cuu Long est revenu dans la chambre à ce moment-là. La vieille dame nous prend tous les deux dans ses bras et nous serre très fort contre elle.

— Faites attention, tous les deux. Restez sur vos gardes. Tout danger n'est pas exclu. Gros Singe est toujours en liberté. Et une bête qui se sent traquée est plus dangereuse. J'ai envoyé quelques éclaireurs, des mendiants, qui savent comment passer inaperçus. Ils m'assurent que les alentours de la maison où séjournent les parents de Thinh sont, pour l'instant du moins, sûrs. Mais on ne sait jamais. Alors soyez prudents ! Soyez très prudents !

Une heure plus tard, après des adieux touchants, nous prenons congé de Mama Dolly et de Diem qui sourit pour la première fois. L'émotion ne nous fait pas défaut et il nous faut fournir quelques efforts pour contenir les larmes qui nous picotent les yeux. Nous quittons le Quartier Quatre pour ne plus y revenir, nous le savons, et la chose, même pour moi, n'est pas aisée.

La vieille dame a glissé dans la poche de ma chemise l'adresse de ma vieille tante Cam Ha et elle nous a remis cinquante mille dongs.

— Ce sera plus rapide et je serai plus tranquille si vous prenez un taxi. Faites-vous descendre au coin des rues Cach Mang Tang Tam et Ngo Toï. Ce sera beaucoup plus simple. Tous les détails sont sur cette feuille. Vous ne pouvez pas vous tromper. Là, il y aura un vieux mendiant qui vous attendra. Il se présentera à vous sous le nom de Ly Thai To. C'est un ancien professeur d'histoire à l'université de Saïgon. Il est resté avec l'idée fixe qu'il est la réincarnation du fabuleux empereur. Il n'a pas toute sa tête, mais il est digne de confiance. Il vous guidera dans les dédales de ce véritable labyrinthe que constituent les rues du Quartier Trois. Il connaît l'endroit comme le fond de sa poche. Vous serez en sécurité avec lui.

Elle nous a adressé un dernier au revoir et Cuu Long et moi l'avons quittée, la tristesse au cœur. Quand nous nous sommes retournés pour la saluer une dernière fois, elle avait disparu.

Le taxi ne s'est pas engagé sur la bonne route comme c'est souvent le cas à Saïgon où les chauffeurs de taxi qui désirent arrondir leur fin de mois n'hésitent pas à rallonger le trajet selon leur gré. Cela aura la désagréable conséquence de nous mener tout droit en plein cœur de la cité sur le boulevard Dien Bien Phu. Un accident en bloque toute circulation. Et nous avançons à pas de tortue.

Étonnamment, Cuu Long reste silencieux. Il n'a pas prononcé un mot depuis notre départ. Il a le front appuyé contre la fenêtre et il regarde droit devant lui. Il me fixe parfois en me lançant un sourire, puis il reprend son air absent et se remet à observer le paysage d'un œil distrait.

Ce matin, il n'a pas réagi quand je lui ai annoncé mon intention de demander à mes parents de l'adopter. Il a souri, mais il n'a rien dit. Il semblait ému, soulagé en quelque sorte, mais silencieux et étrangement lointain. Il m'a pris dans ses bras. Il m'a dit *Mon frère !* puis il s'est levé de table prétextant une envie soudaine de pisser.

Il a été tout aussi distrait et absent lors de la préparation des bagages et c'est avec Mama Dolly que j'ai eu l'essentiel des discussions. J'ai le désagréable sentiment d'avoir tout décidé au-dessus de la tête du principal intéressé.

« Ne lui en demande pas trop, m'a expliqué Mama Dolly quand j'ai regardé d'un air désolé Cuu Long quitter encore une fois la pièce au moment où nous entreprenions les dernières discussions concernant notre départ. Il abandonne un monde familier pour un autre dont il ne connaît rien. Tu ne peux pas lui demander de sauter au plafond ni de

te manifester sa reconnaissance de façon très joyeuse. Il est anxieux et triste. Mais je le connais assez pour te dire que cette nouvelle est douce pour lui. Et puis, tu apprendras à lire dans son cœur. Tran Quân est un garçon discret qui n'a jamais manifesté son enthousiasme de manière exubérante. »

Mais là, dans ce taxi, ce n'est pas ce genre de sentiment que je ressens chez mon frère, cette mélancolie du départ appréhendée dont parlait Mama. Il s'agit de tout autre chose : la peur ! Je sens la peur chez Cuu Long. Cette peur si familière aux enfants de la rue. La peur est le seul mécanisme d'alarme disponible pour ces enfants. Elle contribue d'une certaine façon à tenir à distance les dangers les plus immédiats. On s'y habitue ou on crève. Et c'est ce que je vois dans les yeux de mon ami : cette peur indicible qui colore toute la vie d'un voile gris même aux moments les plus heureux.

J'ai aussi connu cette peur, mais sans doute pas assez longtemps pour qu'elle me poursuive encore une fois levée cette hypothèque sur nos vies. Je quitte ce monde sans regret ; je retrouverai bientôt mes parents et, pour moi, la peur n'existe plus. Pour Cuu Long, je le sens bien, tout n'est pas aussi simple. Cet univers meurtri a imprégné toute sa mémoire de segments douloureux que rien ne pourra effacer tout à fait. Il va le hanter encore longtemps comme une plante est marquée longtemps dans sa croissance et dans sa robustesse par une absence trop prolongée de chaleur et de lumière. Il en ira sans doute ainsi pour Cuu Long, pour un certain temps tout au moins.

Le chauffeur de taxi n'arrête pas de jouer du klaxon pour faire entendre sa présence au milieu de cet amoncellement de motos, de voitures et de camions parfaitement immobiles. Il a même ouvert sa portière pour frapper un cyclo qui vient de le frôler de trop près. La bagarre a failli éclater. Les hurlements des deux hommes ont pour conséquence heureuse de sortir définitivement Cuu Long de cette espèce de léthargie un brin morbide dans laquelle il se cantonnait depuis le petit déjeuner.

— Merde, on n'y arrivera jamais ! Viens, Thinh !

Il me tire par le bras et m'oblige à sortir de la voiture. De nous voir tranquillement sortir de son taxi sans prendre la peine de régler la course met le chauffeur au bord de la crise d'apoplexie. Il reprend de plus belle son roulement de klaxon et ses vociférations auxquelles répond un Cuu Long impertinent.

— Va te faire foutre, espèce de trou-du-cul ! Tu nous as foutus dans cette merde et tu voudrais en plus qu'on te paie ! T'es qu'un sale con de voleur. Vous les taxis, vous êtes rien qu'une bande d'enculés de merde.

Sur ces mots, il fait dos au chauffeur qui s'agite comme un dingue à côté de son véhicule en arrêt, il baisse sa culotte et lui montre ses fesses. Il pouffe de rire et nous partons à la course dans la direction opposée. Je viens d'avoir une idée de ce que Cuu Long devait avoir dit à mon père depuis son coin de rue, trois semaines plus tôt. Et je me dis, toute réflexion faite, que la première rencontre entre les deux ne sera pas des plus cordiales, en effet.

Les récriminations du chauffeur ont vite fait d'alerter les trois flics en faction sur le coin de rue suivant. Nous voyant fuir les lieux d'une altercation, ils se disent sans doute que ce ne serait pas une mauvaise idée de manifester leur présence. L'un d'eux nous interpelle d'un coup de sifflet. Je sens mon ami frémir, hésitant entre fuir et obtempérer.

— Cuu, c'est pas le moment d'attirer l'attention. Calme-toi. Laisse-moi parler.

Le policier s'arrête devant nous : une gigantesque tonne de mépris, un regard arrogant derrière des verres fumés qui lui donnent un air rogue.

— Qu'est-ce qui se passe mes tout beaux ?

— C'est ce monsieur, monsieur l'agent !

— Le chauffeur de taxi ?

— Ouais ! Il arrêtait pas de caresser mes cuisses. Alors quand mon frère l'a vu, il nous a sortis de là.

— Sans payer, bien sûr ?

— Et ta sœur, proteste Cuu Long, elle aurait payé ?

— Reste poli, mon garçon, rétorque l'agent d'un air féroce. J'en ai mâté de plus coriaces que toi.

— Ça me surprendrait pas ! Les enfants c'est votre pointure à vous, les flics de Saïgon. Ça vous évite de vous en prendre plein la gueule avec des gars plus costauds.

J'essaie de calmer le jeu en jouant les repentis.

— On est juste des touristes. On connaît pas les gentils policiers de Saïgon, monsieur l'agent. Si vous voulez, on va le payer le taxi. Mon frère est très fatigué. Et pis nos parents nous attendent pas très loin d'ici. Ils vont être inquiets. On est des citoyens canadiens. Vous voyez ? J'ai l'accent d'un vrai *viet khieu* bien *khieu*. Ça s'entend tout de suite.

J'espérais détourner l'attention du policier, mais ça ne fonctionne pas. Il continue à dévisager Cuu Long. Il vient de retirer ses verres. Ses deux collègues arrivent à leur tour. Nous cernent de près.

— Toi, mon garçon, je te connais. J'arrive pas à mettre un nom sur ta fiole, mais je te connais. Et tu parles pas du tout avec l'accent d'un *viet khieu*... N'est-ce pas mon beau ! T'as l'arrogance d'un de ces fils de pute de jeunes criminels qui polluent notre belle cité et qui crachent sur la loi et défient l'autorité à tour de bras. Tes beaux costumes ne suffisent pas à cacher la petite crapule que tu es. Tu sens la rue à plein nez... Je suis certain d'avoir vu ta face d'enculé récemment... Tu serais pas celui qu'on recherche, par hasard ?

— Non, non, c'est vraiment mon frère. Il s'appelle Tran Quân.

Mais le flic ne s'intéresse plus à moi. Toute son attention s'est portée sur Cuu Long.

— Tu serais pas celui qui se fait appeler Cuu Long ? Et qui a tué un de mes bons amis. T'en aurais bien la gueule, pourtant ! Allez, on va continuer cette conversation au poste.

Cuu Long réagit aussitôt.

— Cours, Thinh ! me crie-t-il en se tournant vers moi. Cours !

À ces mots, Cuu Long a jeté son sac dans l'entrejambe du bonhomme qui s'écroule en étouffant un cri de douleur. Les deux autres sont restés un moment hébétés, assez pour que Cuu Long leur échappe. Un des policiers vient de saisir son walkie-talkie.

— Ils sont là, chef... Affirmatif... Le sergent Trung les a reconnus... Vers Cach Mang...

Ce sont les seules paroles que j'ai cru discerner dans ma fuite. Cuu Long m'a rejoint.

— Lâche ton sac. On n'en a plus besoin. Suis-moi !

Nous avons enfilé la rue sur notre droite, qui émerge au milieu de ce qui semble être une grande cour intérieure, mais qui n'est rien d'autre qu'un croisement de ruelles assombri par l'absence de soleil et opacifié par les murs sales des maisons qui le ceinturent de toutes parts. Nous voilà à l'entrée du labyrinthe du Quartier Trois. Nous nous sommes arrêtés ne sachant plus, déjà, quelle direction il convient d'emprunter. Et c'est au moment où on se décide à foutre le camp par la ruelle de gauche qu'ils sont apparus.

Au milieu des hommes, six en tout, il est là, énorme, cruel, menaçant.

— Te voilà enfin, mon petit Cuu Long d'amour ! clame une masse molle et dolente qui s'avance vers nous en souriant.

Il m'a fallu quelques secondes pour le reconnaître. Il n'est pas en uniforme. Et habillé en civil, comme ça, il est méconnaissable. Mais c'est bien lui, Gros Singe !

— T'aurais mieux fait d'obéir à ton *Grand Cha* et de disparaître de Saïgon quand il en était encore temps ! T'as voulu te dresser contre moi et ça va te coûter très cher. Tu croyais mettre fin à mon petit commerce en boutant le feu à cette baraque ? Je vais te prouver qu'il n'en est rien. J'ai justement quelques clients à satisfaire. Emmenez-les ! Toi, Phan, tu viens avec moi. Faut aller préparer la salle et alerter l'équipe d'intervention.

Gros Singe, fier de sa supériorité, vient de quitter les lieux. Je suis anéanti, si choqué par les derniers événements que je ne parviens plus à bien voir ce qui se passe autour de moi. Je marche comme un robot. Je suis terrorisé à l'idée de ce qui risque de nous arriver, à Cuu Long et à moi. Sans savoir comment, nous émergeons bientôt au milieu d'une circulation dense sur le boulevard Cach Mang Tang Tam. Le soleil dru nous aveugle un instant. Les quatre hommes qui nous encerclent détournent les yeux une fraction de seconde pour se protéger de la trop cinglante lumière. C'est le moment qu'attendait mon ami. Il m'attrape par la main, frappe à gauche et à droite, nous dégage de l'emprise de nos gardiens et m'entraîne à nouveau dans une course folle au milieu du boulevard surchauffé.

Nous l'avons vue trop tard. Elle venait d'émerger en trombe de la rue Chieu. Cuu Long a juste eu le temps de me pousser de toutes ses forces vers le trottoir de gauche. Nos regards se sont croisés une dernière fois avant que la voiture beige ne le heurte de plein fouet. J'ai vu mon ami voler dans les airs et retomber sur le capot de l'automobile. La course venait de se terminer pour Cuu Long et pour moi. Je restai là, pantelant de longues minutes, sans pouvoir rien dire, sans pouvoir rien faire. De l'automobile a surgi Gros Singe qui voulait ramasser le corps de Cuu Long.

Des voitures de la police sont arrivées en trombe. Il en sortait de partout. On a arrêté Gros Singe et les cinq autres hommes. Un monsieur s'est approché de moi. Il me parle, mais je n'entends rien. Il est beau, l'homme, avec ses cheveux blancs sur les tempes et son regard tranquille. Même la grande cicatrice qu'il a du côté de l'œil gauche ne suffit pas à l'enlaidir. Mama Dolly avait raison.

On a mis Cuu Long sur une civière et on nous a conduits tous les deux à l'hôpital. Dans l'ambulance, je suis couché près de lui. J'ai eu peur un moment qu'il ne soit mort, mais non. Il avait encore la force d'ouvrir les yeux et de me regarder en souriant.

Moi, je n'avais plus envie que d'une chose : me taire. Je n'avais plus rien à dire.

29

J'ÉTAIS ASSIS À CÔTÉ DE L'HOMME À LA PHOTO.

— TU PEUX M'APPELER GIGI SI TU VEUX, MON GARÇON, M'AVAIT DIT LE POLICIER D'UNE VOIX si douce qu'elle était parvenue, un court instant, à me faire oublier que c'était un flic.

Je n'avais pas répondu. Il m'avait offert un jus. Je n'avais rien dit encore. On avait voulu m'étendre pour m'examiner. J'avais refusé net. Ils n'avaient pas insisté. J'étais resté assis à attendre des nouvelles de Cuu Long.

Mama Dolly était assise à ma droite. Elle tenait ma main en silence. Aussitôt que quelqu'un sortait de la salle où on était en train d'opérer Cuu Long, sa main se raidissait. C'est l'homme de la photo qui l'avait rejointe au téléphone. Elle était arrivée trente minutes plus tard. Elle était assise près de moi depuis ce temps. Elle ne disait pas un mot. Diem était allée lui chercher un café. La jeune fille, habillée d'une sobre *ao daï* blanche était assise en face de Mama et ne bougeait pas. Nous regardions, impuissants, la porte du bloc opératoire où était étendu Cuu Long.

Du monde entrait et sortait à toute vitesse avec des machines, des bassines, des instruments qu'on nettoyait au fur et à mesure. Finalement, après plus de trois heures d'attente, un homme était sorti du bloc opératoire. Il avait un bonnet sur la tête, une grande veste blanche, un masque chirurgical qu'il retira.

Il me faisait penser à ces deux hommes qui étaient sortis de la salle d'opération de la clinique où nous avions mis le feu pour sauver Lap, deux semaines plus tôt. Ce souvenir me rendit aussitôt cet homme antipathique. C'était le genre d'homme dont on ne pouvait espérer rien de bon.

Il s'avança vers nous d'un pas lourd comme si c'était lui qui était en train de mourir. Il avait la tronche d'un fossoyeur. Il paraissait très jeune. Laid. Très laid. Mais dans cet hôpital, tout le monde était laid, même l'homme qui se laissait appeler Gigi et qui était pourtant beau.

Le doc avait serré la main du flic Gigi. Il avait salué poliment Mama Dolly qu'il connaissait apparemment. Puis ils parlèrent. Diem semblait ne pas écouter. Moi, j'entendais tout. Ils avaient bien tenté de le faire discrètement. Mais la pièce où nous étions était minuscule.

— C'est bien ce que je craignais, avait dit le docteur d'une voix fatiguée. Ce garçon a perdu un rein. À voir la façon que ça été recousu, c'est du travail de professionnels, mais du travail bâclé. C'est très certainement une autre victime des marchands d'organes. Étonnant qu'on l'ait laissé en vie. Ils prennent rarement ce genre de risques. Surtout avec les enfants de la rue.

— Son frère a eu moins de chance, avait répondu le flic Gigi d'une voix éteinte. Il a été retrouvé dans les eaux du Mékong, il y a trois ans. Il n'avait plus un seul organe intact. Même les yeux étaient absents de leur orbite.

— Triste histoire !

— Le pire, c'est que c'est un pourri de policier qui était à la tête du réseau. Heureusement, lui et toutes ses ordures de collaborateurs sont sous verrou. Il nous reste à démasquer les médecins qui ont trempé dans cette sordide affaire. Ce n'est qu'une simple question de temps. N'est-ce pas, docteur Lan ?

— Je le souhaite de tout cœur, s'était empressé de répondre le jeune médecin.

J'avais remarqué le regard paniqué qu'il avait jeté au flic à ce moment-là. Le flic Gigi avait esquissé un étrange sourire, presque cruel en voyait l'air déconcerté du jeune monsieur. Puis mon attention s'était déplacée vers l'extrémité du couloir.

Mes parents venaient d'arriver. Ce sont les services de la police qui les avaient informés qu'on m'avait retrouvé et que je me trouvais à l'hosto avec un officier du SSN (Services de la Sécurité Nationale). Maman avait couru depuis le fond du corridor pour m'arracher à mon siège et me soulever dans les airs en pleurant. Mon père et elle m'avaient couvert de baisers. Le visage de ma mère souriait amèrement dans des tremblements de nervosité que rien ne semblait pouvoir calmer. Il fallut l'intervention délicate du flic Gigi pour qu'ils retrouvent un certain calme. L'homme avait pris le temps de leur expliquer que j'allais bien, qu'il n'y avait rien à craindre et qu'en ce qui le concernait, ils pouvaient me ramener à la maison quand ils le voulaient.

Ma mère avait remercié le flic Gigi une bonne trentaine de fois sans être capable de contrôler un excès de nervosité qui, peu à peu, s'épuisa. Mes parents avaient ensuite voulu me faire sortir de la pièce où nous étions pour me ramener chez tante Cam Ha. J'avais refusé obstinément de bouger. J'avais remis ma main dans celle de Mama Dolly et je gardais le silence fixant le mur devant moi. Devant mon entêtement, ma mère s'était mise en colère. Colère vite emportée.

Le flic Gigi s'était retiré en compagnie de mes parents. Ils discutaient dans une salle adjacente à la nôtre. Je n'entendis rien de ce qu'il leur raconta, mais quand mes parents sortirent de la pièce, ma mère fixa durement la vieille dame à ma droite puis revint s'asseoir à mes côtés sans prononcer un seul mot. Sur un signe de tête de Mama, Diem avait cédé sa place à mon père. Elle était sans doute retournée à la maison de Mama, car on ne la revit plus.

Après l'opération, on a transféré Cuu Long dans une chambre du troisième étage. On m'a permis d'aller le voir dans la chambre où il dort, assommé par des sédatifs administrés sous perfusion. Mes parents sont près de moi, assis sur des chaises de métal dans une pièce assombrie par des rideaux qui n'ont pas dû être lavés depuis belle lurette. Des fils courent un peu partout autour du lit de mon frère. Ces fils le rattachent à trois machines qui impriment leurs données dans des cliquetis lumineux qui bougent sans cesse.

Cuu Long est aussi pâle que les draps qui lui couvrent le corps jusqu'aux épaules. On lui a bandé la tête et son bras droit repose entre deux éclisses de métal. Sa jambe droite légèrement surélevée est immobilisée par d'autres éclisses et maintenue en extension par des câbles retenus par des poids qui pendent au bout du matelas. Mais ce qui m'inquiète le plus, c'est ce long tube de plastique qui court depuis la base de sa hanche et qui se divise en deux pour rejoindre une quatrième machine posée à même le sol. Cette machine actionne une pompe servant, m'a-t-on expliqué, à nettoyer le sang de mon frère pour ensuite le lui réinjecter.

Je suis resté au chevet de Cuu Long quelques minutes. Puis des infirmières sont venues et j'ai dû leur céder la place. C'est depuis ce temps que papa, maman, madame Dolly et moi attendons dans la salle adjacente à celle de mon frère.

Le flic Gigi a dû quitter l'hôpital prétextant des dossiers à revoir et de la paperasse à remplir. Nous sommes restés là tous les quatre sans savoir quoi se dire. Alors on n'a rien dit. J'ai l'impression désagréable d'être entouré d'étrangers, et la moins étrangère reste encore Mama

Dolly. On dirait qu'une vie entière me sépare de mes parents.

Je sais maintenant qu'ils ne m'ont jamais abandonné. Je sais aussi qu'ils ont dû vivre mon absence dans l'angoisse la plus totale. Je vois bien, aux cernes qui assombrissent le regard de ma mère, qu'elle n'a pas dû dormir beaucoup ces trois dernières semaines. Mais ça ne change rien au fait que moi j'ai changé. Je ne suis plus leur petit garçon. Je suis presque devenu un enfant de la rue. J'ai été mêlé à des événements que la plupart des adultes seraient incapables de supporter. Et j'ai survécu. J'ai survécu parce que quelque chose s'est brisé en moi et parce que quelque chose d'autre, de plus grand, est venu le remplacer. Je ne saurais dire quoi. Mais je sais que cette chose me rend plus fort et plus fragile à la fois. De nouvelles valeurs, une autre façon de regarder le monde.

La vie, pour moi, s'est toujours déclinée en couleurs vives et bien définies. Ces trois semaines y ont ajouté toutes ces nuances qui assombrissent et éclairent à la fois, qui donnent au monde sa véritable dimension. Je sais maintenant que ma vie ne sera plus jamais la même, ni pareille à ce qu'elle fut, mais non plus semblable à ce qu'elle est en ce moment. Je sais que les choses changent et que nous changeons avec elles.

Mama Dolly est debout près du lit. Elle regarde Cuu Long. Son visage est impassible.

Mais il est encore plus vieux qu'il ne l'était ce matin. Mes parents font la navette entre la salle d'attente et la chambre. Ils ne comprennent pas pourquoi je retarde ainsi le retour chez la tante. Ils ne comprennent pas que je ne veuille pas y aller. Que je refuse de quitter Cuu Long. Maman voit d'un mauvais œil le fait que je tienne encore la main de cette vieille dame. Elle soupire, maman, chaque fois qu'elle me rejoint dans la chambre. Je sens son exaspération chaque fois qu'elle s'approche pour murmurer à mon oreille qu'il est temps que je dise adieu « à ce pauvre garçon ! C'est si triste ! Allons ! Viens ! » Mais chaque fois je résiste. Chaque fois, je ne regarde pas ma mère et j'attends. Et elle attend aussi avec papa à ses côtés qui ne dit rien.

Deux heures plus tard, le jeune médecin est revenu. Il a parlé à Mama Dolly.

— Je viens de recevoir les résultats des tests. Ce n'est pas brillant. Son dernier rein est complètement détruit et ses multiples fractures nous obligent à envisager une transplantation dans les plus brefs délais.

— Aura-t-il la force de supporter une deuxième intervention en si peu de temps ? demande Mama.

— C'est la seule chance qu'il a. La question n'est pas de savoir s'il pourra supporter l'intervention, mais si nous pourrons effectuer cette transplantation dans les délais requis.

— Que voulez-vous dire ?

— Trouver un rein compatible dans un délai aussi court est pratiquement impossible. La situation n'aurait pas été la même s'il avait eu son deuxième rein, mais ce n'est pas le cas.

Mama releva la tête et fixa le médecin d'un air féroce.

— Docteur Lan, vous est-il déjà arrivé de greffer à un enfant de famille riche un rein dont vous n'avez jamais questionné la provenance ?

— Madame, je ne vous permets pas, s'offusqua le jeune médecin.

— Non, continua la vieille dame sans se laisser démonter par les états d'âme du médecin. Parce que, voyez-vous, je me disais qu'il a bien fallu qu'il y ait quelque part un médecin qui le greffe à quelqu'un, le rein qu'on a enlevé à mon fils. Il doit bien y avoir quelque part dans le monde un putain de fils de riche qui se promène avec le rein de cet enfant, non ? Et Tran Quân va mourir parce qu'il n'y a plus de reins disponibles ? Ce serait presque drôle si c'était pas si triste ! N'est-ce pas, doc ?

Mama Dolly a alors plongé son regard dans celui du jeune homme. Ce dernier est incapable de le soutenir tant il est chargé d'accusation muette. Il ajuste ses lunettes d'un geste nerveux puis il ajoute :

— Cette acrimonie ne nous mènera nulle part. Cet enfant est condamné. Si on ne trouve pas un donneur compatible dans les soixante-douze heures, il mourra. Maintenant, veuillez m'excuser.

— Je ne t'excuse pas ! a alors tonné la vieille dame d'une voix agressive.

L'homme s'est arrêté, figé par l'étonnement.

— Je sais à qui j'ai affaire, doc ! Et tu sais très bien qui je suis. On s'est rencontrés plus d'une fois, toi et moi. Je t'ai fourgué mes meilleures filles. Alors tu t'arranges pour sauver mon fils ou je t'arrache la tête.

L'homme a levé vers Mama Dolly un regard plein d'appréhension. Il a pâli.

— Je vous le répète madame, vos menaces et votre aigreur ne sauveront pas ce garçon.

— Peut-être, doc, mais tu dois savoir que sa mort te tuera ! Réfléchis bien à ce que je te dis.

L'homme a quitté la chambre en chancelant. Mama Dolly s'est rassise près de Cuu Long et son visage s'est refermé sur lui. La douleur de l'une sur la douleur de l'autre. À ce moment, j'ai compris qu'il était temps que je parle à mes parents.

Nous avons quitté l'hôpital tous les trois dans les minutes qui ont suivi. Maman n'a pas jugé bon d'aller saluer Mama Dolly toujours penchée sur le lit de Tran Quân.

Dans le taxi qui nous ramène chez la vieille tante Cam Ha, je n'ai pas prononcé un seul mot. Maman n'a pas cessé de jacasser cherchant sans doute à me distraire de mon état de détresse qu'elle jugeait normal après tout ce que je venais de vivre quoiqu'un peu trop appuyé si on considère...

— ... que tu ne connais ce garçon que depuis quelques jours seulement. C'est pas comme si c'était un ami de longue date. Il faut savoir faire la part des choses, Pierre...

— Sans compter que c'est un garçon de la rue, intervint mon père d'un ton sec. Je l'ai reconnu, tu sais. Je ne veux pas ici l'accabler, il paie assez chèrement sa vie de dépravé. Mais il n'en reste pas moins que c'est quand même ce garçon qui nous a insultés voilà trois semaines. J'ai une bonne mémoire des visages. Et je suis formel sur ce point. C'est bien lui... Allez, tout ça, c'est bien triste. Mais c'est derrière nous. La vie maintenant va pouvoir reprendre son rythme normal, hein mon gars ? Souris. Regarde comme la journée est belle !

J'ai failli hurler tellement leurs paroles me blessent, tellement leur bonne humeur m'est insupportable. Un moment, je me suis demandé si je ne m'étais pas trompé de parents. Puis j'ai compris qu'ils étaient restés les mêmes. C'est moi, simplement, qui avais changé.

Ces trois semaines m'ont éveillé à une réalité dont mes parents ne soupçonnent même pas l'existence. Une réalité où la vie prend toute sa place et où la mort vous accompagne à chaque pas. On ne sort pas indemne d'une telle expérience. Les gens que nous croisons nous habitent pour la vie. J'ai changé. Pas eux. Tout simplement.

30

LE SOUPER A ÉTÉ UNE FÊTE LUGUBRE. ON ÉTAIT VENUS DES QUATRE COINS DU LABYRINTHE POUR ADMIRER LE FILS PRODIGUE, POUR CÉLÉbrer, avec toute la famille, l'heureuse conclusion d'une terrifiante expérience dont ils avaient été les témoins impuissants. On se félicitait, on s'embrassait, on portait des toasts qui n'en finissaient plus afin d'être bien certains que les cris de joie feraient fuir une fois pour toutes les derniers démons.

Dix fois on m'a demandé de raconter. Dix fois je me suis tu. Je les regardais faire la fête, s'empiffrer, s'enivrer autant de paroles que de *ruoi** et je trouvais ce spectacle insupportable. Dans ma tête, il n'y avait que le visage de Cuu Long. Ce regard, ce dernier regard que nous avions échangé avant qu'il ne soit renversé par l'auto folle. Un regard si plein d'amour, si plein de désespoir. J'avais pu y voir, en cette fraction de seconde, la satisfaction qu'il ressentait malgré tout de me savoir à l'abri. Il avait tenu parole. Je savais déjà que ce dernier regard ne me quitterait plus jamais.

---

* Ruoi : alcool domestique fait de riz et d'herbes parfumées, offrant une douteuse couleur ambrée, hélas, souvent frelatée.

Alors quand ils se sont mis à chanter, j'ai lâché un cri. Un seul. Ils se sont tus. Je me suis levé et je suis parti me coucher. Quand mes parents sont montés me voir, je n'étais déjà plus dans mon lit.

J'ai marché pendant des heures. J'avais tant de larmes que je ne parvenais pas à lire les noms des rues. Je me dirigeais sans savoir où aller tout en sachant très bien quelle était ma destination. J'ai finalement abouti devant la vieille clôture de bois. La planche déclouée y était toujours. Je l'ai poussée. Elle a cédé. Je me suis avancé au milieu de l'enclos où jadis Cuu Long avait installé sa *famille* ; le champ du vieux Binh dont avait hérité Cuu à la mort du mendiant. Deux gros tas de cendres que le vent et la pluie avaient balayés en partie se dressaient au milieu des herbes noircies. Les rats étaient revenus, seules ombres mouvantes dans ce pays déserté.

C'est là que Cuu Long m'avait amené la première fois. Ce premier soir, cette première nuit, ce premier repas, ces premières discussions. Tout de suite, je m'étais pris d'amitié pour lui, d'admiration presque. Je comprends aujourd'hui qu'il en était de même pour lui.

Je suis sorti de l'enclos. J'ai remis la planche et je me suis avancé sur la rue faiblement éclairée qui faisait face à l'ancien royaume de Cuu Long. Sans savoir comment, je suis arrivé devant l'hôpital de Nhi Dong. Je suis passé devant les comptoirs d'accueil où sommeille une infirmière de garde. Je suis monté à l'étage. Je suis entré dans la chambre où dort Cuu Long. Un tube est planté dans sa bouche. On dirait qu'il boit un soda. Mais la bouche est lâche et le tube est retenu par un diachylon. C'est pour l'aider à respirer. Il n'a même plus la force de respirer tout seul, mon petit frère. Il est en train de mourir.

Mama Dolly est toujours là. Elle s'est affaissée sur un vieux fauteuil défoncé. Elle dort la bouche ouverte sans faire de bruit. Je prends la main de Cuu Long. Je la passe sur mon front, dans mes cheveux, sur mes épaules comme il l'a fait tant de fois quand nous étions couchés et que je n'arrivais à dormir. Il me racontait alors des légendes de son pays. Un pays qui devenait aussi, peu à peu, le mien. Des légendes qu'il avait apprises quand il était plus jeune, qu'il avait sans doute transformées pour les rendre plus belles. Cuu Long aimait transformer les choses pour qu'elles soient plus jolies.

Mes parents sont arrivés deux heures plus tard. Il leur a fallu tout ce temps pour comprendre où j'étais. Leur irruption dans la chambre a éveillé Mama Dolly. Papa est en colère. Ma mère, elle, ne comprend plus rien à ce nouveau fils qu'elle ne reconnaît plus.

Ils ont voulu me ramener. J'ai refusé. Larmes, atermoiements, ordres, plaintes, rien n'y fait. Ils doivent se résoudre à passer une partie de la nuit en compagnie de leur fils au chevet d'un inconnu. Ils sont retournés dans la salle d'attente. C'est là que la discussion a eu lieu.

— Cuu Long a besoin d'un rein, ai-je dit en regardant mon père droit dans les yeux.

— Oui, nous savons, a-t-il répondu de la voix inquiète de celui qui redoute ce qui va suivre.

— J'ai décidé de lui offrir un des miens.

— Tu es fou ! s'est empressé d'intervenir ma mère, soulevée par une sorte d'indignation.

— C'est ridicule ! renchérit papa. Tu n'es même pas compatible. Pour pouvoir offrir un rein, il faut que le donneur soit compatible avec le receveur. Et dans ton cas...

— Nous sommes compatibles.

— Comment peux-tu en être si sûr, voyons ! Un peu de sérieux ! Ce ne sont pas des choses qu'on vérifie à l'œil. Il faut passer des tests.

— Alors faisons ça ! Je passe les tests. On attend les résultats et je donne un rein. Il n'y a aucun danger. On peut très bien vivre avec un seul rein. Vous le savez !

— Ce que je sais, pour l'instant, rétorque mon père d'une voix ferme, c'est que mon fils a perdu l'esprit. Il n'est pas question que tu donnes un de tes reins à un parfait inconnu.

— Ce n'est pas un inconnu. Il s'appelle Cuu Long.

— Cuu Long. Et alors ?

— Alors, ce n'est pas un étranger. C'est mon ami. Il m'a sauvé la vie. Il a pris soin de moi... C'est à mon tour de prendre soin de lui. Je ne le laisserai pas comme ça.

— Il faudra pourtant bien t'y résoudre. Parce qu'il n'est pas question qu'on risque ta santé pour ce... pour cet...

— C'est mon frère !

J'ai hurlé. Mon père n'a pas bronché. Quand il reprend, sa voix est glaciale.

— Tu n'as pas de frère. Mais en retour tu as maintenant une sœur. Je te prierais de te le rappeler. Nous ne pouvons sauver le monde.

— Je ne vous demande pas de sauver le monde, je vous demande de sauver Cuu Long. J'aimerais que nous l'adoptions.

— Le département des adoptions est fermé pour cette année, répliqua mon père avec une pointe d'ironie qui me le fit paraître méchant pour la première fois de ma vie.

— Vous vous êtes garrochés pour sauver la fille d'une cousine que je ne connais même pas. Mais pour sauver le meilleur ami de votre fils, y'a plus personne. Est-ce que je serais moins important qu'une cousine morte ?

— La fille de cette cousine, comme tu dis, est devenue ta sœur. Alors respecte au moins ta famille si tu ne te respectes pas toi-même.

— La fille de cette cousine sera peut-être votre fille, mais ce ne sera jamais ma sœur. Vous savez comment je l'appelle depuis que je l'ai vue : la singeronne. Et vous savez comment il s'appelait l'assassin de Cuu Long, le flic vendeur d'organes d'enfants, il s'appelait Gros Singe. Eh bien ! si vous voulez savoir ce que je pense, je pense que ce monstre est bien le père de cette petite merde !

La main de mon père a jailli, vive comme l'éclair. Il m'a giflé si violemment que j'en suis tombé par terre. Je tremble de colère. Je fixe mon père d'un regard si cruel que les larmes me viennent aux yeux.

— Maintenant, assez ! Tu as dit assez de bêtises pour le reste de ta vie, rugit papa d'une voix impérieuse. Maintenant, viens, rentrons à la maison !

Je me suis relevé, mais je ne bouge pas.

— Je n'ai pas de maison au Vietnam ! Et Cuu Long est mon frère bien plus que tu n'es mon père !

Nouvelle gifle. Cette fois, c'est mon père qui a les yeux pleins d'eau. Je n'ai pas détourné le regard. J'ai plutôt fixé mon père avec plus d'arrogance encore.

— Et si tu veux connaître son véritable nom sache qu'il s'appelle Tran Quân. J'ai vécu avec lui trois semaines qui valent plus que les douze ans que j'ai passés avec vous. Il a mis sa vie en danger pour sauver la mienne. Maintenant, que vous le vouliez ou non, je vais sauver la sienne. Je vais passer les tests et ensuite je vais lui donner un de mes reins. Et quand il ira mieux, il viendra avec nous au Canada ou alors je m'enfuirai si loin que vous ne me retrouverez plus jamais... Cuu Long n'est pas un petit bandit. C'est pas une fripouille ni un dépravé. C'est un garçon de mon âge contre qui toute la méchanceté du monde s'est acharnée. Ses parents l'ont abandonné dans les rues de Saïgon avec son frère. Il avait à peine huit ans. S'il n'a plus de rein aujourd'hui, c'est que des salauds lui en ont pris un sans lui en demander la permission. Ils ont fait la même chose avec son frère. Mais son frère, lui, ils l'ont tué. Alors Cuu Long n'a plus de famille. Je suis sa seule famille. Et lui, il est mon seul frère.

Je m'arrête, à bout de souffle, épuisé, le visage défait par la douleur et les larmes. Je me suis effondré dans les bras de mon père. Il m'a serré très fort dans ses bras. Ma mère pleure aussi.

Mama Dolly est alors apparue dans l'encadrement de la porte. Elle est d'un calme étonnant, bien loin du tumulte dans lequel nous trempons, mes parents et moi.

— Puis-je parler à Thinh, seule à seul, quelques instants ? demande-t-elle.

Une fois que mes parents furent sortis de la pièce après un long regard embarrassé, Mama s'est approchée. Elle m'a pris par les mains et elle m'a obligé à m'asseoir près d'elle.

— Thinh, je sais que tu souffres énormément. Les derniers événements auraient suffi à ébranler le plus endurci des hommes. Et tu n'es qu'un enfant... Non, ne proteste pas et épargne-moi ces petites rouspétances à chaque fois qu'on te rappelle ton âge ! Tran Quân me sert le même discours depuis des années. Ce que tu as vécu ne t'a pas fait avancer en âge. Tran Quân et toi, vous êtes encore des enfants et c'est précisément ça qui rend les événements que vous avez vécus si consternants, si loin de toute humanité, si terrifiants. Tous ces malheurs que tu as traversés, quelque tragiques qu'ils ont été n'ont pas fait de toi un adulte. Ils ont fait de toi un être simplement plus conscient du monde qui t'entoure. Tu es toujours un enfant. Et tu es toujours l'enfant de tes parents. Tu ne dois jamais oublier ça. Il est dans l'ordre des choses qu'il en soit ainsi Avant d'être un arbre, la plante est d'abord un baliveau.

Elle s'arrêta un instant et posa sur moi un regard si triste que j'en fus ému jusqu'aux larmes. Elle fit jouer ses doigts déformés sur les jointures de mes propres doigts. La pression était douce et le mouvement lent et pénétrant. Quand elle reprit, sa voix était lointaine et semblait me parvenir des rives d'un autre monde.

— Tu ne dois pas confondre ta vie avec celle de Cuu Long malgré toute l'amitié que tu lui portes. Cuu Long va mourir. Il va nous quitter quoi que nous fassions. Nous n'y pouvons rien. Il te faut te préparer à accueillir son souvenir dans ton cœur et à l'y retenir intact pour le reste de tes jours. C'est là qu'il sera le mieux. Son amitié survivra à tous les départs et sera pour toi un soleil qui te guidera un jour sur ton chemin du retour. Cette famille que tu voulais lui offrir, il l'a déjà en lui. Et quand il quittera ce monde, il sera avec toi, comme le frère qu'il est déjà. Tu demandes à tes parents une réponse à une question qu'ils ne sont pas prêts encore à donner. Laisse couler le temps. Cette nuit, avant l'aube, au moment où tu ne t'y attendras plus, tu auras ta réponse. Maintenant, tu dois rentrer. Suivre tes parents qui t'aiment. Moi, je vais continuer à veiller mon fils. Tu reviendras demain. Il t'attendra. Je te le promets.

31

La réponse m'est venue à l'aube.

J'ai à peine dormi. Toute la nuit, j'ai entendu papa et maman discuter avec la vieille tante Cam Ha. Cette femme qui avait l'air si revêche à notre arrivée à Saïgon, un mois plus tôt, m'apparaît aujourd'hui d'une grande douceur et d'une grande humanité. Elle semble exercer sur mes parents une influence apaisante, toute tissée de sourires et de silences.

Je n'ai pas entendu sa voix. Elle aurait parlé que je ne l'aurais pas entendue de toute manière. Sa voix est si retenue qu'elle ne s'élève jamais au-dessus des autres. À peine au-dessus du silence. Mais je sais qu'elle les a écoutés. Un moment, j'ai cru comprendre que mon père était en communication avec le Canada. Puis la fatigue a eu le dessus et j'ai sombré dans un profond sommeil, agité de mille démons.

C'est à peine si le soleil émerge à l'angle des maisons, quand je suis soustrait de mon sommeil par la sensation désagréable d'être observé. C'est mon père qui me regarde depuis la grande fenêtre devant laquelle il est installé. Quand il me voit éveillé, il me tend les bras. Je me lève, les yeux encombrés de sommeil, et je le rejoins. Je m'appuie la tête contre son épaule. Je bâille.

Il passe son bras autour de mon cou et nous restons immobiles à admirer le paysage urbain qui s'ouvre à nous. Toute la rue baigne dans une lumière laiteuse et dans une douce tranquillité. La ville, tout comme moi, s'éveille à peine. Les langueurs vespérales déploient encore sur le monde leur filet argenté. Je me rappelle que c'est l'heure où les premiers commerçants de Cholon ouvrent leurs étals. Sans savoir pourquoi, ce souvenir m'est très doux.

Je me rappelle les conversations que nous avons eues, Cuu Long et moi. Les plus chargées de bonheur sont celles que nous tenions à l'aube dans la quiétude de la ville endormie. Combien d'histoires, de rêves, de confidences, de légendes ne m'a-il pas racontés en ces heures creuses où la vie traînait son pas lent sur les rives du Mékong qui s'éveillait. Je me souviens de son rêve d'aller visiter les tombeaux des grands rois disparus dans la campagne de Hué ou de se baigner dans les eaux claires de Nha Trang.

Mais ce qui lui faisait le plus envie, ce qui emplissait son regard d'illumination, c'était quand je lui parlais du pays du Dragon Plongeant : la baie de Ha Long. Il exigeait de moi de longues narrations, les descriptions les plus détaillées. Je lui faisais alors le récit de mes aventures imaginaires dans ce pays mystérieux chargé de pics rocheux s'abîmant dans une mer émeraude. Je lui en parlais avec tant d'animation, j'en faisais un dessin si précis, qu'il lui était presque possible de sentir l'odeur du grand large, de toucher à ces sampans brinquebalants, à ces lames rocheuses dressées comme des éperons sur la mer de Chine.

L'air est doux. Ce que nous voyons du ciel, mon père et moi, laisse présager une journée ensoleillée, chaude et humide. Quelques nuages roses bourgeonnent sur le ciel de l'Est bien au-dessus d'un soleil immatériel. Papa n'a pas bougé. Son bras repose toujours sur mes épaules. Il semble si triste.

J'ai mis mon bras autour de sa taille.

— Je t'aime, papa !

Il n'a pas répondu tout de suite. Son visage continue à fixer le ciel pendant un long moment.

— Moi aussi, mon fils, je t'aime... Je t'aime aujourd'hui plus que tu ne peux l'imaginer...

— Je m'excuse pour tout ce que je t'ai dit hier. Je ne le pense pas, tu sais.

— Je sais, mon fils, je sais. C'est plutôt à moi de m'excuser de n'avoir pas compris combien tu pouvais souffrir. Je n'ai pas vu que tu quittais peu à peu le monde de l'enfance pour t'avancer sur le chemin difficile de l'âge adulte. Tu es devenu un petit homme qui sait ce qu'il veut. Et tu l'es devenu à l'écart de moi, ailleurs, avec quelqu'un d'autre, et dans des circonstances effroyables. Je n'étais pas là pour te protéger et je m'en veux terriblement. Mais l'homme que tu es devenu me rend fier. Je suis fier d'être ton père, Thinh.

Il s'est tu. Nous avons regardé le ciel de Saïgon encore quelques instants. Puis le bras de mon père s'est relâché tranquillement.

— Viens, une journée difficile nous attend. Ton frère... Quel est son nom ? Ah oui ! Cuu Long. C'est ça : Cuu long ! Il a besoin de toi. Nous avons rendez-vous à l'hôpital ce matin. Nous verrons ce que nous pouvons faire pour l'aider.

À sept heures ce matin-là, sous un soleil radieux, papa, maman et moi avons quitté la maison de tante Cam Ha. Il faisait déjà chaud. Le ciel était désespérément blanc, chargé d'une telle humidité qu'il ne fallut guère plus de cinq minutes pour que nos chemises ne s'imprègnent de sueur.

Nous avons vu le médecin en arrivant à l'hôpital. Un vieux monsieur avec des lunettes rondes posées sur ses joues lustrées. Il parle lentement et très peu. Il semble dormir les yeux ouverts. Il ne sourit jamais. Sa bouche reste figée dans une moue perpétuelle. Il ne bouge pas, à peine ses yeux clignent-ils un peu en écoutant.

Mon père a parlé. Il lui a exposé les faits. Il a dit que, malgré beaucoup de réticences, ils acceptaient, ma mère et lui, qu'on procède à des tests pour savoir si j'étais compatible avec le garçon de la chambre 353.

— Donner un rein n'est pas une chose qui doit s'envisager dans la précipitation, explique le docteur. Vous devez savoir qu'il y a toujours un risque à chaque opération.

La conversation s'est poursuivie pendant près d'une heure. À la fin, le vieux médecin s'est levé et il s'est approché de moi. Il m'a tâté un peu partout. Il a massé mon dos. Il a regardé mes doigts, mes pieds. Il a pincé ma peau. Il a posé sa vieille main sur mon front, à différents endroits. Il m'a gratté le fond de la tête avec une cuiller. Il a ausculté mes aisselles. Il a observé pendant près de dix minutes chacun des os de mon corps, mes yeux, mes oreilles, ma bouche. Ma salive semble avoir éveillé chez lui un intérêt particulier. Il m'a ensuite ausculté la poitrine, les poumons, le cœur en me faisant tousser, cracher, claquer la langue, respirer. À la fin, il a paru satisfait. Sa bouche s'est étirée aux commissures puis ses lèvres ont à peine bougé.

— Tu es un garçon vigoureux et très courageux. Cuu Long a de la chance de pouvoir compter sur un ami comme toi.

Il s'est arrêté de parler, mais je crois que ses lèvres avaient cessé de bouger bien avant. J'ai quand même été étonné qu'il mentionne le nom de Cuu Long. Ce n'est pas coutumier chez les Vietnamiens d'évoquer par son nom une personne étrangère, encore moins par son surnom. Il s'est installé bien droit dans son fauteuil. Il a saisi une dizaine de formulaires qu'il s'est mis à remplir. Il a posé une série de questions sur mon état de santé et mes antécédents médicaux. Mes parents ont signé les documents. Ensuite le vieux docteur m'a regardé avec beaucoup d'intensité.

— Il faut que tu saches deux choses. La première : qu'il y a une chance sur cent que tu sois compatible avec ton ami. Deuxième chose : même si tu es compatible, il y a quatre-vingt-dix-neuf chances sur cent que Cuu Long décède avant que nous ayons pu procéder à l'intervention chirurgicale.

Un instant il a cherché une réaction quelconque de ma part. Mais je n'en ai pas eu. Cuu Long va survivre ; je le sais, eux pas. Même Mama Dolly en doute. Mais elle, c'est normal ; elle est vieille.

Le vieux chirurgien retire ses lunettes et se masse l'arête du nez. Il rajuste ensuite ses lunettes et pose sur mes parents un regard dubitatif.

— Je dois, madame et monsieur, m'assurer d'une chose primordiale avant que nous n'allions plus loin. Outre les risques de l'opération, il y aura l'étape de la convalescence. Un bon mois, s'il n'y a pas de complications. Sans compter les coûts prohibitifs de ce genre d'interventions en extra-territorialité. Je ne vous cache pas que vous aurez des problèmes à vous faire rembourser par vos assureurs. Ce que je veux savoir, en fait, monsieur et madame Nguyen, c'est si vous êtes vraiment certains de vouloir vous engager sur cette voie ; si vous avez bien pesé toutes les conséquences de votre démarche.

Mes parents se sont regardés passablement secoués par ce que vient de leur dire le vieux docteur. J'ai craint, un moment, qu'ils ne se ravisent. Mais papa a pris la parole.

— Notre fils y tient fermement. Le jeune garçon et lui (mon père a encore un peu de mal à prononcer le nom de Cuu Long), dans les longues épreuves qu'ils ont traversées ensemble, ont développé des liens très particuliers et très étroits. Mon père aurait dit « qu'ils respirent tous les deux l'air du même dragon », si vous comprenez ce que je veux dire. Nous avons communiqué avec notre famille installée à Montréal. Ils nous ont apporté leur soutien dans notre décision. Nous avons communiqué aussi avec notre médecin de famille, un ami très proche, qui nous a conseillé la prudence et qui nous a éclairés sur ce que vous appelez « les risques d'une telle opération ». Il ne s'est pas opposé au fait que Thinh donne un de ses reins si cela était absolument nécessaire. En revanche, il s'est inquiété des conditions dans lesquelles s'effectuera l'opération et pour la qualité des soins post-opératoires. Et alors, docteur, avec tout le respect que je vous dois, c'est à moi de vous poser une question : l'opération se déroulera-t-elle dans les meilleures conditions pour notre fils ? Pouvez-vous m'assurer que cet établissement offre toutes les garanties nécessaires et que les soins que recevra mon fils seront à la mesure du geste qu'il pose ?

— Je puis vous assurer que l'hôpital a toutes les compétences pour relever le défi posé par votre fils.

— Je vous implore d'excuser ma hardiesse, docteur, enchaîna mon père. Il faut comprendre ma femme qui est une mère et qui s'inquiète pour son fils. C'est que nous sont parvenus des échos malheureux concernant l'état désastreux dans lequel serait plongé le système de santé de votre cher et valeureux pays. Alors bien sûr...

Mon père n'a pas cru nécessaire de terminer sa phrase. Le vieux médecin ne paraît pas offusqué par les paroles de papa. Rien dans son attitude ne le suggère. Mais c'est quand même la première fois, depuis le début de cette rencontre, que je le vois sourire.

— Monsieur, comme bien de vos amis du Canada, ce cher et valeureux pays était aussi le vôtre, il n'y a pas si longtemps...

Il se glisse un vent froid entre le docteur et mes parents. Ces derniers semblent profondément déstabilisés par cette réplique pleine de cette agressivité mielleuse si typique aux Asiatiques. Sans être un affront à proprement parler, c'est un rappel à peine voilé de la mésestime dans laquelle une frange importante de la population vietnamienne tient les *viet kieu*. Pareille attaque, faite en public, aurait été suffisante pour leur faire perdre la face. Et perdre la face, au Vietnam, est un aveu de faiblesse qui ne pardonne pas.

Le vieil homme bouge sur son fauteuil et juge, après un court moment de silence, que son message a suffisamment porté pour qu'il considère l'incident clos. Il ajuste ses lunettes et ajoute d'un ton affable :

— Je comprends parfaitement vos hésitations et vos craintes. Mais je puis vous assurer que notre établissement possède tout le matériel, la compétence et l'expertise voulus pour assurer à votre fils tous les soins que nécessitera son état.

Et la discussion dure encore une bonne demi-heure. À la fin, le médecin procède à une prise de sang qu'il envoie immédiatement au laboratoire avec ordre de priorité et obligation de lui transmettre les résultats le plus rapidement possible.

Le docteur Dang Vu – tel était le nom de ce vieux médecin – nous demande d'attendre dans l'antichambre attenante à son bureau. Il a quelques appels à faire.

Après une autre heure d'attente, le vieux médecin rouvre la porte de son cabinet et nous invite à rentrer.

— Je m'excuse pour ce délai. Veuillez vous asseoir.

Il tient dans ses mains les résultats des tests sanguins. Il les dépose sur son bureau. Il retire ses lunettes une nouvelle fois puis se frotte l'arête du nez d'un geste machinal.

— Je viens de communiquer avec Montréal, nous explique-t-il après avoir replacé ses verres sur son minuscule nez qui lui donne un air plus chinois que vietnamien. J'ai parlé avec votre médecin traitant. Un charmant monsieur qui a accepté de nous transmettre le dossier médical de votre fils et qui a aimablement répondu à mes questions. Le passé médical de Thinh ne semble pas présenter d'obstacles à un éventuel prélèvement. Bien sûr, ça n'exclut pas la nécessité de poursuivre les tests.

— Je pensais qu'on les avait faits, les tests ?

— Tu parles des prises de sang, sans doute. Il y en a plusieurs autres, mon garçon. Mais si tu ne te sens pas capable d'assumer ces tests, il faut le dire. Personne ne t'en tiendra rigueur.

— Non, rectifié-je aussitôt. Ça va pour les tests. Je voulais seulement savoir combien il y en avait en tout.

— Une dizaine, mon garçon. Mais ce n'est qu'une affaire d'une heure ou deux et c'est sans douleur.

— Il n'y a aucun problème, docteur. Je veux continuer, déclaré-je en regardant ma mère dans les yeux pour la rassurer sur mes intentions.

Le vieux docteur détourne son attention de moi et fixe à nouveau mes parents.

— Ainsi que je vous le disais, j'ai parlé à votre médecin de famille. Il consulte ses notes ; le docteur Thai. Oui c'est cela, le docteur Charles-Étienne Thai. Étrange cette coutume occidentale de mettre le prénom avant le nom de famille, ne trouvez-vous pas ? Le vieux docteur replace ses lunettes puis, sans attendre de réponse, il reprend le cours de ses explications. J'ai profité de l'occasion pour instruire mon honorable collègue des efforts que met le Vietnam à réhabiliter son système hospitalier. Il a paru satisfait. J'ai aussi communiqué avec le responsable des transplantations d'organes infantiles de l'hôpital Sainte-Justine, une référence mondiale en cette matière. Je connais très bien le docteur Lemieux, continua le vieux médecin en retirant ses lunettes pour la énième fois. Il est venu à Saïgon l'an dernier pour donner une série de conférences sur les dernières techniques d'extraction et de conservation d'organes sur des donneurs vivants. Grâce à son aide, nous avons pu acquérir une formation de grande qualité et nous procurer un équipement à la fine pointe de la technologie. J'aime bien converser avec lui avant d'entreprendre toute démarche médicale comportant certains risques.

Mes parents fixèrent sur le médecin un regard inquiet.

— Des risques, docteur ? demanda ma mère. Quels genres de risques ?

— J'ai cru comprendre que votre fils venait de traverser de longues et douloureuses épreuves. Elles ont laissé quelques traces. C'est du moins ce que révèlent les tests sanguins. Rien de grave, rassurez-vous. Mais dans l'éventualité où il devrait donner un de ses reins, cela pourrait poser quelques difficultés. Il faudra renforcer la formule sanguine du jeune homme.

— Dans le cas où une intervention chirurgicale s'avérerait nécessaire et possible, quand prévoyez-vous d'effectuer le prélèvement ?

— Comme je vous le disais, il est nécessaire de stabiliser la formule sanguine et d'améliorer la capacité immunitaire de Thinh. Dans le meilleur des cas, une intervention chirurgicale ne peut être envisagée avant trois ou quatre jours. De toute façon, en tenant compte de l'état de santé de notre receveur, il est inutile d'espérer une intervention avant ce délai.

La discussion dévie ensuite sur les considérations touchant la suite des choses. Et finalement, vers onze heures trente, on m'amène dans les salles d'examens où commenceront les tests proprement dits.

Il est plus de quinze heures quand on obtient enfin les résultats. Contre toute attente, je suis parfaitement compatible avec Cuu Long. Ça laisse le vieux médecin sans voix et fait grimper d'un cran l'inquiétude de mes parents qui n'avaient visiblement pas envisagé cette éventualité.

Je les soupçonne, mais qui pourrait leur tenir grief d'avoir acquiescé à ma demande en croyant qu'il était impossible que nous fussions, Cuu Long et moi, compatibles. Armés de cette conviction, ils s'étaient laissé persuader. Maintenant, leur acquiescement n'a plus la même solidité. Je me crois donc obligé d'intervenir afin de calmer leurs craintes. Je prends la main de ma mère dans la mienne et je la masse comme me l'avait fait Mama Dolly la nuit dernière.

— Ça va très bien aller ! murmuré-je avec mon plus désarmant sourire.

Maman a un long soupir et me tapote la main en ayant l'air de dire : « À la grâce de Dieu ! ».

Nous allons dîner dans une gargote en face de l'hôpital. Je n'ai pas très faim. Les odeurs de pharmacie, si coutumiers aux hôpitaux, m'ont coupé l'appétit. Et puis je suis anxieux de retrouver Cuu Long pour lui annoncer la bonne nouvelle.

Je dois cependant ronger mon frein. Mes parents ont d'autres obligations à respecter cet après-midi. Ils doivent mener la petite Thao My à la pouponnière pour y recevoir sa série de vaccins. Encore une fois, la singeronne s'immisce entre mes parents et moi, mais je n'en fais pas de cas. Je calcule qu'il est plus prudent de laisser mes parents s'occuper de cette enfant qui, après tout, va devenir ma sœur. Tout comme Cuu Long va devenir mon frère !

Je ne doute plus que mes parents se laisseront fléchir le moment venu et qu'ils accepteront de ramener Cuu Long avec nous, lors de notre retour. Surtout que je sais maintenant que toutes les accusations criminelles pesant contre Cuu Long et moi viennent d'être levées. Bien sûr, je n'ai pas abordé sérieusement ce chapitre avec mes parents. Je préfère y aller par étape. Après l'opération, ils auront tout le temps de connaître Cuu Long et de prendre leur décision. Je n'ai aucune crainte concernant le dénouement de cette question. Qui connaît Cuu Long en devient littéralement amoureux. C'est l'être le plus attachant que j'aie rencontré dans ma vie. Mes parents n'échapperont pas à son charme.

J'essaie de réprimer mes élans d'impatience tout au long de l'après-midi. On mène l'enfant à la pouponnière. On patiente une quinzaine de minutes. Elle reçoit finalement son vaccin contre la poliomyélite et sa dose polyvitaminique et nous pouvons enfin retourner chez tante Cam Ha. Celle-ci accepte de garder la fillette le temps qu'on fasse un saut de puce au marché Ban Tan.

J'ai moi-même proposé cette sortie. Prétexte : acheter un cadeau à ma nouvelle petite sœur.

Bon, d'accord, je l'admets, j'ai ressenti un choc quand j'ai tenu ma sœur dans mes bras à la clinique. Quand je l'ai vue s'endormir dans mes bras, comme si elle y trouvait la chaleur et la sécurité qu'il lui fallait pour s'abandonner ainsi sans aucune réticence, je me suis surpris à la trouver belle. Elle sentait bon la fleur de lotus et la poudre de talc. Quand maman a voulu la reprendre, j'ai insisté pour qu'elle me la laisse encore un peu. Et je dois bien avouer que ça n'avait rien d'une feinte.

Cependant, l'idée d'aller au marché de Ban Tan a un autre but que le seul achat d'un cadeau pour Thao My. Je veux attirer l'attention de mes parents sur Cuu Long. Aussi, je choisis une jolie robe à froufrou pour Thao My. Puis je m'arrête devant un kiosque de chemises.

— Je ne crois pas que Cuu Long n'ait jamais reçu de cadeau de personne, marmonné-je en tâtant le tissu d'une chemise qui semble faite d'une belle soie.

Ma mère m'arrache la chemise des mains et me fixe d'un regard sévère.

— Tu ne vas quand même pas offrir cette chemise à ce garçon ! Vous les hommes, vous ne connaissez vraiment rien aux tissus ni à la qualité d'un vêtement. Allez viens, je connais une mercerie où tu trouveras ce que tu souhaites.

On se rendit directement sur le boulevard Nguyen Hué. C'était à cinq minutes à pied. Là, nous nous arrêtâmes devant le numéro 35 : *Bân Giây Trung.* Le nom du magasin où nous entrâmes me disait quelque chose, mais je n'arrivais pas à savoir quoi. Ce n'est qu'en sortant que je me rappelai : c'est ici que Mama Dolly avait acheté, trente-six heures plus tôt, les vêtements qu'elle nous avait offerts à Cuu Long et à moi. C'était du moins ce qu'avait prétendu

Cuu long. Et il avait eu raison. En repassant devant la vitrine de la mercerie, je vis sur la droite les mêmes modèles de chemises que celles que nous portions la veille. La coïncidence me fit sourire.

J'achetai donc un magnifique chandail en filet de soie noire avec des enfilades de laine qui encordaient tout le devant et le dos du chandail. C'était très mode et je savais qu'il irait parfaitement à mon frère.

Il était tout près de cinq heures quand nous quittâmes la mercerie. Mes parents manifestèrent le désir de rentrer. Moi, je trépignais d'impatience à l'idée de revoir mon frère à l'hôpital, de lui offrir son premier cadeau et de partager avec lui la bonne nouvelle de notre compatibilité scientifiquement reconnue.

Je n'eus pas à insister. Papa a souri, maman aussi. Quinze minutes plus tard, nous étions devant l'hôpital avec mon cadeau sous le bras. Une heure s'écoula avant que ma vie ne bascule. Une heure. Juste une heure ! Une heure que me fit passer de ce côté-ci du grand mur vers l'autre côté, si sombre et si désespérant.

Mais étrangement, de tous les événements que j'ai vécus en cette vie, celui-ci est certainement le plus doux et le plus tendre de tous.

32

QUE PEUT-ON DIRE QUAND QUELQU'UN NOUS QUITTE ? JE NE SAIS PAS. MÊME APRÈS TRENTE ANS. MÊME APRÈS UNE VIE ENTIÈRE À ME SOUVENIR, JE NE LE SAURAI TOUJOURS PAS.

En entrant dans l'hôpital, j'ai tout de suite senti que quelque chose n'allait pas. L'odeur d'éther et de médicaments me fit monter le cœur à la bouche. La tête me tournait. Mais pas du bon côté, on aurait dit. Comme si une horloge folle s'était mise à tourner de travers en comptant les heures à l'envers. Le monde n'allait plus dans le bon sens. Et j'ai su. Tout de suite, j'ai su que je m'étais trompé, que Cuu Long n'allait pas survivre à son accident, qu'il me fallait me résoudre à le laisser partir.

Pourquoi ai-je ressenti cela ? Je ne saurais vous dire. Ou plutôt, si. Je saurais vous le dire ; mais j'ignore si vous me comprendrez : c'est Cuu Long qui me l'a dit, dans ma tête. Il m'a dit : *Je vais mourir !* Il me l'a dit sans parler. Quand on aime quelqu'un profondément, au-delà du ciel et de la terre, au-delà des grandes profondeurs océaniques, au-dessus et en deçà des espaces interstellaires, d'un amour plus chaud qu'un rayon de soleil et plus éternel que l'éternité elle-même, j'ai l'intime conviction qu'un fil invisible nous attache à cette personne, quel que soit le lieu où elle se trouve, quelle que soit la distance ou encore l'époque. Ce fil, rien ne peut le rompre, même pas la mort. Il est alors possible de savoir ce que cette personne ressent, ce qu'elle pense, ce qu'elle souhaite vraiment sans qu'elle ait à parler, sans qu'elle ait même besoin d'être là. Voilà comment j'ai su que Cuu Long allait mourir. Et j'ai su aussi pourquoi il allait mourir. Mais ça, je ne vous le dirai pas.

Je suis arrivé devant sa chambre armé de cette certitude. Même mes parents, sans avoir vu mon ami, sans rien savoir de ce qui nous attendait à l'intérieur, savaient que quelque chose d'important allait se produire. Ils se sont arrêtés au milieu du couloir. Mon père a lâché ma main. Ils m'ont laissé avancer seul. Et même s'ils n'étaient plus tout à fait à mes côtés, je sentais leur affectueuse présence et leur réconfort.

Je suis entré dans la chambre. On avait tiré les draperies si bien qu'il faisait sombre. Mama Dolly était toujours là, debout près du lit. Elle tenait la main de cet enfant qu'elle considérait comme son propre fils. Elle a tendu son autre main vers moi. J'ai enfoncé mes doigts entre les siens. Elle m'a retenu près d'elle quelques secondes. Puis elle a desserré son emprise et elle a mis ma main dans celle de mon frère.

D'une voix tremblante elle m'a dit : « Tu vois, il t'a attendu. Je vais maintenant vous laisser seuls. Je sais que vous avez beaucoup à vous dire... Avant qu'il ne parte, dis-lui que je l'aime. »

Puis elle a quitté la chambre. Je ne l'ai plus jamais revue, même pas aux obsèques de Cuu Long. J'ai su, bien des années plus tard, qu'on avait retrouvé son corps, le lendemain, dormant du sommeil éternel au milieu d'un lit même pas défait. Je n'ai jamais dit à Cuu Long, ainsi que me l'avait demandé la vieille dame, qu'elle l'aimait. Et cet oubli m'a longtemps culpabilisé. Mais je sais aujourd'hui que je n'avais pas besoin de le faire. Il le savait.

Pour l'heure, et pour le temps qu'il nous reste, je suis avec Cuu Long. Je suis surpris. Alors qu'on dit que les personnes qui s'apprêtent à mourir ont les extrémités des membres froids, celles de mon ami sont brûlantes. Ses doigts se sont mis à bouger dans les miens. C'est ainsi que j'ai constaté que mon ami ne dormait pas. Il avait les yeux ouverts et il me regardait. Il y avait dans son regard, le même éclat malicieux que j'y avais toujours vu.

— Tu es en retard, Thinh. J'ai bien failli interrompre mon agonie pour aller te chercher par la peau du cou. Je me demandais si, encore une fois, tu ne t'étais pas égaré.

Il eut son même sourire espiègle que j'aimais tant.

— Ne parle pas. Ne te fatigue pas. Tiens, je t'ai apporté un cadeau. Un chandail ! On l'a pris chez *Bân Giâ Trung*. Tu sais, tu avais raison, c'est là que Mama a pris nos vêtements. C'est sur l'avenue...

— Je sais où c'est ! Aide-moi à le mettre.

Machinalement, sans trop faire attention aux gestes que je posais, j'aidai Cuu Long à enfiler le vêtement de soie noire.

— C'est du sérieux, tu sais. De la soie de première qualité ! C'est maman qui nous y a amenés. Elle te fera de l'usage longtemps.

— Qui ? Ta mère ?

— Idiot ! La chemise !

— C'est un chandail, non ?

— Oui, c'est vrai ! Un chandail !

— Il est très beau.

Je me suis arrêté de parler. En soulevant Cuu Long pour l'aider à retirer sa jaquette, j'ai vu ses immenses ecchymoses qui lui colorent la moitié du corps. Là où la peau n'est pas tachée de rouge, de jaune ou de violet, elle a pris une teinte grisâtre, presque cendrée. Son corps est bouillant. Les efforts qu'il déploie pour enfiler le chandail lui font jaillir des sueurs de partout. La frange de ses cheveux est collée à son front luisant.

Je ne parviens plus à bouger. Je reste là, incapable de poser le moindre geste pour lui venir en aide. Mes yeux se sont remplis de larmes que j'essaie désespérément de contenir à l'intérieur de mes paupières. Cuu Long respire difficilement et le moindre mouvement lui enlève un peu plus de son énergie.

Des mains sont alors apparues venant de nulle part, accrochées à de longs bras minces et gracieux. Puis un corps s'est penché vers mon frère. La voix qui émane de ce corps est d'une douceur infinie. C'est ma mère.

— Voilà, mon garçon... Mettez doucement votre bras ici. Voilà qui est bien. Ce chandail vous va à ravir. Vous êtes beau comme un prince. Thinh vous connaît vraiment très bien. J'insistais pour qu'on prenne le rouge. Mais il s'est entêté. Il a eu raison. Cette couleur ravive l'éclat de vos yeux. Je suis la maman de Thinh... Et voici son papa... Nous sommes heureux et fiers de vous connaître... Vous êtes un jeune garçon courageux. Mon époux et moi sommes fiers que vous soyez l'ami de notre fils. Plus que des amis ; presque des frères à ce que je vois. Nous devons alors vous considérer comme notre fils dans ce cas... Il nous faudra rediscuter de ça quand vous irez mieux. Reposez-vous maintenant. Nous vous laissons avec Thinh. (Maman se tourna vers moi). Nous ne serons pas très loin, chéri. Tu n'auras qu'à nous faire signe.

Et je suis resté avec Cuu Long. Je ne sais pas combien de temps. Certainement plusieurs heures. Mes parents, à intervalles réguliers, sont venus faire leur tour. Chaque fois le visage de maman s'est effondré un peu plus. Elle a toujours son joli sourire, mais son inquiétude est grande. Elle est allée chercher un récipient qu'elle a rempli d'eau. Elle a trouvé de la glace.

Comment ? Je n'en sais rien. Chaque fois qu'elle vient avec papa, elle trempe un linge blanc et elle éponge délicatement le visage de Cuu Long. Elle l'oblige avec douceur à sucer un peu de glace. Papa en profite pour remonter les oreillers de mon frère et pour refaire le lit. Je suis bouleversé par leur sollicitude à l'égard de Cuu Long. Et cette sollicitude est franche, sans arrière-pensée. Cuu Long n'est plus un enfant anonyme et insignifiant. Ce n'est plus le voyou qu'ils voyaient en lui. Jusqu'à quel point je puis l'affirmer, je ne saurais le dire, mais j'aime croire que, dans le fond de leur cœur, il était devenu leur deuxième fils.

Les infirmières viennent aussi s'informer de l'état de leur jeune malade de temps en temps. Elles regardent les lignes que les machines inscrivent sur de grands papiers. Elles prennent son pouls, sa température, sa pression artérielle. Elles lui sourient, un sourire mécanique qui s'efface aussitôt qu'elles ont tourné la tête. Elles font leur métier, rien de plus. C'est à moi de l'aimer, à mes parents de l'entourer.

Le vieux docteur est passé. Il est accompagné de deux infirmières et de trois jeunes médecins qui sont là pour observer et pour apprendre. Le médecin leur a parlé à voix basse. Ce qu'il leur dit ne m'intéresse pas. J'ai seulement hâte qu'ils partent.

Cuu Long s'est endormi. J'ai penché la tête sur lui et je me suis endormi aussi, appuyé sur son épaule. Maman est venue. C'est ce qui m'a réveillé. Cuu Long a ouvert les yeux. C'est à peine si je les reconnais. Creux qu'ils sont, si éclatants qu'on les dirait faits de morceaux de verre concassé. Maman lui a donné à boire. Elle a passé la serviette humide sur son front bouillant. Cette fois, elle n'a pas eu le courage de sourire. J'ai vu des larmes rentrer dans ses yeux. Mon père a détourné le regard vers le plafond. Il a marmonné quelque chose concernant l'absence de ventilateur. Je sais qu'il a dit ça pour déjouer son envie de pleurer.

Maman n'a pas voulu quitter la chambre. Elle est assise là où était assise Mama Dolly ; sur ce fauteuil de rotin, dans le coin de la pièce maintenant sombre, éclairée par le seul jeu de lumière qui émane des machines auxquelles Cuu Long est branché en permanence.

— Je vais mourir, ce ne sera pas très long.

C'est tout ce qu'il a dit, puis il a tourné la tête vers moi.

— Thinh, je t'aime, tu sais.

J'ai mis ma main dans la sienne. Il la serre doucement. J'ai du mal à retenir mes larmes.

— Faut pas pleurer. Je ne vais pas partir. J'ai juste trouvé un endroit où je pourrai te voir chaque fois que tu le souhaiteras. C'est plus commode. Et puis ici, il fait trop froid maintenant.

Il a froid ! Il a froid alors qu'il a si chaud.

— Tu te souviens, Thinh, ces semaines près du Mékong. Hé bien ! ce sont les deux semaines les plus belles de ma vie. Tu sais comment on l'appelle le Mékong, dans mon coin de pays ? Cuu Long. Tu sais pourquoi on l'appelle Cuu Long ? Oui, c'est vrai, je te l'ai déjà raconté.

Il s'est tu. Le silence a duré des heures. Je regarde l'horloge. Non, dix minutes seulement ! Cuu Long s'est agité un moment. Il a toussé. Maman s'est précipitée. Papa a soulevé mon frère et l'a aidé à cracher dans le linge humide. C'est du sang. Mon ami crache du sang. Puis avec une douceur que je ne lui connaissais pas, mon père lui a massé le dos, le bras et la jambe valides. Ensuite mes parents sont retournés dans leur coin pour n'en plus bouger.

Cuu Long s'est mis à grelotter. Ses lèvres sont bleues et ses membres se couvrent de plaques blanches.

— De la neige ! s'exclame-t-il en regardant sa peau grêlée. J'ai si froid.

Je remonte ses couvertures. Il retient ma main dans la sienne. Puis, il la pose sur son front un long moment. Et là, d'une voix à peine audible, il s'est mis à me raconter la légende de *Thi Kinh**.

Je l'écoutais, émerveillé, me raconter, pour la dixième fois peut-être, cette légende qui sem-

* Cette version de la légende de Thi Kinh est tirée du livre de Pham Duy Khiem, *Légende des Terres Sereines*, éd. Mercure de France. Ce livre est introuvable dans les librairies occidentales, mais il est en vente libre dans le Grand Marché de Dallat.

ble avoir nourri son enfance. L'histoire tragique d'une femme congédiée par son mari sur un malentendu et qui, à la suite d'une méprise plus grande encore, fut renvoyée de son ermitage sur la foi d'un mensonge soutenu par la jalousie d'une femme. C'est une légende chargée de toute la compassion dont l'Orient est capable. Et Cuu Long la récite si bien. Surtout ce passage où la dame résiste au désespoir le plus grand, par amour pour son enfant.

« *Il était une fois,* commença mon ami d'une voix affaiblie, mais cristalline, *une jeune fille très belle qui épousa un homme très laid. Un soir, la femme qui s'appelle Thi Khin est couchée avec son mari très laid. Mais elle l'aime beaucoup, son mari. Alors, elle le regarde dormir. Et là, elle voit sur son cou des poils très longs qui poussent tout de travers. Ça fait qu'elle va chercher un couteau pour couper ces vilains poils. Son mari se réveille. Il voit sa femme avec un couteau. Il pense que sa femme veut le tuer. Il crie, il hurle. Thi Kinh veut s'expliquer, mais personne ne veut l'écouter. À la fin, elle est chassée du village. Elle est bien malheureuse. Elle pleure tout le temps. Elle décide de se déguiser en homme en coupant ses cheveux. Elle trouve un habit de moine puis elle va vivre dans une pagode et elle consacre sa vie à Bouddha et à la méditation.*

Mais Thi Kinh est belle. Même déguisée en homme, dans son habit de moine, tout le monde se retourne sur son passage, tellement elle est belle. Un jour, pendant un office, une jeune fille de la ville voit Thi Kinh. Elle est certaine que c'est un homme. La fille tombe amoureuse du moine qui est en fait Thi Kinh. La fille déclare son amour à Thi Kinh. Celle-ci refuse net. Elle dit à la fille qui croit qu'elle est un homme de l'oublier.

La fille est tellement en colère et tellement déçue, qu'elle décide de coucher avec le premier homme qu'elle rencontre. Quand elle est enceinte, elle veut se venger du moine dont elle est toujours amoureuse. Elle met son bébé au monde puis l'abandonne devant la porte de la pagode avec un message pour dire que c'est Thi Kinh le père. Parce que la femme méchante pense toujours que le moine est ... un homme. »

Thi Kinh fut conduite devant le tribunal de la pagode pour être interrogée. Elle resta muette devant les questions insistantes de ses juges, ne sachant que répondre à de telles accusations dont, bien sûr, elle était innocente. Ce fut alors que le bébé commença à pleurer. Dans un geste de compassion devant l'enfant en pleurs, Thi Kinh se pencha sur lui et prit le bébé dans ses bras pour le consoler. Ce geste tout à fait naturel signa son bannissement de la pagode. Elle dut quitter les lieux avec l'enfant et mendier sa subsistance dans des conditions épouvantables. Elle allait de maison en maison, de marché en marché, quémandant, pour l'enfant et pour elle, nourriture et toit sous lequel dormir.

Bien des soirs, elle résista à l'envie de quitter ce monde cruel en se jetant dans les eaux du fleuve. Chaque fois, c'est son enfant qui la retenait. Mais un soir, épuisée et malade, elle sentit la mort venir. Sans forces et désespérée, elle se rendit une dernière fois à la pagode où elle raconta toute son histoire et révéla son terrible secret. À la fin, déjà gagnée par les sources glacées de la mort, elle confia l'enfant au maître des lieux.

Elle mourut peu après avoir embrassé son fils une dernière fois. Le sourire et la lumière qui illuminaient alors le visage de la jeune femme firent comprendre au vieux moine que Thi Kinh était morte en paix. Ils lui firent comprendre surtout qu'il était en présence d'une âme pure et généreuse, d'un être aux aspérités divines.

Touché par les vertus exceptionnelles de la jeune femme, le Supérieur informa l'Empereur de Chine des faits dont il venait d'être le témoin. Et dans sa grande sagesse, ce dernier édicta un décret qui fit de Thi Kinh la « *Dame Miséricordieuse Protectrice des Enfants* » et reçut le noble titre de *Quan Am Tông Tu*.

Chut ! Taisez-vous ! Ne dites rien. Je sais. La voix de Cuu Long s'est éteinte bien avant la fin. J'ai terminé moi-même l'histoire de Thi Kinh. Et alors ? Ça ne veut rien dire. Je sais qu'il ne parle plus. Le silence est terrifiant, dites-vous ? Mais non, il n'est pas terrifiant. C'est quoi, le silence ? Simplement une absence de bruit, une absence de mots.

Dans ce cas, que font tous ces bruits autour de toi ? Et pourquoi as-tu tant de mots dans ta tête tout à coup ?

En vérité, je crois qu'il vaut mieux que je garde les yeux fermés. Cuu Long est là devant moi, dans une lumière resplendissante, les ailes ouvertes, prêt à s'envoler. Je suis près de lui. Nous sommes deux oiseaux libres, deux dragons jaillissant des lointaines contrées. Cuu Long me regarde en riant puis, d'un geste voluptueux, il prend ses distances, s'éloigne. Il est beau, mon frère. Il est beau au milieu de cette lumière.

J'essaie de le retenir, de lui crier de m'attendre. Peine perdue. Il a déjà pris son envol. Tel un dragon affairé, il glisse sur les grandes voiles orangées d'un soleil couchant. De ses ailes, il me fait un dernier au revoir. Il s'échappe, tourne en rond dans une spirale folle que la lumière aspire. Puis il disparaît dans le soleil qui s'est refermé à jamais sur lui.

Alors, c'est la guerre avec ses sirènes, ses éclats de feux, ses crépitements de balles, les sifflements des bombes, les explosions. Et tous ces gens qui courent dans tous les sens.

J'ai rouvert les yeux. Cuu Long s'est endormi. Il n'a pas terminé son histoire parce qu'il dort.

On a débranché les machines une à une. Les sirènes se sont tues. Les feux se sont éteints.

Les crépitements et les sifflements ont cessé. Dans ma tête, les explosions se sont peu à peu calmées. Les gens autour de moi ne bougent plus.

Le monde s'est arrêté.

Cuu Long est mort.

Épilogue

Voilà.

Trente années se sont écoulées depuis ces événements tragiques. Et je n'ai rien oublié. Ma mémoire est intacte. Et, bien que le visage de Cuu Long ne m'obsède plus autant qu'avant, il ne s'est pas effacé. J'essaie parfois de m'imaginer de quoi il aurait l'air aujourd'hui, ce qu'il aurait fait de sa vie, à quoi auraient ressemblé sa femme, ses enfants. Quel métier il aurait exercé. Autant de questions inutiles puisqu'il n'existe aucune réponse. Mais elles m'aident à ne pas l'oublier.

Son nom a toujours figuré à l'autel des ancêtres de la famille. C'est mon père qui l'y a ajouté au premier anniversaire de la mort de mon frère. Cette première fois, je me rappelle, avait été terrible. J'avais pleuré toute la nuit.

Puis, bien sûr, la vie a continué. J'ai poursuivi mes études secondaires à la polyvalente Lucien-Pagé, puis au cégep Bois-de-Boulogne. Enfin, à l'université de Montréal, au plus grand plaisir de mes parents. En médecine : cardiologie infantile.

Depuis la mort de Cuu Long, un chapelet d'autres deuils cruels ont jalonné ma vie traçant dans l'océan des jours de grands tourbillons où se sont abîmés des morceaux de mon existence. J'y ai laissé des êtres chers. Il y eut d'abord *ba ngaoi*, puis oncle Minh, puis mes parents dans un accident de voiture sur l'autoroute métropolitaine que ma mère détestait tant, il y aura bientôt cinq ans.

Pendant toutes ces années, Thao My est devenue une très belle et très intelligente jeune fille. Étonnamment, elle est devenue, au fil des ans, ma meilleure amie. J'ai jeté sur elle toute l'affection que j'avais accumulée tout au long de mon enfance et que je n'avais pas eu encore la chance d'entamer sinon auprès de Cuu Long, et qui me faisait si cruellement défaut.

Malheur à qui aurait osé s'en prendre à ma sœur. Thao My me reprocha très souvent de trop prendre soin d'elle, de trop chercher à la protéger. Elle avait raison. Elle n'avait pas besoin de ma protection. C'était une enfant enjouée, douce et généreuse, pour qui faire du mal à une personne, ne fût que par une maladresse bien involontaire, était un crime impardonnable. Elle n'a jamais manqué d'amies.

Quand mes parents ont disparu, nous sommes restés ensemble. Elle venait d'avoir vingt-cinq ans.

Un an plus tard, elle m'annonçait qu'elle se mariait. Un an encore et elle quittait définitivement le Canada avec Le, son jeune époux, aussi beau qu'elle. Ils allaient ouvrir un restaurant sur la rue Dông Khoï dans le quartier chic de Nguyen Hué, au cœur de Saïgon.

Et maintenant, je suis dans cet avion qui me ramène au pays de mes ancêtres pour la seconde fois. J'ai décidé de m'installer au Vietnam, près de ma sœur et de mes souvenirs. Ce pays a beaucoup changé. Il est devenu un pays moderne. Seul, moi, je suis resté un peu en retrait. Quand j'ai pris la décision d'émigrer, mes connaissances en cardiologie infantile m'ont ouvert toutes grandes les portes des plus grands hôpitaux de Saïgon et de Hanoï. Mais j'ai préféré Vinh Long, une petite ville du delta du Mékong en raison, justement, de la proximité du fleuve. J'y ai une maison confortable sur la rive d'un de ses nombreux arroyos. Et l'espace. L'espace...

J'ai quarante-deux ans. C'est l'âge de tous les espoirs, dit-on. Alors je ne désespère pas. J'aime profondément la vie. Bien qu'elle m'ait infligé tant de douleurs, elle m'aura jusqu'ici donné plus qu'elle ne m'aura enlevé. Car elle m'a appris que, si les gens partent, ils ne nous quittent jamais vraiment.

Il y avait en ce pays, un fleuve et un ami. Leur nom était Cuu Long. Et je n'ai oublié ni l'un ni l'autre.

Dans la collection Graffiti

1. *Du sang sur le silence,* roman de Louise Lepire
2. *Un cadavre de classe,* roman de Robert Soulières, Prix M. Christie 1998
3. *L'ogre de Barbarie,* contes loufoques et irrévérencieux de Daniel Mativat
4. *Ma vie zigzague,* roman de Pierre Desrochers, finaliste au Prix M. Christie 2000
5. *C'était un 8 août,* roman de Alain M. Bergeron, Finaliste au prix Hackmatak 2002
6. *Un cadavre de luxe,* roman de Robert Soulières
7. *Anne et Godefroy,* roman de Jean-Michel Lienhardt, finaliste au Prix M. Christie 2001
8. *On zoo avec le feu,* roman de Michel Lavoie
9. *LLDDZ* , roman de Jacques Lazure, Prix M. Christie 2002
10. *Coeur de glace,* roman de Pierre Boileau, Prix Littéraire Le Droit 2002
11. *Un cadavre stupéfiant,* roman de Robert Soulières, Grand Prix du livre de la Montérégie 2003
12. *Gigi,* récits de Mélissa Anctil, Finaliste au Prix du Gouverneur Général du Canada 2003
13. *Le duc de Normandie,* épopée bouffonne de Daniel Mativat, Finaliste au Prix M. Christie 2003
14. *Le don de la septième,* roman de Henriette Major
15. *Du dino pour dîner,* roman de Nando Michaud
16. *Retrouver Jade,* roman de Jean-François Somain

17. *Les chasseurs d'éternité,* roman de Jacques Lazure, Finaliste au Grand Prix du Fantastique et de la Science-fiction 2004, Finaliste au Prix M. Christie 2004
18. *Le secret de l'hippocampe,* roman de Gaétan Chagnon
19. *L'affaire Borduas,* roman de Carole Tremblay
20. *La guerre des lumières,* roman de Louis Émond
21. *Que faire si des extraterrestres atterrissent sur votre tête,* guide pratique romancé de Mario Brassard
22. *Y a-t-il un héros dans la salle ?,* roman de Pierre-Luc Lafrance
23. *Un Livre sans histoire,* roman de Jocelyn Boisvert, sélection White Ravens 2005
24. *L'épingle de la reine,* roman de Robert Soulières
25. *Les Tempêtes,* roman de Alain M. Bergeron
26. *Peau d'Anne,* roman de Josée Pelletier
27. *Orages en fin de journée,* roman de Jean-François Somain
28. *Rhapsodie bohémienne,* roman de Mylène Gilbert-Dumas
29 *Ding, dong !,* clins d'oeil à Raymond Queneau, Robert Soulières
30. *L'initiation,* roman d'Alain M. Bergeron
31. *Les Neuf Dragons,* roman de Pierre Desrochers
32. *L'esprit du vent,* roman de Danielle Simard
33. *Taxi en cavale,* roman de Louis Émond

Achevé d'imprimer
sur les presses
de Marquis imprimeur
en août 2005